한자를 알면 한문해석을 쉽게 할 수 있는 책

웃으면서 익히는

漢文教室

김중양(金重養)

법우사
BUBWOOSA

머리말

누구나 한자는 어느 정도 알아도, 막상 한문문장을 내놓으면 난감하기 마련이다. 왜 한문문장의 해석이 잘 안 될까? 우선 한문하면 어려운 것이라는 선입견이 있어서 그러할까? 무릇 외래어는 모두 어려운 것일까? 그럴는지도 모른다.

그러나 한문이 주어와 술어가 기본인 것은 타 언어와 마찬가지이다. 따라서 주어와 술어만 정확히 가려내고, 부사나 허사 등 문법공부를 곁들이면 한문문장을 보다 쉽게 해석할 수 있을 것이다.

무조건 "하늘 천, 따 지, 검을 현, 누를 황"하고 '天·地·玄·黃'만을 맹목적으로 외우기만 해서는 안된다. 이렇게 되면 글자 연습 밖에 되지 않는다. 인스턴트의 식품만을 먹다보면 음식의 진미를 모르는 것과 같다. 한자의 조각만 알아가지고는 한문을 해석하기 어렵고 한시의 그윽한 향기를 맡기도 어렵다. 따라서 한문 해석을 제대로 하려면 문장이 어떻게 연결되는지, 그리고 어느 글자가 어떻게 쓰이는지에 대한 학습이 필요하다.

이런 것을 재미있고 알기쉽게 습득시키고자 하는 것이 이 책을 펴낸 목적이다. 이 책을 씀에 있어서 다음과 같은 점에 중점을 두었다.

첫째, 되도록 쉬운 문장을 또 재미있게 한문 해석방법을 시도했다. 그래서 이 책에는 한시뿐만 아니라 우리나라 시(詩)도 몇 편 실려 있다. 지루하지 않기 위함이다.

둘째, 한문해석에 있어서 중요한 것은 문법적 지식이 밑바탕되어야 한다. 그래서 이 책에서 한문법을 되도록 소상하게 설명하려고 시도했다.

셋째, 허사(虛辭)에 대한 철저한 이해를 하는 것이 한문 해석의 필수라고 생각된다. 이 책을 읽어나가시는 동안 허사에 대한 설명이 거듭해서 설명하고 있음을 발견하시게 될 것이다. 그것은 그만큼 허사의 쓰임새가 중요하기 때문에 반복해서 설명드리는 것이라고 이해하시기 바란다.

넷째, 이 책은 7편으로 구성되어 있으나, 1편과 2편을 제외하고는 순서 없이 어느 편을 먼저 읽으셔도 무방하다. 다만 제2편은 우선적으로 여러 차례 반복학습이 필요함을 강조해 둔다.

천학비재(淺學非才)임을 무릅쓰고, 저자는 그간 수년간 성인들을 대상으로 한문 재능기부를 해오고 있다. 그 내용을 토대로 이 책을 꾸몄다. 따라서 임상실험(臨床實驗)을 거친 이 책을 몇 번 숙독하신다면, 웬만한 한문내용이나 한시는 독자적으로 해석이 가능하게 될 것이다.

우리말을 보다 풍부하고 깊이 있게 이해하기 위해서도 한자는 필요하고, 전통문화를 계승·발전시키기 위하여도 한문습득은 불가피하다. 한문공부를 통하여 선현의 지혜와 경험도 배우게 된다.

아무쪼록 이 책을 통하여 한문에 보다 친근하게 접근될 수 있기를 소망한다. 본서의 내용 중 오류나 불비한 사항은 독자 제현들의 지적과 비판을 통하여 수정·보완해 나갈 것이다.

저자와의 오랜 인연으로 이 책의 출간을 흔쾌히 수락해주신 법우사 황영성 사장님께 깊은 사의를 표한다.

2017년 5월

김중양 씀

차례

제 1 편 한자의 기본이해

제 2 편 한문의 기본

제 3 편 고전(古典)과 속담(俗談)으로 익히는 한문

제 4 편 한시감상(漢詩鑑賞)

제 5 편 웃으면서 배우는 漢文

제 6 편 단문 감상(短文鑑賞)

제7편 고사성어(故事成語)

제 1 편 한자의 기본이해

漢字

제 1 강 한자와 한자어

1. 한자의 기원(起源)

한자의 기원은 학자에 따라 1만 년전 혹은 4,800년전으로 추정하기도 한다. 설문해자(說文解字)등 중국의 여러 문헌에 의하면, 한자는 고대 황제(皇帝) 때의 사관(史官) 창일(蒼頡)이 새 발자국을 보고 처음으로 만들었다고 되어 있다.

그러나 한자는 실제로 장구한 세월에 걸쳐 많은 사람들이 사물의 형상을 본떠서 만들어 발전시켜 왔다고 보아야 할 것이다.

지금까지 알려진 가장 오래된 한자는 은(殷)나라 옛터에서 발견된 갑골문자(甲骨文字)인데, 적어도 3,500년 이상의 역사를 지니고 있다고 한다.

글자모양은 그 뒤 금석문(金石文)전서(篆書) 예서(隸書)를 거쳐 오늘날의 해서체(楷書體)로 변천해 왔다.

2. 한자의 전래

한자가 한반도에 처음 전래된 정확한 시기는 미상(未詳)이나, 이미 고조선 때에 한자를 썼던 것으로 보인다. 그 증거로 고조선 때의 공무도하가(公無渡河歌)를 꼽을 수 있다.

고조선 때 뱃사공 곽리자고가 새벽에 일어나 나루에 나가 배를 손질하고 있었는데, 그때 머리가 센 미친 사람 백수광부(白首狂夫)가 머리를 풀어 헤친 채 술병을 끼고 비틀비틀 강물을 건너고자 했다. 그 백수광부의 아내가 따라가면서 만류했으나 결국 남편은 물에 빠져 죽고 말았다. 이에 그의 아내는 공후를 끌어당겨 타면서 공무도하라는 노래를 지어 부른 후, 남편을 따라 물에 빠져 죽고 말았다.

곽리자고는 집으로 돌아와 아내 여옥에게 그 노래 소리를 들려주었고, 여옥은 그 노래를 듣고 슬퍼하면서 공후를 끌어 당겨 그 노래를 따라했다. 그 노래를 듣는 사람들은 누구나 슬퍼서 눈물을 흘리지 않을 수 없었다.

공무도하가의 내용은 다음과 같이 전해지고 있다.

공무도하(公無渡河): 임이여 물을 건너지 마시오
공경도하(公竟渡河): 임은 그예 물을 건너시네
타하이사(墮河而死): 물에 휩쓰려 돌아가시니
당내공하(當奈公何): 가신 임을 어이할꼬

고조선의 뒤를 이은 삼한, 삼국시대, 고려 때까지의 모든 기록은 한자로 이루어졌다. 조선조의 세종임금의 훈민정음 창제 이후에도 한자는 한글과 병행하여 오늘날 까지 사용되고 있다.

중국의 글자를 빌려 쓰기는 했지만, 우리민족은 한자를 잘 소화·섭취해서 사상을 발전시키고 정서를 순화시켜왔다.

우리말의 70%정도가 한자에서 비록된 것이고, 도서관장서의 대부분이 한자를 모르고는 이해하기 어렵게 되어 있다. 우리말을 보다 풍요하게 사용하기 위하여도 우리말 속에 섞인 한자의 정확한 이해가 필요하다.

그리고 선인들이 물려준 문화유산을 계승하여 새로운 민족문화를 창달하기 위하여도 고전을 비롯한 한문지식의 습득이 필요하다.

김구선생이 암살로 돌아가셨다고 하면 "아, 암(癌)으로 돌아가셨어?"하는가 하면, 또 북한산을 등산하면서 "남 쪽에 있는 산인데 왜 '북한산'이라고 부르는 거야?"하고 되묻는 어처구니없는 일이 벌어져서는 아니된다. 한자어에서 유래된 암살(暗殺)이라는 말을 정확히 이해하기 위해서는 한자 지식이 밑받침되어야 한다. 또 한강(漢江)을 기준으로 해서 북쪽에 위치한 산이라고 해서 북한산(北漢山)이라고 하는 것을 단순히 한국의 북한산(北韓山)으로 잘못 이해해서는 아니될 것이다.

따라서 우리말을 보다 풍성하게 사용하기 위해서는 유래된 한자지식이 필수적으로 요청된다. 간월도(看月島)는 '달을 바라볼 수 있는 아름다운 섬'이라는 것은 한자를 알면 금방 알 수 있는 것과 같다.

3. 한자의 글자 수(數)

한자의 글자 수는 얼마나 될까?

1세기 경 후한(後漢)때 허신(許愼)의 설문해자(說文解字)에 실려 있는 글자는 9,000여자(字)이다. 그 뒤 18세기 경 청대(淸代)에 만들어진 강희자전(康熙字典)에는 49,030자가 실려 있다.

그러나 현재에 사용하고 있는 한자를 모두 합치면 60,000여자에 이를 것으로 추정하고 있다.

허신의 설문해자는 당시의 글자를 전서(篆書)에 근거하여 한자의 구조와 의미를 설명한 것으로 당시에 존재했던 글자 모두를 대상으로 한 것인지 아닌지 정확히 알 수 없으나, 한나라 이후로 상당한 정도의 글자가 증가했다. 한자는 시대를 거치면서 계속 만들어지고 있는 것이다.

그러나 한자의 수가 많다고 해서 두려워 할 필요는 없다. 실제로 고전에 사용된 한자나 우리의 일상생활에 쓰이고 있는 한자 수는 그다지 많질 않기 때문이다. 가령 중국의 대표적인 고전이라고 할 수 있는 사서삼경(四書三經)에 쓰인 한자는 6,500여자에 불과하여, 이 글자만 익힌다면 주옥같은 중국고전을 이해하는데 큰 어려움이 없을 것이다.

1921년 진학금(陳鶴琴)이라는 사람의 통계에 의하면 중국의 신문이나 소설 등에 쓰인 한자는 4,261자 였다고 한다. 그러므로 우리는 6,000자 내외의 한자만 안다면 심도 있는 연구까지 가능한 한자를 익힐 수 있다고 하겠다.

4. 한자의 구성요소

한자는 표의문자(表意文字)로서 그림이나 사물이 형상을 그대로 베껴 시각에 의하여 의미를 전달하는 문자이다. 이러한 한자는 形(형) · 音(음) · 義(의)의 세 요소로 이루어져 있다.

(1) 형(形): 글자마다의 고유한 형태를 말하며 다른 한자와 구별할 수 있게 한다.

(2) 음(音): 글자가 가지고 있는 고유한 소리를 말하며, 한 글자에 하나의 음을 가지고 있는 것이 원칙이지만 뜻에 따라 소리가 달라지는 것도 있다.

(3) 의(義): 각 글자가 가지고 있는 뜻을 말하며, 훈(訓)이라고도 한다.

형(形)	음(音)	의(義)
天	천	하늘
地	지	땅
玄	현	검다
黃	황	누렇다

5. 한자의 구성원리(六書)

한자는 본래 사물의 모양을 본떠 만든 것이 대부분이었다. 산 모양을 본떠서(山), 흘러가는 개울물을 그려서 천(川)이라는 글자를 만든 것과 같다. 그러나 시간이 흘러감에 따라 다른 유형의 사물이나 추상적인 개념 따위들을 표현할 필요가 생기게 되었다, 따라서 어떤 방법에 의하여 한자를 조합하고 제작하게 되었는데 그 원리가 육서(六書)이다. 허신(許愼)은 설문해자에서 육서를 다음과 같이 설명하고 있다.

(1) 상형문자(象形文字)

원시시대의 사람들은 물체를 그림으로 나타내어 형상을 표시했다. 동양이건 서양이건 마찬가지이다. 알타미라의 동굴벽화가 그러하고 고구려의 고분벽화가 그러하다. 사냥이나 하고 물고기만 잡아먹던 시대에는 그림이 의사표시를 하기에 족했다. 그러다가 인지(仁智)가 발달하고 사회가 이루어지면서 무언가 간단한 도형표시가 필요하게 되었다. "필요가 발명의 어머니"라는 말이 있듯이, 사람들은 간단한 문자를 만들기 시작했다. 산의 모습을 본떠서 山이라는 글자를 만들고, 흘러가는 개울물을 나타내는 川이라는 글자도 만들기 시작했다. 새가 공중에서 날아가는 모습을 보고 鳥라는 글자를 만들고, 새 중에 까마귀는 몸 뿐만 아니라 눈까지 까매서 눈도 구별하기 어렵다하여, 새鳥에서 눈을 뺀 까마귀 오烏자를 만들었다. 이처럼 물체의 형상을 본떠서 만든 글자를 상형문자라고 한다.

예: 水, 川, 人, 魚, 鳥

(2) 지사문자(指事文字)

문자를 만드는 데 있어서 구체적인 형체가 있으면 그 형체를 본떠서 글자를 만들면 된다. 그러나 형체가 없는 추상적인 것을 표시하는 글자를 만드는 데 사람들은 애를 먹었다. 그러나 만물의 영장인 인간은 그 두뇌를 사용하여 어떤 기호로써 추상적인 의미를 나타내도록 고안해냈다. 이를테면 하나면 一 로, 둘이면 二로, 셋이면 三으로 표시하는 것과 같다.

1950년대 60년대 선거에 나선 후보자들이 "작대기 하나 찍어주세요!" "작대기 두 개 있는 후보 찍어주세요!"하고 간단한 의미를 전달하는 것과 흡사하다.

上이나 下도 구체적인 사물이 아니기 때문에 선(線)을 그리고, 그 위 또는 아래에 점을 찍어 위-아래를 나타내는 글자를 만들었다. 本은 "뿌리가 없으면 나무(木)가 죽고만다"라는 발상에서 근본이라는 뜻을 나타냈다. 어머니는 "젖으로 아이를 먹여 살린다"는 뜻에서 女자에 위아래 유방을 나타내는 점을 찍어 母자를 만들었다. 이처럼 추상적인 개념을 도형으로 나타내어 만든 글자를 지사문자라고 한다.

예: 一, 二, 本, 天, 夫, 母

(3) 회의문자(會意文字)

인지능력은 그 한계를 모를만큼 발달한다. 컴퓨터를 발명해서 지금은 이역만리에서도 서로의 얼굴을 보면서 대화하는 세상이 도래했다.

문자 역시 인간의 인지 향상에 따라 발전 확대를 거듭하고 있다. 사람들은 단순한 상형문자나 지시문자의 단계를 뛰어넘어 글자들을 결합해서 새 글자를 만들기 시작했다.

日과 月을 합쳐 밝을 明을 만들었다. 밭田에다가 힘力을 합쳐 밭에 나가 힘을 쓰는 사내男자를 만들기도 했다. 나무가 많으면 수풀林이 되고 나무가 더 많으면 숲 森자가 되는 것과 같다. 이렇게 두자 이상의 뜻이 합쳐져서 새로운 뜻을 나타내는 글자를 회의문자라고 한다.

둘 이상의 한자를 합하고 그 뜻도 합성하여 글자를 만드는 방법이다. 앞서 예시한 것과 같이 '日'과 '月'을 합하여 '明' 자를 만들어 '밝다'는 뜻을 나타내는 것 따위이다. 이미 만들어진 글자의 뜻과 뜻을 합쳐 새로 만들어 낸다.

예: 明, 林, 休, 男, 沓, 安,

(4) 형성문자(形聲文字)

두 글자를 합하여 새 글자를 만드는 방법으로, 한 쪽은 뜻을 나타내고 다른 쪽은 소리를 나타낸다. '銅'자에서 '金'은 금속의 뜻을 나타내고 '同'은 음을 나타내는 따위이다.

靑자를 예로 들면, 푸를 靑에 의미를 두고 다른 글자를 결합시키면, 물이 맑다(淸),해가 나와 하늘이 개다 (晴), 푸르도록 흰쌀(精), 깨끗한 마음 (情), 맑은 눈동자(睛)과 같은 많은 문자가 만들어지게 되었다. 이렇게 해서 생겨난 한자를 형성문자라 부르며, 전체 한자의 80%정도를 차지하고 있다. 그러므로 기초가 되는 한자 부수를 알아두면 이와 연관되는 다른 한자도 쉽게 알 수 있게 된다.

예: 洋, 霜, 努, 起, 聞

(5) 전주(轉注)

이미 있는 한자의 뜻을 확대· 발전시켜 다른 뜻으로 쓰는 방법으로, 음이 바뀌기도 한다. 이와 같이 본래의 의미로부터 도출된 의미를 인중의(引中義)라고 한다.

道(도) → 본래의 뜻은 '길'을 말하지만 의미가 확대되어 사람으로서 행해야 할 도리, 도덕을 나타내기도 한다.

樂(악) → 본래의 의미는 '음악' 을 뜻하나, 즐겁다는 '락'으로 쓰기도 하고, 좋아할 '요'로 쓰기도 한다.

善(선) → 본래의 의미는 '착하다'는 뜻이나, 확대되어 '잘할 선'의 의미로도 쓰인다.

惡(악) → '악할 악'이지만 '미울 오'로도 사용된다.

度(도) → 본래의 의미는 '도수 도'를 나타내지만 '헤아릴 탁'으로도 쓰인다.

說(설) → 본래의 의미는 '말씀 설'이지만 '기쁠 열' 이나 '달랠 세'로도 쓰인다.

命(명) → 본래의 의미는 '목숨'을 의미하지만 '명령'을 나타내기도 한다.

위의 예처럼 이미 만들어진 글자의 본래 의미로부터 유추하여 다른 뜻으로 굴리고[轉] 끌어대어[注] 쓰는 문자를 말한다.

(6) 가차(假借)

한자의 뜻과는 관계없이 음(音)만을 빌려서 그와 같은 소리를 내는 다른 의미의 문자를 말한다.

예를 들면 아시아(亞細亞), 인디아(印度), 라틴(羅典), 로마(羅馬), 독일(德國), 프랑스(佛蘭西), 홍콩(香港), 파리(巴里), 터키(土耳其), 로스엔젤레스(羅城), 스위스(瑞西), 코가콜라(可口可樂), 커피(咖啡) 등

6. 부수를 통한 한자학습

부수(部首)는 한 묶음의 글자 집단을 대표하는 글자를 가리키는 말이다.

예를 들어 '인(仁)', '신(信)', '임(任)', '속(俗)'과 같은 글자에는 모두 부수자인 '인(亻)' 자가 들어 있다. 또 '화(花)', '초(草)', '원(苑)' 등의 글자에는 모두 부수자인 '초(++)' 자가 들어 있다.

이 부수자들은 글자의 의미와 밀접한 관련이 있다. 한자 구성의 기본이 되는 글자로서 214개로 되어있다. 수만 자에 대한 한자를 찾으려면 이 부수를 통하여 옥편에서 편리하게 찾을 수 있게 된다.

한자는 뜻글자이다. 하나의 글자는 대개 몇몇의 다른 글자들이 합쳐져서 만들어진다. 한자의 뜻도 낱낱 글자의 원래 의미로 따져 보면 뜻을 짐작할 수 있는 경우가 적지 않다. 가장 손쉬운 방법은 부수자를 보고 의미를 짐작하는 것이다. 예를 몇 가지 들어본다.

① 손[手]가 붙는 글자는 손과 관계되는 뜻을 지닌 글자들이다.

손수변 또는 재방변 이라고 부르며 [才]자로 쓰인다. 손과 관련되는 부위를 나타내는 글자로는 손벽치다 박(拍), 엄지손가락 무(拇), 손가락 지(指), 주먹 권(拳), 손바닥 장(掌)등이 있고, 손재주와 재능 등을 나타내는 재주 재(才), 기술 기(技), 졸열할 졸(拙)등이 있다.

손으로 던지다(投), 치다 (打), 꺾다(折), 지휘하다(揮)등도 손과 관련된 글자이다. 또한 잡다(把), 구속하다(拘), 누르다(抑), 체포하다(捕), 손뼉치다(拍), 껴안다(抱) 등 역시 손을 통하여 이루어지는 행위들이다.

뿐만 아니라 저항하다(抗), 물리치다(排), 갈다(摩)등 역시 손과 관련된 글자이며, 손으로 돕는 동작과 관련된 돕다(扶), 주다(授), 구원하다(援), 접촉하다(接)등의 글자가 이루어진다. 또 손으로 걸다(掛), 게양하다(揚), 묘사하다(描), 찾다(摘), 선택하다(擇)등도 손과 관련된 글자들이다.

② 눈 목(目)자나 볼 견(見)자가 들어간 글자는 대부분 '보는 것'과 관련된다.

눈[目] 위에 손[手]을 얹은 볼 간(看)은 눈 위에 손을 얹고 먼 곳을 보는 것이고, 살필 성(省)은 눈을 작게[少] 해서 찬찬히 보는 것이다.

볼 첨(瞻)은 올려다보는 것이요, 감(瞰)은 위에서 아래를 내려다보는 것이다. 그래서 별을 올려다보는 곳은 첨성대(瞻星臺)이고, 하늘에서 내려다 본 건물 그림을 조감도(鳥瞰圖)라고한다. 권(眷)은 돌아보는 것이고, 도(睹)는 사람을 보는 것이다. 조(眺)는 아득히 먼 곳을 바라보는 것이다. 높은 산에서 경치를 바라보는 것을 조망(眺望)이라고 하는 것은 이 때문이다.

③ 볼 견(見)자가 들어간 한자는 '무엇을 보는 것'을 의미한다.

볼 시(視)는 살펴보는 것이고, 관(觀)은 주의 깊게 보는 것이다. 구멍 혈(穴)자 밑에 규(規)를 쓴 글자는 구멍을 뚫고 본다는 뜻의 엿볼 규(窺)자이다. 손톱 조(爪) 아래 볼 견(見)을 쓴 글자는 찾을 멱(覓)자이다. 윗사람을 뵙는 것은 근(覲)이다. 두루 보는 것은 람(覽)이다. 도서관에 가서 여러 책을 열람(閱覽)하고, 미술관에는 작품들을 전람(展覽)한다.

④ 계집 녀(女)자가 들어가면 대부분 여성의 활동과 관련된다.

낮은[卑] 여자는 계집종 비(婢)요, 여자를 취해[取] 오는 것은 장가들 취(娶)다. 여자가 다른 집[家]에 가면 시집 갈 가(嫁)가 된다. 시집 간 여자가 밤낮 생각[思]하는 것은 시집 시(媤)이고, 자식[息] 같은 여자가 며느리 식(媳)이다. 여자가 오래[古] 되면 시어미 고(姑)가 된다.

좋아할 호(好) 역시 여자가 아이(아들)를 좋아하여 떼어놓을 수가 없기 때문에 이루어진 글자이다. 이 밖에 질투할 투(妬), 간사할 간(姦), 예쁠 연(姸), 즐거워 할 오(娛), 아첨할 미(媚), 아리따울 교(嬌) 등의 글자는 모두 여성의 특성과 관련된다.

⑤ 조개 패(貝)자가 붙어 있으면 대부분 경제 활동과 관련되는 글자이다.

조개는 과거에 화폐 대신으로 썼다. 재물 재(財), 물건 팔 판(販), 살 구(購), 가난할 빈(貧), 재화 화(貨), 탐할 탐(貪), 쌓을 저(貯), 빌릴 대(貸), 쓸 비(費), 장사할 무(貿), 품삯 임(賃), 세금 부(賦) 등이 그러하다.

⑥ 개 견(犭, 犬)자가 들어간 글자들은 대부분 개과나 원숭이과에 속한 동물들이나 이들 동물의 속성과 관련된 의미를 지니고 있다.

개 구(狗), 개 오(獒), 여우 호(狐), 이리 랑(狼), 사자 사(獅), 원숭이 저(狙), 원숭이 유(猶), 원숭이 원(猿), 성성이 성(猩), 고양이 묘(猫), 산돼지 저(猪), 노루 장(獐), 수달 달(獺), 사나울 맹(猛), 미칠 광(狂), 시새울 시(猜), 교활할 활(猾), 오랑캐 적(狄) 등이 그렇다.

개 견(犭) 부수의 홀로 독(獨)은 개견(犭)과 촉나라 촉(蜀)의 합성어이다. 촉나라의 개들은 유난히 사나워서 둘이 같이 있으면 싸워서 다치기 때문에 따로따로 기르게 되므로 결국 '홀로'라는 의미를 가지게 되었다. 유(猶)란 원숭이는 의심이 하도 많아서 조그만 소리에도 놀라 나무 위로 기어 올라간다. 올라가서는 겁이 나서 내려오지도 못하고 마냥 있는다. 여기에서 '망설인다'는 뜻이 나왔다. 죄를 지은 사람에게 법 집행을 잠시 보류하고 망설이는 것이 집행유예(執行猶豫)이다. 이 때 유(猶)가 바로 망설인다는 뜻이다.

⑦ 비 우(雨)자가 포함된 글자는 거의가 날씨와 관계된 말들이다.

눈 설(雪), 구름 운(雲), 우박 박(雹), 번개 전(電), 천둥 뢰(雷), 천둥 벽(霹), 천둥소리 진(震), 장마 림(霖), 서리 상(霜), 안개 무(霧), 이슬 로(露), 갤 제(霽),벼락 벽

(霹), 가랑비 삽(霎), 안개 분(雰)등을 보면 알 수 있다.

노을을 하(霞)라고 한다. 서울의 자하문 고개는 원래 지는 노을이 자주빛갈로 무척 아름다웠다고 한다. 그래서 자주빛 자(紫), 노을 하(霞)를 엮어서 자하문(紫霞門)고개라고 불렀다고 한다. 시적(詩的)인 정감이 나는 말이라고 생각된다. 자하문 고개 넘어가는 왼편에 윤동주(尹東柱)문학관이 있다. 들어가보면 다음과 같은 유명한 '서시'가 게시되어 있다.

> 서시(序詩)
>
> \- 윤동주
>
> 죽는 날까지 하늘을 우러러
> 한 점 부끄럼이 없기를,
> 잎새에 이는 바람에도
> 나는 괴로워했다.
> 별을 노래하는 마음으로
> 모든 죽어가는 것을 사랑해야지.
> 그리고 나한테 주어진 길을
> 걸어가야겠다.
> 오늘 밤에도 별이 바람에 스치운다.

⑧ 사람 인(人)자를 부수로 삼는 글자들은 대부분 인간과 관련이 있다.

사람은 말과 글, 그리고 도구 따위를 만들어 쓰는 만물의 영장으로 복잡하고 다양한 인류사회를 구성한다. 따라서 人자부수를 가진 한자는 무수히 많다. 기초한자 1800자 중에도 人자부수를 쓰는 한자가 120여자에 달하고 있다. 선비 유(儒), 부처 불(佛), 나 여(余), 맏 백(伯), 짝 반(伴)등은 명사류이고, 거만할 거(倨), 검소할 검(儉), 사치할 치(侈), 어질 인(仁),등은 사람의 품성을 나타내는 형용사들이며, 바랄 기(企), 엎드릴 복(伏), 칠 벌(伐), 쉴 휴(休), 지을 작(作)등은 인간의 동작과 관련된 동사류이다.

⑨ 이 밖에 옷 의(衤, 衣)자가 포함된 글자는 거의가 의복과 관계 깊고, 말씀 언(言)이 들어가면 대개가 인간의 말과 관련된다.

이처럼 한자는 부수를 통하여 그 의미를 대충 짐작할 수 있게 된다. 모르는 한자를 알기위해서는 자전(字典)을 찾게 되는 데 자전은 이 부수들로 질서정연하게 정리되어 있다. 그러나 자전을 찾으려 해도 그 한자의 부수가 과연 무엇인지를 알아야하는데 복잡한 한자는 그 부수 자체를 아는 것이 용이하지 않다. 그래서 한자가 어렵다고 초기단계에 염증을 내기도 한다. 도대체 복잡하고 까다로워서 한자를 익히기가 어렵다고 짜증을 내기도 한다.

그러나 부수도 차근차근 공부해 나가면 결코 어려운 것은 아니다. 애초에 허신의 설문해자(說文解字)에는 부수를 540개로 분류되어 있었으나, 그 후 강희자전(康熙字典)에서 214개로 간략하게 정리되어 사용되어 오고 있다.

* 허신은 세계 최초의 자전(字典)이며 현존하는 문자학(文字學)의 최고 권위를 지닌 《설문해자(說文解字)》를 만들었는데, 계통별로 540개의 부수(部首)를 분류해 당시 한자(漢字) 9,353자를 체계적으로 분류했고, 또한 구성원리인 "육서(六書)"의 법칙으로 한자의 구조를 설명했다.

이러한 부수 중 왼쪽에 붙는 부수를 변(邊)이라 하고 오른 쪽에 붙는 부수를 방(傍)이라 한다. 한자를 세로로 양분했을 때는 변과 방으로 나뉘지만, 변과 방 이외에도 [머리] [엄] [받침] [몸] [발]과 같이 불리어지는 부수들이 있다.

* 변(邊): 한자에서 글자의 왼쪽에 있는 부수. '佛', '知'에서 '亻', '矢' 따위이다.
* 방(旁): 한자에서 글자의 오른쪽에 있는 부수. '利'에서 '刂', '旣'에서 '旡' 따위를 이른다.
* 머리(頭): 한자에서 글자의 윗부분에 있는 부수. '家', '花'에서 '宀(갓머리)' 따위이다.
* 받침: 부수가 글자의 밑부분에 받쳐져 있을 때, 이를 받침이라고 한다. 起 → 走, 念 → 心

* 몸: 부수가 위와 옆, 또는 아래까지 둘러 싼 것을 몸이라 한다. 閨 → 門 , 國 → 口

다음과 같은 기본적인 부수들은 반드시 알아 둘 필요가 있다. 편의상 예는 열가지 내외로 들어본다.

〈변: 邊〉

① 사람인변(人): 仁, 仙, 仕, 代, 使, 任, 但, 伯. 依

② 중인변(彳) 또는 두인변(彳): 役, 彷, 征, 律, 徒, 得, 從, 徑, 徐, 彿

③ 삼수변(氵): 洙, 泳, 江, 汝, 決, 沐, 油, 活, 法, 沃

④ 이수변(冫): 冬, 冲, 冷, 凍, 冰, 凋, 凜, 凝, 冶, 凉

⑤ 심방변(忄) 또는 마음심변(心): 必, 恒, 性, 恨, 憶, 悅, 情

⑥ 벼화변(禾): 私, 秀, 秋, 科, 秧, 稱, 租, 秩, 程

⑦ 좌부방변(阝): 阿, 附, 降, 陌, 陋, 限, 陛, 除, 陵, 陪

⑧ 보일시변(示): 祉, 祈, 社, 神, 祖, 祝, 祖, 視, 禍, 福

⑨ 옷의변(衣): 表, 衫, 衿, 衰, 衾, 衲, 袋, 被, 裂, 裕

⑩ 재방변(才)또는 손수변(手): 打, 抑, 技, 折, 招, 拾, 指, 接, 掩

⑪ 개견변(犭): 犯, 狄, 狐, 狼, 狗, 猛, 猪, 獎, 獨, 獲

⑫ 말씀언변(言): 計, 訓, 記, 設, 許, 詩, 說, 話, 誠, 誤

⑬ 나무목변(木): 材, 村, 松, 林, 校, 机, 札, 枝, 板, 柱

⑭ 날일변(日): 明, 旺, 昧, 映, 昨, 時, 晴, 暗, 曜

⑮ 쌀미변(米): 粉, 粘, 粧, 糊, 糖, 糧, 糟, 糠, 精

⑯ 실사변(糸): 糾, 紀, 約, 紹, 紛, 紡, 級, 細, 終, 絡

〈방: 傍〉

① 칼도방(刀): 刃, 切, 刑, 刊, 列, 初, 判, 別, 刻, 刹

② 우부방(阝): 邙, 邪, 邯, 邱, 郁, 郎, 郡, 郵, 郭, 鄙

〈머리: 頭〉

① 돼지해머리(亠): 亡, 交, 亦, 亥, 享, 亨, 亮, 亭, 京,

② 민갓머리(冖): 冠, 冥, 冤

③ 갓머리(宀): 宇, 宅, 守, 安, 完, 宙, 宜, 定, 客, 宣

④ 초두머리(++, 艸): 芝, 茂, 芮, 芳, 苦, 苔, 苑, 苗, 范, 花

⑤ 비우머리(雨): 雩, 雪, 雰, 雹, 雷, 電, 需, 震, 霖, 霜

〈엄: 부수가 글자의 위쪽에서부터 왼쪽에 걸쳐 쓰이는 자형〉

① 민엄호(厂): 厄, 厚, 厓, 厘, 厭, 厞, 原

② 엄호(广): 店, 慶, 府, 度, 庭, 庫, 座, 庸, 康, 庵

③ 병질엄(疒): 病, 疾, 症, 痛, 痢, 痘, 痼, 痺, 療

〈받침〉

① 책받침(辶): 遊, 近, 返, 迎, 迦, 迪, 逃, 通, 逮, 達

② 민책받침(廴): 廷, 延, 廻, 建

〈몸: 둘레를 감싸는 부수〉

① 큰 입구몸(口): 四, 囚, 困, 固, 國, 圓, 圖, 園, 圍, 回

② 문몸(門): 閃, 開, 閥, 閣, 間, 閔, 閤, 關, 闕, 闡

〈발: 부수가 글자의 아래쪽에 쓰이는 자형〉

① 연화 발(火, 灬): 蒸, 炰, 烈, 煮, 災, 焄, 無, 黑, 焦, 照, 熊, 熙

② 어진사람인 발(儿): 元, 兄, 充, 兆, 光, 先, 兇, 免, 兒, 兌, 兎, 兢, 党

漢字

제 2 강 한자의 품사

한자는 孤立語(고립어)이기 때문에 한자 그 자체로 품사를 논하기는 어렵다. 문장 내에서의 作用(작용)이나 性質(성질))에 따라 9가지 품사로 나눌 수 있다.

1. 名 詞(명사)

사람이나 사물의 이름을 나타내며, 문장에서 위치를 바꾸거나 조사의 도움을 받아 주어, 서술어, 목적어, 보어로 쓰인다.

山高水深(산고수심): 산은 높고 물은 깊다. 山과 水는 주어 역할을 하는 명사

讀書彈襟(독서 탄금): 글을 읽고 거문고를 타다. 書와 襟은 목적어 역할을 하는 명사

福之爲禍(복지 위화): 복이 재앙이 되다. 福과 禍는 주어와 보어 역할을 하고 있다. 복권 당첨되어 횡재(橫財)한 사람들의 60%이상이 당첨 전보다 불행해졌다는 통계가 있다. 횡재가 횡재(橫災)로 된 것이다. 이 말의 반대말은 전화위복(轉禍爲福)이다. 인생만사 새옹지마(塞翁之馬)인 것이다.

孔子問禮於老子(공자문례어노자): 공자가 노자에게 예를 묻다. 孔子와 老子 그리고 禮는 모두 명사

三人行必有我師焉(삼인행필유아사언): 세 사람이 가는 데는 반드시 나의 스승이 있다. 三과 人과 師는 모두 명사

2. 代名詞(대명사)

• 1인칭 대명사로는 我(아), 吾(오), 余(여), 予(여), 寡人(과인: 왕이 자신을 가리키는 말) 孤(고), 己(기), 臣(신), 妾(첩), 小生(소생), 小人(소인) 등이 있다.

我見金剛山(아견금강산)
: 나는 금강산을 보았다.

吾嘗終日而思矣(오상종일이사의)
: 나는 일찍이 종일토록 생각했다.

予爲此憫然(여위차민연)
: 내가 이를 불쌍히 여기다.

寡人之於國也 盡心焉(과인지어국야 진심언)
: 과인이 나라를 다스림에 있어서 마음을 다하였다.

吾與汝皆學生也(오여여개학생야)
: 나와 너는 모두 학생이다.

• 2인칭 대명사로는 汝(여), 女(녀), 若(약), 而(이), 爾(이) 존칭으로는 子(자), 君(군), 先生(선생), 貴下(귀하) 등이 쓰인다.

汝天下之國士也(여천하지국사야)
: 너는 천하의 뛰어난 선비이다.

汝不飮酒顔何紅(여불음주안하홍)
: 너는 술을 마시지 않았는데 얼굴이 어찌하여 붉은가?

若勝我 我不若勝(약승아 아불약승)
: 너는 나를 이기지만 나는 너를 이기지 못한다. 若은 2인칭대명사 我는 1인칭대명사

子將安之(자장안지)
: 그대는 장차 어디로 가려는가?

爾爲爾 我爲我 (이위이 아위아)
: 너는 너고, 나는 나다.

• 3인칭 대명사로는 타(他), 피(彼), 기(其), 부(夫), 모(某), 혹(或), 차(此), 지(之) 등이 쓰인다. 한문에서 3인칭대명사는 쓰임이 활발하지 못한 편이다. 그 이유는 우선 한문에서 3인칭대명사가 쓰일 때에는 생략이 가능하고, 또 주어가 반드시 있어야 할 경우는 앞의 명사를 다시 한번 말할 수 있기 때문이다.

彼丈夫也 我丈夫也 吾何畏彼哉 (피장부야 아장부야 오하외피재)
: 그도 장부, 나도 장부인데 무엇 때문에 내가 그를 두려워 하겠는가,

人固有一死 或重於泰山 或輕於鴻毛(인고유일사 혹중어태산 혹경어홍모)
: 사람은 본래 한번 죽지만, 어떤 죽음은 태산보다도 무겁고, 어떤 죽음은 기러기 털 보다도 가볍다. '或'은 어떤 특정 대상을 가리키지 않는다.

與朋友交 言而有信 雖曰未學 吾必謂之學矣(여붕우교, 언이유신, 수왈미학 오필위지학의)
: 친구와 사귐에 있어서 말의 신의가 있으면, 비록 배움이 없다고 하드라도 나는 반드시 그를 배웠다고 할 것이다.

3. 動詞(동사)

사람 또는 사물의 동작이나 행위를 나타낸다.

日出於東山(일출어동산)
: 해가 동쪽 산에서 뜬다. 동사인 '出'은 '於東山'이라는 보어를 필요로 하고 있다. 즉 주어+서술어+보어의 문장이다.

惡不仁者 其爲仁矣(오불인자 기위인의)
: 仁 이 아닌 것을 미워함도 仁이 된다.

愛人不親 反其仁(애인불친 반기인)
: 남을 사랑해도 친해지지 않으면 그 仁을 반성하라.

衆好之必察焉 衆惡之必察焉(중호지필찰언 중오지필찰언)
: 뭇사람이 좋아하더라도 반드시 살피고, 뭇사람이 싫어하더라도 반드시 살펴야 한다.

父母養其子而不教 是不愛其子也(부모양기자이불교 시불애기자야)
: 부모가 자식을 기르면서 가르치지 않으면, 이는 그 자식을 사랑하지 않는 것이다.

子之廢學 若吾斷斯織也(자지폐학 약오단사직야)
: 네가 학문을 그만두는 것은 내가 이 베를 끊는 것과 같다.

子曰 由 誨女知之乎 (자왈 유 회여지지호)
: 공자께서 말씀하시기를, "由야, 너에게 안다는 것을 가르쳐 주랴?"

4. 形容詞(형용사)

사물의 상태나 성질을 나타내며, 명사를 수식하거나 서술어의 역할을 한다.

山高水長(산고수장)

: 산은 높고 물은 길다. 仁者나 君子의 덕이 뛰어남을 높은 산이 솟고 큰 강이 흐르는데 비유한 말.

良藥苦於口而利於病(양약고어구이리어병)

忠言逆於耳而利於行(충언역어이이리어행)

: 양약은 입에 쓰나 병에는 이롭고, 충고하는 말은 귀에 거슬리나 행실에 이롭다. 良은 藥을 수식하고 忠은 言을 수식하고 있다.

霜葉紅於二月花(상엽홍어이월화)

: 서리맞은 잎이 2월의 꽃보다 붉다. 당나라시절 두목(杜牧)이 지은 山行(산행)에 나오는 구절이다. 산행 시의 전문은 다음과 같다.

> 遠上寒山石徑斜(원산한산석경사)
> 白雲生處有人家(백운생처유인가)
> 停車坐愛楓林晩(정거좌애풍림만)
> 霜葉紅於二月花(상엽홍어이월화)
>
> 〈멀리 한산에 오르려니 돌길은 비스듬한데
> 흰구름이 이는 곳에 인가가 있네.
> 수레를 멈추고 가만히 늦은 단풍을 즐기니
> 서리맞은 잎이 2월 꽃보다 붉구나.〉

靑出於藍而靑於藍(청출어람이청어람)
: 청색은 쪽빛에서 나왔으나 쪽보다 푸르다.

5. 副詞(부사)

서술어를 한정하거나 수식한다. 시간, 장소, 상태, 방법, 정도 등을 나타낸다.

吾嘗聞道(오상문도)
: 내가 일찍이 도를 들었다.

水至淸則無魚 人至察則無徒(수지청즉무어 인지찰즉무도)
: 물이 지극히 맑으면 고기가 없고, 사람이 너무 살피면 따르는 무리가 없다.

萬事分已定 浮生空自忙(만사분이정 부생공자망)
: 만사의 분수는 이미 정해져 있는 데, 덧없는 인생은 부질없이 스스로 바쁘다.

旣飽以德(기포이덕)
: 이미 덕으로써 배가 불렀다.

惟有心志則 可以變愚爲智(유유심지즉 가이변우위지)
: 오직 마음과 뜻이 있으면 가히 어리석음을 고쳐 지혜롭게 될 수 있다.

虎遂與之行(호수여지행)
: 호랑이는 마침내 그와 더불어 갔다.

德不孤必有隣(덕불고필유린)
: 덕은 외롭지 않아 반드시 이웃이 있다.

6. 조동사(助動詞)

동사, 형용사, 부사 등을 도와서 가능, 부정, 원망, 금지, 사동, 피동 등의 표현을 완전하게 해주는 품사를 말한다.

1) **가능을 나타내는 조동사로는 〈可, 能, 足, 得, 克, 堪〉등이 쓰인다.**

老馬之智可用也(노마지지가용야)
: 늙은 말의 지혜를 이용할 수 있다.

唯仁者能好人能惡人(유인자능호인능오인)
: 오직 어진 사람만이 사람을 좋아할 수도 있고 미워할 수도 있다.

匹夫見辱 拔劍而起 挺身而鬪 此不足爲勇也(필부견욕 발검이기 정신이투 차부족위용야)
: 보통남자는 치욕을 당하면 칼을 뽑아 일어나 몸을 던져 싸우는데 이는 용감하다고 할 수 없다. 여기서 '見'은 피동으로 쓰여 '~을 당하다'는 뜻.

吾得見漢使(오득견한사)
: 나는 한나라 사신을 만날 수 있다.

克勤于邦 克儉于家(극근우방 극근우가)
: 나라에 근면할 수 있고, 가정에 절검할 수 있다.

遍地黃花堆積 憔悴損 如今有誰堪摘(편지황화퇴적 초췌손 여금유수감적)
: 온 땅에 가득 찼던 국화가 모두 말라 시들어 버렸으니 지금 어느 꽃을 딸 수 있을까?

2) 부정을 나타내는 조동사로는 〈非, 不, 未, 微, 否, 弗, 匪, 無, 毋, 亡, 莫〉등이 쓰인다.

民非水火不生活(민비수화불생활)
: 백성들은 물과 불이 없으면 생활할 수가 없다.

仁者不憂 知者不惑 勇者不懼(인자불우 지자불혹 용자불구)
: 어진 이는 근심하지 않고, 아는 자는 당혹하지 않으며, 용감한 사람은 두려워하지 않는다.

吾未見好惡者(오미견호악자)
: 나는 악을 좋아하는 사람을 보지 못했다.

得之則生 弗得則死(득지즉생 불득즉사)
: 그것을 얻으면 살고 얻지 못하면 죽는다.

我心匪石 不可轉也(아심비석 불가전야)
: 내 마음이 돌이 아니므로 구를 수 없다.

臣少好相人 相人多矣 無如季相(신소호상인 상인다의 무여계상)
: 저는 어렸을 때 뛰어난 관상쟁이어서 관상을 본 사람이 많지만 당신(季)과 같은 상은 아무도 없었습니다.

四方亡擇也(사방막망택야)
: 동서남북을 선택할 수 없다.

風俗之奢侈 莫甚於今日(풍속지사치 막심어금일)
: 풍속의 사치함이 오늘보다 심한 적이 없었다.

3) **금지의 조동사로는 〈勿, 無, 莫, 不, 毋〉등이 쓰인다.**

己所不欲 勿施於人(기소불욕 물시어인)
: 자기가 하고 싶지 않은 것을 다른 사람에게 시키지 말라.

更遣使 許無改太宗之號(갱견사 허무개태종지호)
: 다시 사신을 보내 태종이란 호를 고치지 말도록 했다.

不言人長短(불언인장단)
: 다른 사람의 장단점을 말하지 말라.

毋論是非(무론시비)
: 옳고 그름을 논하지 말라.

7. 介詞(개사)

전치사와 후치사를 통틀어서 지칭할 때 쓰이는 품사를 말한다. 윗말을 아랫말에 또는 아랫말을 윗말에 이어 관계를 맺어 주는 것으로 於(어) 于(우) 以(이) 自(자) 從(종) 由(유) 與(여), 之(지) 등이 있다.

揚名於後世(양명어후세)
: 후세에 이름을 날리다.

國之語音異乎中國(국지어음이호중국)
: 나라의 말이 중국과 다르다.

以古法爲治國 與此同(이고법위치국여차동)
: 옛 법으로써 나라를 다스리면 이와 같다.

有朋自遠方來(유붕자원방래)
: 벗이 먼 곳으로 부터 온다.

論將之道如何(논장지도여하)
: 장수를 논하는 길은 어떠합니까?

成功之難如登天(성공지난여등천)
: 성공의 어려움은 하늘에 오르는 것과 같다.

8. 終結詞(종결사)

1) **斷定(단정): 也(야) 矣(의) 焉(언) → '~이다'**

君子必愼其獨也(군자필신기독야)
: 군자는 반드시 그 홀로 있음을 삼간다. 이 말의 대구는 小人閒居爲不善(소인한거위불선)이다.

見義不爲 無勇也(견의불위 무용야)
: 義를 보고도 행하지 않음은 용기가 없는 것이다.

日月逝矣 歲不我延(일월서의 세불아연)
: 날과 달은 가고, 세월은 나를 위하여 지체하지 않는다.

吾於足下 有厚望焉(오어족하 유후망언)
: 나는 그대에게 큰 기대를 걸고 있다.

2) **限定(한정): 耳(이), 已(이), 而已(이이), 而已矣(이이의), 爾(이)→'~일 따름(뿐)이다.'**

欲使人人易習 便於日用耳(욕사인인이습 편어일용이)
: 사람들로 하여금 쉽게 익혀 날로 쓰는 데에 편안하게 하고자 할 따름이다.

王之所欲可知已(왕지소욕가지이)
: 왕이 하고자 하는 바를 가히 알 수 있을 따름이다.

亦有仁義而已矣(역유인의이이의)
: 또한 인의가 있을 따름이다.

立志如何耳(입지여하이)
: 뜻을 세움이 어떠한 가에 달려 있을 따름이다.

3) 疑問(의문): 乎(호), 耶(야), 邪(야), 與(여), 歟(여), 諸(저)

如吾之衰者 豈能久存乎(여오지쇠자 기능구존호)
: 나와 같이 쇠약한 자가 어찌 능히 오래 살겠는가?

人不知而不慍 不亦君子乎(인부지이불온 불역군자호)
: 남이 알아주지 않더라도 성내지 아니하면 군자가 아닌가?

汝其知耶 其不知耶(여기지야 기부지야)
: 너는 그 점을 아는가, 알지 못하는가?

是誰之過與(시수지과여)
: 이것은 누구의 잘못인가?

4) 感歎(감탄): 哉(재), 乎(호), 兮(혜)

子曰 賢哉 顔回(자왈현재안회)------공자께서 말씀하시기를, "어질도다, 안회여."

9. 感歎詞(감탄사)

독립사로서 사물에 대한 의지적 표현에 의하여 감탄. 영탄. 탄식의 감정을 나타내는 품사이다. 嗚呼(오호),嗟乎(차호) 惡(오), 於乎(오호), 噫(희) 등이 쓰인다.

嗚呼 師道之不復可知矣(오호 사도지불복가지의)

: 아아, 스승의 도를 회복하지 못함을 가히 알 수 있도다.

嗟乎 燕雀安知 鴻鵠之志哉(차호 연작안지 홍곡지지재)

: 아아! 제비나 참새가 어찌 기러기와 고니의 뜻을 알리오.

惡是何言也(오시하언야)

: 아아! 이것이 무슨 말이냐?

噫知我者誰也(희지아자수야)

: 아, 나를 알아주는 자는 누구이뇨.

嗚呼老矣 是誰之愆(오호노의 시수지건)

: 아아, 늙었구나. 이것이 누구의 허물인가.

한자실력검증(漢字實力檢證)

한문문장에 들어가기에 앞서 자신의 한자 기초실력이 어느 정도 되는 지를 정확히 파악할 필요가 있다.

일찍이 손자도 '지피지기 백전불태(知彼知己 百戰不殆)'라고 했다.

자기실력을 가늠한 다음, 문장 해득에 들어가야 마땅하다. 이는 한자실력이 어느 정도 되어야 한문해석에 들어갈 수 있기 때문이다.

영어의 경우도 마찬가지일 것이다. 한 문단에 모르는 단어가 여러 개 겹친다면 마땅히 책을 덮어버려야 할 것이다.

모르면 재미없고, 재미없으면 고통만이 수반될 뿐이다.

자아 그러면 나의 한자실력은 어느 정도일까?

언론과 우리 주위에 자주 등장하는 한자 100개를 가지고 테스트해 본다.

*** 아래 한자를 제대로 읽고 그 단어의 뜻을 알면 된다.**

1. 間歇	2. 勘定	3. 醵出	4. 驚蟄	5. 股肱	6. 膏肓	7. 滑稽
8. 攪亂	9. 交驩	10. 句讀	11. 詭辯	12. 龜裂	13. 旗幟	14. 喫煙
15. 懦弱	16. 拿捕	17. 難澁	18. 捺印	19. 捏造	20. 漏泄	21. 團欒
22. 撞着	23. 陶冶	24. 登攀	25. 萌芽	26. 明澄	27. 牡牛	28. 巫覡
29. 拇印	30. 撲殺	31. 蟠桃	32. 菩薩	33. 頒布	34. 潑剌	35. 拔萃
36. 跋扈	37. 幇助	38. 兵站	39. 菩提	40. 沸騰	41. 詐欺	42. 索漠
43. 撒布	44. 閃光	45. 洗滌	46. 殺到	47. 馴致	48. 猜疑	49. 軋轢
50. 斡旋	51. 隘路	52. 濾過	53. 軟膏	54. 涅槃	55. 銳敏	56. 猥褻
57. 雨雹	58. 誘拐	59. 凝結	60. 義捐	61. 移徙	62. 弛緩	63. 湮滅

64. 孕胎 65. 自刎 66. 綽綽 67. 箴言 68. 塡充 69. 截斷 70. 點睛
71. 稠密 72. 蠢動 73. 櫛比 74. 桎梏 75. 闡明 76. 執拗 77. 喘息
78. 諦念 79. 尖端 80. 忖度 81. 贅言 82. 綻露 83. 搨本 84. 宕巾
85. 攄得 86. 洞察 87. 破綻 88. 貶下 89. 褒賞 90. 標識 91. 解弛
92. 絢爛 93. 豁達 94. 黃疸 95. 膾炙 96. 嚆矢 97. 嗅覺 98. 麾下
99. 欣快 100. 詰責

평석

너무 쉬운 단어라고 웃는 사람도 있을 테고, 반면에 고개를 갸우뚱하는 사람도 있을 것이다.

* 70점 이상 맞힌 분들은 본격적인 한문문장 강의에 참여하시면 된다.
* 40~60점을 득한 분은 한자공부를 좀 더 하신 후에 한문해독에 들어가시면 된다. 아무리 좋은 문장도 모르는 글자가 자꾸만 나오면 짜증이 나는 것은 영어나 한문이나 마찬가지일 것이다.
* 혹시 30점도 못 맞히신 분이 있는 경우 한문강독은 접어두시는 것이 편할 것이다. 세월이 넉넉하지도 않을텐데 구태여 한문공부에 매달릴 필요가 없는 것이다. 시원한 강바람이나 한번 쏘이는 것이 정신건강에 좋을 것이다. 그러나 끈기가 특장(特長)인 분은 계속하시면 성취가 가능하다. 이를 두고 '물방울이 돌을 뚫는다(수적석천: 水滴石穿)'라고 한다.

해설

1. 간헐 2. 감정 3. 갹출 4. 경칩 5. 고굉 6. 고황 7. 골계
8. 교란 9. 교환 10. 구두 11. 궤변 12. 균열 13. 기치 14. 끽연
15. 나약 16. 나포 17. 난삽 18. 날인 19. 날조 20. 누설 21. 단란
22. 당착 23. 도야 24. 등반 25. 맹아 26. 명징 27. 모우 28. 무격
29. 무인 30. 박살 31. 반도 32. 보살 33. 반포 34. 발랄 35. 발췌

36. 발호 37. 방조 38. 병참 39. 보리 40. 비등 41. 사기 42. 삭막
43. 살포 44. 섬광 45. 세척 46. 쇄도 47. 순치 48. 시의 49. 알력
50. 알선 51. 애로 52. 여과 53. 연고 54. 열반 55. 예민 56. 외설
57. 우박 58. 유괴 59. 응결 60. 의연 61. 이사 62. 이완 63. 인멸
64. 잉태 65. 자문 66. 작작 67. 잠언 68. 전충 69. 절단 70. 점정
71. 조밀 72. 준동 73. 즐비 74. 질곡 75. 천명 76. 집요 77. 천식
78. 체념 79. 첨단 80. 촌탁 81. 췌언 82. 탄로 83. 탑본 84. 탕건
85. 터득 86. 통찰 87. 파탄 88. 폄하 89. 포상 90. 표지 91. 해이
92. 현란 93. 활달 94. 황달 95. 회자 96. 효시 97. 후각 98. 휘하
99. 혼쾌 100. 힐책

제2편

한문의 기본

漢字

제 3 강 한문문장의 구조

기본적인 한자를 습득한 후에 한문의 문장 구성 방법을 익히면 한문을 이해하기 쉽다. 문장이란 결국 단어를 연결시킨 것에 불과한 것이다. 따라서 단어가 어떻게 연결되었는가를 살펴보면 문장의 의미도 자연스럽게 알게 된다.

한문은 한 글자 한 글자의 한자가 모여서 이루어지는 문장이다. 한문은 어순에 의해서 그 문법적 기능이 달라지며 의미가 달라진다. 가령 '月明'은 주어와 술어로 구성되어 '달이 밝다'라는 뜻을 나타내는 문장이다. 그러나 이를 '明月'이라고 표현하면 수식구조로 되어 '밝은 달'이라는 뜻이 된다. 즉 '明'은 주어인 '月'다음에 오면 서술어가 되고, 명사류인 '月'앞에 오면 '월'을 수식하는 관형어가 됨을 알 수 있다.

한문문장의 종류는 단문(單文)과 복합문(複合文)으로 구별할 수 있다.

단문은 한문문장에서 주어. 술어. 목적어. 보어 등의 관계를 단 한번만 가지는 경우를 말한다. 이에 비하여 복합문은 절(節)과 구(句)가 여러개 중복되어 이루어진 문장을 말한다. 대개 주어가 갖추어진 문장을 절(節)이라 하고 주어가 없는 문장을 구(句)라고 한다.

단문은 다시 기본문형과 확장문형으로 구별할 수 있다. 기본문형은 주어, 술어, 목적어, 보어만으로 이루어지는 문장구조이다.

확장구조는 기본문형을 수식해 주는 관형어. 부사어 등이 덧붙여서 이루어지는 문장 구조이다.

가령 '臣事君(신하가 임금을 섬긴다)'이란 표현은 주어, 술어, 목적어가 일정한 순서에 의하여 배열된 기본문형이다.

그런데 '忠臣不事二君 (충신은 두 임금을 섬기지 않는다)'이란 문장은 기본문형인 '臣事君'에 부가성분인 '忠, 不, 二'가 덧붙은 확장문형이다.

한문학습은 문장유형을 바탕으로 학습하되, 기본문형에서부터 확장문형으로 발전시켜 나가면 흥미롭고 쉽게 문장을 이해할 수 있게 된다.

Ⅰ. 단문(單文)

1. 기본문형(基本文型)

한문문장은 기본적으로 엄격한 어순(語順)에 의하여 각 성분의 구실과 역할을 나타낸다. 즉 성분의 배열에 의하여 표현하고자 하는 문장의 형식이 정해지는 것이다. 구체적으로 다음과 같은 예를 통하여 문형을 알아보기로 한다.

〈주어 + 술어 구조〉

① 花開(화개): 꽃이 피다.
② 日出(일출): 해가 뜬다.
③ 鳥啼(조제): 새가 운다.
④ 水淸(수청): 물이 맑다.
⑤ 花紅(화홍): 꽃이 붉다.
⑥ 日暖(일난): 날이 따뜻하다.
⑦ 我丈夫(아장부): 나는 장부이다.
⑧ 孔子聖人也(공자성인야): 공자는 성인이다.
⑨ 彼先生也(피선생야): 그는 선생이다.

〈주어 + 술어 + 목적어 구조〉

① 吾植木(오식목): 나는 나무를 심는다.
② 彼讀書(피독서): 그는 책을 읽는다.
③ 我立志(아입지): 나는 뜻을 세운다.
④ 我愛爾(아애이): 나는 너를 사랑한다.
⑤ 臣事君(신사군): 신하가 임금을 섬긴다.
⑥ 我買動物園觀覽券(아매동물원관람권): 나는 동물원관람권을 산다.
⑦ 農夫耕田(농부경전): 농부가 밭을 간다.

〈주어 + 술어 + 보어 구조〉

① 雲有天(운유천): 구름이 하늘에 있다.
② 福如海(복여해): 복이 바다와 같다.
③ 山高於海(산고어해): 산이 바다보다 높다.
④ 花發於庭(화발어정): 꽃이 뜰에 피었다.
⑤ 學難成(학난성): 학문은 이루기가 어렵다.

〈주어 + 술어 + 목적어 + 보어〉

① 孔子問禮於老子(공자문례어노자): 공자가 노자에게 예를 묻다.
② 王教事於民(왕교사어민): 왕이 백성에게 일을 가르친다.
③ 我讀書於家(아독서어가): 나는 집에서 책을 읽는다.
④ 乙支文德與隋將于仲文詩(을지문덕여수장우중문시): 을지문덕장군이 수나라 장수 우중문에게 시를 주다.

* 을지문덕장군이 수나라장수 우중문에게 준 오언시(五言詩)는 아래와 같다.

神策究天文(신책구천문): 귀신같은 계책은 천문을 다했고
妙算窮地理(묘산궁지리): 기묘한 꾀는 지리를 다 했네

戰勝功旣高(전승공기고): 싸움에 이겨 공이 이미 높았으니
知足願云止(지족원운지): 만족을 알았거든 원컨대 그만 두시게

* 위와 같은 희롱시(戱弄詩)를 받고도 무리하게 싸움을 벌인 우중문 휘하(麾下)의 수나라 군사 30만명은 살수(薩水)에서 전멸을 당하고 만다. 이것이 유명한 을지문덕장군의 살수대첩(薩水大捷)이다.

Ⅱ. 확장구조(擴張構造)

기본구조(주어. 술어. 목적어. 보어)에 부속성분인 수식어(관형어와 부사어)가 첨가되어 이루어진 문장을 확장구조라고 한다. 이것도 역시 앞서와 같이 네 가지로 나뉘게 된다. 한문문장은 네 가지 구조의 원칙에서 벗어나지 않는다. 이 네 가지 구조관계에서 수식어가 붙어 문장이 다소 길어지고 있는 문장이 확장구조인 것이다.

〈주어 + 술어 확장구조〉

주어와 술어에 각각 부속성분이 첨가되어 확장된 문장구조이다.

① 百花滿發(백화만발): 온갖 꽃이 활짝피다.
② 陽春方來(양춘방래): 따뜻한 봄이 바야흐로 왔다.
③ 嚴冬已去(엄동이거): 추운겨울이 이미 갔다.
④ 春來花開(춘래화개): 봄이오니 꽃이 핀다.
⑤ 天高馬肥(천고마비): 하늘은 높고 말은 살찌다.

〈주어 + 술어 + 목적어 확장구조〉

① 男兒須讀五車書(남아수독오거서): 남자는 모름지기 다섯 수레 분량의 책을 읽어야 한다.
② 忠臣不事二君(충신불사이군): 충성스러운 신하는 두 임금을 섬기지 않는다.

이 말의 대구는 열녀불갱이부(烈女不更二夫)이다.

③ 吾兄必讀良書(오형필독양서): 나의 형은 반드시 좋은 책을 읽는다.

〈주어 + 술어 + 보어 확장구조〉

① 春花滿發於前庭(춘화만발어전정): 봄 꽃이 앞 뜰에 활짝 피었다.

② 積善之家必有餘慶(적선지가필유여경): 착한 일을 하는 집에는 반드시 경사가 있게 된다.

③ 黃菊滿開後庭(황엽만락후정): 노란 국화가 뒷뜰에 가득피어 있다.

* '노란 국화'는 서정주 님의 '국화옆에서'의 시(詩)가 유명하다.

> 한 송이 국화꽃을 피우기 위하여
> 봄부터 소쩍새는
> 그렇게 울었나 보다
>
> 한 송이 국화꽃을 피우기 위하여
> 천둥은 먹구름 속에서
> 또 그렇게 울었나 보다
>
> 그립고 아쉬움에 가슴 조이던
> 머언 머언 젊음의 뒤안길에서
> 인제는 돌아와 거울 앞에 선
> 내 누님같이 생긴 꽃이여
>
> 노란 네 꽃잎이 피려고
> 간밤에 무서리가 저리 내리고
> 내게는 잠이 오지 않았나 보다.

〈주어 + 술어 + 목적어 + 보어의 확장구조〉

① 先王親敎農事於庶民(선왕친교농사어서민): 선왕이 백성들에게 농사일을 친히 가르쳤다.

② 臣苟全性命於亂世(신구전성명어난세): 신은 구차하게 어지러운 세상에 목숨을 보전했습니다.

③ 人皆有善性(인개유선성): 사람은 모두 착한 성품이 있다.

Ⅲ. 복합문(複合文)

문장에서 주어. 술어 등을 갖추고 있는 성분을 한 구절(句節)이라고 하는데, 복합문은 이러한 절구가 중복되어 이루어진 문장을 말한다.

〈둘 이상의 절구가 대등하게 이루어진 복합문을 병렬적 복합문장이라고 한다.〉

① 家貧 市遠(가빈시원): 집은 가난하고 시장은 멀다.

② 富潤屋 德潤身(부윤옥덕윤신): 부유함은 집을 윤택하게하고, 덕은 몸을 윤택하게 한다.

③ 草木鮮美 顔色如玉(초목선미 안색여옥): 초목은 곱고 아름다우며, 얼굴빛은 옥과 같다.

④ 弟中學生 兄高等學生(제중학생 고등학생): 아우는 중학생 형은 고등학생

⑤ 汝攻擊長 我防禦長(여공격장 아방어장): 너는 공격조장이고 나는 방어조장이다.

⑥ 世宗聖君也 李舜臣名將也(세종성군야 이순신명장야): 세종은 성스러운 임금이요, 이순신은 이름난 장수이다)

* 也(야)는 문장의 종결을 나타내는 조사이다. 이러한 조사로는 矣(의), 焉(언), 爾(이)등도 있다.

⑦ 我讀書 弟看花(아독서 제간화): 나는 글을 읽고 아우는 꽃을 본다

⑧ 農夫耕田 學生植木(농부경전 학생식목): 농부는 밭을 갈고 학생은 나무를 심는다.

⑨ 我登校 汝歸於家(아등교 여귀어가): 나는 학교에 가고 너는 집으로 돌아간다.

* 於(어)는 "~에, ~에게"의 뜻을 가진 어조사이다.

비슷한 것으로 于(우)"~보다"라는 조사도 있다.

⑩ 今日之事有今日 今年之事有今年(금일지사유금일 금년지사유금년): 오늘 일은 오늘에 있고, 금년 일은 금년에 있다.

* 之(지)는 "~의, ~하는" 등의 소유격으로 쓰이는 조사이다.

그러나 때로는 주격, 비유, 강세 등으로 쓰이기도 한다.

⑪ 大同江在北 智異山在南(대동강재북 지리산재남): 대동강은 북쪽에 있고, 지리산은 남쪽에 있다.

⑫ 古書謂人動物 世人稱口禍門(고서위인동물 세인칭구화문): 고서에 이르기를 사람은 동물이라고 하고, 세상 사람들은 입을 재앙의 문이라고 칭한다

〈주된 문장에 이어 종된 문장이 복합되기도 한다〉

① 水至淸則 無魚(수지청즉 무어): 물이 너무 맑으면 고기가 없다.

② 春若不耕 秋無所望(춘약불경 추무소망): 봄에 만약 밭을 갈지 않으면 가을에 바랄 것이 없다.

③ 君子之交 淡若水(군자지교 담약수): 군자의 사귐은 담박하기가 물과 같다.

④ 溫故而知新 可以爲師矣(온고이지신 가이위사의): 옛 것을 계승하여 새 것을 알면 가히 스승이 될 수 있다.

⑤ 公之神在天下者 如水之在地中(공지신재천하자 여수지재지중): 공의로운 신령이 천하에 있는 것은 마치 물이 땅속에 있는 것과 같다.

⑥ 世俗之人皆喜 人之同乎己(세속지인개희 인지동호기): 세상 사람들은 모두가 다른 사람이 자기와 같은 것을 좋아한다.

Ⅳ. 수식문장(修飾文章)

주어나 술어. 목적어 등에는 수식어(修飾語)가 붙는 경우가 많다. 이렇게 수식어가 붙어 긴 문장을 이루게 되는 것이다. 따라서 형용사적 수식어나 부사적 수식어를 빨리 파악하는 것도 한문해석을 쉽게 하는 방법의 하나이다.

① 世人安知吾之志(세인안지오지지)
세상 사람들이 어찌 나의 뜻을 알리요
* 여기서 安 (안)은 '편안 안'이 아니라 '어찌 안'으로 풀이함.

② 學者自古愛讀文學書(학자자고애독문학서)
학자는 옛날부터 문학서적을 즐겨 읽는다.

③ 監督廳擔當官吏審査業務(감독청담당관리심사업무)
감독관청의 담당관리가 업무를 심사하다.

④ 美女自招好男(미녀자초호남)
미녀는 스스로 좋은 남자를 부르는 법이다.

⑤ 仁人必生於善行(인인필생어선행)
어진 사람은 반드시 착한 행동을 하게 된다.

⑥ 朋友相磨道義(붕우상마도의)
벗이 서로 도의를 닦다.

⑦ 春花滿開山野 (춘화만개산야)
봄꽃이 산과 들에 만개하고 있다.

⑧ 才能學徒豈無寄與國家之發展(재능학도기무기여국가지발전)
재주 있는 학도가 어찌 국가발전에 기여함이 없겠는가?

* 豈(기)는 '어찌~하리오' 등의 의문부사이다.
이외에도 의문부사로는 胡(호), 奚(해), 曷(갈), 烏(오), 寧(녕), 如何(여하), 若何(약하), 何如(하여), 奈何(내하) 등이 있다.
* 의문대명사로는 誰(누구 수), 孰(누구 숙) 何人(하인: 어떤 사람인가?), 誰(수)者(자: 누구인가?) 등이 있다.
* 無(무)는 '~못한다, ~이 없다' 등을 나타내는 부정사이다.

無窮(무궁) 無盡(무진) (한이 없고 끝이 없다)라는 단어를 보아도 쉽게 알 수 있다. 無 이외에도 부정사에는 毋(무), 不(불), 非(비), 莫(막), 未(미), 匪(비), 罔(망) 등이 있다.

⑨ 貧且賤人之所惡也(빈차천인지소오야)

가난하고 천한 것은 사람들이 미워(싫어)하는 바다. 여기서 '惡'는 미워할 '오'로 읽는다.

⑩ 警世之人每時敎示 邪心爲惡行(경세지인매시교시 사심위악행)

세상을 일깨워 주는 사람은 매번 '사악한 마음이 그릇된 행동이 된다'고 가르치고 있다.

제 4 강 문(文)의 생략과 도치(倒置)

Ⅰ. 문의 생략

문장을 간결하고도 참신(斬新)하게 하기 위하여 주어, 목적어, 보어 등을 생략하는 경우가 있다. 따라서 생략된 자리에 해당 성분을 찾아 넣어 보아야 해석이 올바로 이루어 질 수 있다. 〈 〉안의 한자는 그것이 곧 생략될 수 있는 것들이다.

1. 주어의 생략

〈吾〉 警戒諸君(경계제군)
〈나는〉 제군을 경계한다.

乙支文德何人也(을지문덕하인야)
〈乙支文德〉 名將也 (명장야)
을지문덕은 어떠한 사람인고? 〈을지문덕〉은 명장이니라.

2. 술어의 생략

汝學生乎(여학생호)
〈我答曰〉 學生也(학생야)
너는 학생이냐? 〈나는 대답하기를〉 학생입니다.
* 乎(호)는 의문의 경우에는 (~이리요?, ~하느냐?) 등의 의미가 있다.
  이외에 哉(재), 耶(야), 與(여), 諸(제) 등도 쓰인다.

3. 목적어의 생략

汝學文乎, 我不知〈文〉也 (여학문호, 아부지야)
너는 글을 배웠느냐, 나는 〈글을〉모른다.

人不學〈文〉 而無恥 非人也 (인불학이무치 비인야)
사람이 〈글을〉 배우지 아니하고도 부끄러워하지 아니하면 사람이 아니니라.

4. 보어의 생략

國家加惡法於民 民不服〈於此〉 (국가가악법어민민불복)
나라가 백성에게 악법을 가하면 국민은 〈이 법에〉 따르지 않는다.

5. 주어 술어 목적어 모두 생략

物有各主乎 無論 〈物有各主〉 (물유각주호 무론)
물건이 각각 주인이 있느냐? 말할 것도 없다.〈물건은 각각 주인이 있다.〉

Ⅱ. 문의 도치(倒置)

특정 문장을 강조하기 위하여 문구의 순서를 바꾸는 경우가 있다. 또한 문장의 아름다움을 꾸미기 위하여 주어, 술어, 목적어 등의 순서를 바꾸는 경우도 있다.

우리 말에서도 〈산하가 아름답다!〉를 보다 강조하기 위하여 〈아름답다! 산하가〉로 하는 경우와 같다.

한문으로 표기해보면, 〈山河美哉 산하미재〉가 〈美哉山河 미재산하〉로 됨과 같다.

1. 주어와 술어의 도치

開乎花(개호화) 〈花開乎〉
피었느냐 꽃이여!

賢哉回也(현재회야) 〈回也賢哉〉

어질도다, 회여!

* 回(회)는 공자의 제자 안연(顔淵)의 자(字)를 말함.

2. 주어와 목적어의 도치

此汝知乎(차여지호) 〈汝知此乎〉

이것을 네가 아느냐?

讀書乎仁哲君(독서호인철군) 〈仁哲君讀書乎〉

글을 읽느냐? 인철군

3. 주어와 보어의 도치

於水氷生 以寒於水(어수빙생이한어수) 〈氷生於水 以寒於水〉

물에서 얼음이 생겼지만 물보다 차다

* 이 말의 대구는 靑出於藍 靑於藍(청출어람청어람)

푸른빛이 쪽에서 나왔지만 쪽빛보다 더 푸르다. 순자의 권학편에 나오는 말로 제자가 스승보다 더 낫다는 말을 의미한다.

冬嶺秀孤松(동령수고송) 〈孤松秀冬嶺〉

겨울고개에 외로운 소나무가 빼어나다.

* 당의 시인 고개지(顧愷之)의 사시음(四時吟)의 한 구(句). 전문은 다음과 같다.

春水滿四澤(춘수만사택) 봄물은 사방의 못에 가득하고
夏雲多奇峰(하운다기봉) 여름구름은 기묘한 봉우리가 많도다.
秋月揚明輝(추월양명휘) 가을달은 밝게 비치어 나타나고
冬嶺秀孤松(동령수고송) 겨울 산마루에는 외로운 소나무가 빼어나도다.

4. 목적어와 보어의 도치

先生稱才子金君 (선생칭재자김군) 〈先生稱金君才子〉

선생이 재주있는 사람은 김군이라고 말했다.

5. 술어와 목적어의 도치

山水周覽乎(산수주람호) 〈周覽乎山水〉

산수를 두루 보았는가?

6. 술어와 보어의 도치

景致深山在(경치심산재) 〈景致在深山〉

경치는 깊은 산에 있다

문장의 도치와 관련하여 사명대사(四溟大師)와 덕천가강(德川家康)이 주고받은 시를 감상해 보기로 한다.

임진왜란이 종료한 후 사명대사는 일본으로 건너가 포로 귀환과 관련해서 당시 통치자 도쿠가와 이에야스를 만나게 된다.(1604년 선조 37)

이에야스가 거만한 어투로 다음과 같이 시 한수를 던진다.

石上難生草(석상난생초) 돌 위에 풀이 나기 어렵고
房中難起雲(방중난기운) 방안에서는 구름이 일어나기 어려운데
汝爾何山鳥(여이하산조) 너는 도대체 어떤 산새이기에
來參鳳凰群(래참봉황군) 여기에 와서 봉황의 무리에 섞여있는가?

척박한 조선 땅에서 일본으로 건너온 사명대사를 보잘것없는 산새로 지칭하고, 자기들은 봉황의 무리로 비유한 것이 오만하기 짝이 없다. 남의 나라를 침략해서

쑥대밭을 만들어 놓고도 사과는 커녕 '봉황 운운'하는 그 언행이 얄밉기만하다. 이래서 일본사람들이 고래로 부터 욕을 먹는 것이다.

이에 대하여 사명대사는 의연한 자세로 답변시(答辯詩)를 읊는다.

我本青山鶴(아본청산학) 나는 본시 청산에 사는 학으로서
常遊五色雲(상유오색운) 항시 오색 구름 속에 노닐고 있었다.
一朝雲霧盡(일조운무진) 어느 아침에 구름과 안개가 다해서
誤落野鷄群(오락야계군) 잘못되어 들닭들 무리속에 떨어지게 되었도다.

참으로 당당한 도인(道人)의 기품과 자세가 시를 통하여 훌륭하게 표현되어있다.

사명대사는 자신을 고고한 학으로 비유하고, 덕천가강을 비롯한 일본의 지배자들을 보잘 것 없는 들닭으로 묘사했다. '산새'가 '학'이 되었고, '봉황의 무리'는 '들닭의 무리'로 전락했다. 生死(생사)를 超越(초월)한 도인만이 표현할 수 있는 거침없는 말이다.

사명대사는 일본과 강화를 맺고 포로가 되어 갔던 사람 3천 5백 명을 데리고 이듬해 귀국해서 가의(嘉義)의 직위와 어마(御馬) 등을 하사받았다.

漢字

제 5 강 문장의 종류

Ⅰ. 평서형문장(平敍形文章)

어떠한 사실을 문장의 기본성분에 따라 긍정의 뜻을 나타내는 서술형태의 문장을 말한다. 문장의 끝에 〈~이다. ~하다.〉의 단정을 나타내는 종결사로는 흔히 也. 矣, 已. 耳 등이 쓰인다.

孝百行之本也(효백행지본야)
: 효는 백행의 기본이다.
中夜所行 朝已昌矣(중야소행 조이창의)
: 한밤중에 행한 일이 아침에 벌써 밝혀지다.
登登而已(등등이이)
: 오르고 또 오를 뿐이다.
皆在我耳(개재아이)
: 모두 나에게 있을 뿐이다.

Ⅱ. 부정형문장(否定形文章)

부정의 뜻을 나타내는 不, 非, 無, 未, 弗 등의 부정사가 쓰임이 보통이다.

不怨天不尤人(불원천불우인)

: 하늘을 원망하지 아니하고 사람을 탓하지 않는다. 남을 탓하지 아니하고 분수를 지켜 자기수양에 노력하는 것을 의미한다.

非禮勿視(비례물시)

: 예가 아니면 보지 말라

仁者無敵(인자무적)

: 어진 사람은 적이 없다

積功之塔不墮(적공지탑불타)

: 공들여 쌓은 탑은 무너지지 않는다

山外山不盡(산외산부진)

: 첩첩산은 넘어도 끝이 없다.

路中路無窮(로중로무궁)

: 길 또한 가도가도 끝이 없이 이어진다.

天網恢恢疎而不漏(천망회회소이불루)

: 하늘이 친 그물은 엉성해 보여도 그 그물에서 빠져나가지 못한다. 즉, 악한사람이 악한 일을 해도 금방 벌을 받는 일은 없지만 결국 언젠가는 자기가 저지른 죄의 값을 치르게 된다는 뜻. 노자에 나오는 말로 원문에는 疎而不漏(소이불루) 가 아니라 疎而不失(소이불실) 로 되어있다. 疎而不漏(소이불루)는 魏書(위서)에서 쓰인 후 보편화 되었다. 몇 해 전 부곡온천에 가보니 큰 바윗돌에 이 말이 새겨져 있는 것을 목격했다. 결국 악한 사람들이 한 때 재미를 좀 보는 것 같지만 결국 언젠가 하늘이 그물을 끌어 올리는 날에는 도망치지 못하고 잡혀 벌을 받게 된다는 뜻이다.

* 不과 非의 차이: 不은 동사나 형용사를 부정할 때 쓰이고, 非는 명사나 대명사를 부정할 때 쓰인다.

* 非不, 無不, 莫不, 無非, 莫非, 不可不, 不得不 등을 사용하여 이중부정의 뜻을 나타내기도 한다.

無遠不至(무원부지)

: 멀다고 이르지 아니함이 없다

莫不知愛其親(막부지애기친)
: 그 어버이를 사랑할 줄 모르는 이가 없다

* 必(필), 常(상) 등의 글자를 사용하여 부분적으로 사실이나 상황을 부정하기도 한다.

千里馬常有而 伯樂不常有(천리마상유이 백락불상유)
: 천리마는 항상 있으나 백락은 항상 있지는 않다
* 춘추시대 손양(孫陽)이라는 사람은 말을 잘 알아보았기 때문에 세상 사람들은 그를 백락(伯樂)이라 불렀다. 언젠가 손양이 천리마가 다른 짐 말과 함께 소금수레를 끌고 고갯길을 올라오는 것을 마주치게 되었다. 말은 고갯길로 접어들자 발길을 멈추고 멍에를 멘채 땅에 무릎을 꿇었다. 그리고는 손양을 쳐다보며 소리쳐 울었다. 손양은 수레에서 내려 '너에게 소금수레를 끌리다니!'하며 말의 목을 잡고 함께 울었다. 말의 우렁차고 슬픈 목소리는 하늘에 까지 울렸다. 이 이야기는 〈戰國策〉에 전해온다. 따라서 천리마도 알아주는 사람이 없을 때에는 짐수레나 끌 수밖에 없다는 뜻이다. 즉 아무리 재주 있는 사람도 이를 알아주는 사람이 없는 경우에는 출세를 할 수 없다는 것이다. 염거지감(鹽車之憾)은 '소금수레의 원한'이라고 하여 재주 있는 사람이 때를 만나지 못하여 아까운 재주를 썩히며 고생하는 것에 비유되기도 한다.

勇者不必有仁(용자불필유인)
: 용감한 사람이 반드시 어진 것은 아니다

Ⅲ. 금지형문장(禁止形文章)

莫, 勿, 無, 毋, 不등의 금지사를 사용하여〈~를 하지 말라〉라는 금지 또는 명령의 의미를 나타낸다.

非禮勿視 非禮勿聽(비례물시 비례물청)

：예가 아니면 보지 말며, 예가 아니면 듣지 마라

勿謂今日不學而有來日(물위금일불학이유내일)

：오늘 배우지 아니하고 내일이 있다고 말하지 말라

疑人莫用用人勿疑(의인막용용인물의)

：의심스러우면 사람을 쓰지 말고, 사람을 썼으면 의심하지 말라.

不患人之不己知 患不知人也(불환인지불기지 환부지인야)

：남이 자기를 알아주지 않을까 근심하지 말고, 자신이 남을 알아주지 못할까 염려하라.

Ⅳ. 의문형문장(疑問形文章)

의문을 나타내는 乎(호), 與(여) 등의 의문종결사나 또는 何(하), 誰(수) 孰(숙) 등의 의문대명사가 쓰이기도 한다.

'何以(하이) ~ 耶(야)', '安(안)~哉(재)'의 형태를 취하기도 한다.

賢者亦有此樂乎(현자역유차락호)

：어진 사람 또한 이러한 즐거움이 있습니까?

客何好(객하오)

：손님은 무엇을 좋아합니까?

何以豊財耶(하이풍재야)

：무엇으로써 재산을 풍부하게 할까?

燕雀安知鴻鵠之志哉(연작안지홍곡지지재)

：연작이 어찌 홍곡의 뜻을 알리오? 즉 소인이 대인의 깊은 뜻을 어찌 알겠는가?

* 燕雀(연작): 제비와 참새처럼 옹졸한 사람을 지칭

* 鴻鵠之志(홍곡지지): 큰 기러기와 고니처럼 '원대한 포부'를 뜻한다.

Ⅴ. 반어형문장(反語形文章)

이 경우 의문부사 豈(기), 焉(언), 惡(오), 寧(영), 何(하), 庸(용), 胡(호) 등과 호응되는 의문종결사 乎(호), 哉(재), 耶(야), 也(야), 與(여) 등을 붙인다. 어떤 사실을 강조하기 위하여 의문형을 빌려 반어의 뜻을 나타낸다.

王侯將相 寧有種乎(왕후장상 영유종호)

: 왕후장상이 어찌 종자가 따로 있겠는가?

* 진나라시대 품팔이하는 陣勝(진승)이 있었다. 어느날 그는 친구에게 자기가 나중에 귀하게 되어도 서로 잊지 말자고 얘기했다. 그러자 친구는 "어떻게 날품팔이 하는 네가 귀하게 되겠느냐?"고 말했다. 그러자 진승은 길게 탄식하며 "아, 아, 제비나 참새같은 작은 새가 어찌 기러기나 백조같은 큰 새의 뜻을 알 수 있겠는가? (燕雀安知鴻鵠之志哉)"라고 말했다. 그 후 진승은 왕후장상의 씨가 따로 있더냐? (王侯將相 寧有種乎)하면서 반란을 주도하여 진나라를 멸망케 하는 씨앗을 뿌렸다. 결국 그도 혼미한 와중에 죽임을 당하게 된다. 史記(사기) 에 나오는 말이다.

焉爲大丈夫乎(언득위대장부호)

: 어찌 대장부라고 하리오?

精神一到何事不成(정신일도하사불성)

: 정신을 한 곳에 집중하면 어찌 일이 아루어지지 않겠는가?

以小易大彼惡知之(이소역대피오지지)

: 작은 것으로 큰 것을 바꾸니 저들이 어찌 그것을 알리오?

學而時習之 不亦說乎(학이시습지 불역열호)

: 배우고 때로 그것을 익히면 또한 기쁘지 아니한가?

Ⅵ. 비교형문장(比較形文章)

於(어), 于(우), 乎(호) 등을 써서 비교의 대상을 나타낸다.

苛政猛於虎也(가정맹어호야)

: 가혹한 정치가 호랑이보다 더 사납다

* 공자가 제자를 데리고 태산을 지날 때 어떤 여인이 무덤에서 슬피 울기에 그 이유를 제자를 시켜 알아보았다. 그 여인은 시아버지와 남편과 자식을 모두 호랑이에게 잡혀 먹힌 불쌍한 여인이었다. 공자의 제자인 子路(자로)가 "그러면 왜 이런 위험한 곳에 계속 머무르냐?"고 묻자, 여인이 대답하기를 "그래도 이곳에 있으면 무거운 세금을 내지 않아도 되기 때문입니다." 고 말했다.

공자 탄식하며 가로되 "제자들아, 가슴에 새겨들어라. 가혹한 정치가 사람 잡아먹는 호랑이보다도 더 두렵다는 것을! 苛斂誅求(가렴주구)가 그 얼마나 무서운 것임을!!

天下莫柔弱于水(천하막유약우수)

: 천하에 물보다 더 유약한 성질의 것은 없다.

國之語音 異乎中國(국지어음 이호중국)

: 나라의 말 소리가 중국과 다르다.

霜葉紅於二月花(상엽홍어이월화)

: 서리 맞은 나뭇잎이 2월의 꽃보다 붉다.

* 부정사 莫如(막여), 莫若(막약), 不若(불약), 不如(불여), 無如(무여), 無若(무약) 등을 사용하여 부정형을 만든다.

百聞不如一見(백문불여일견)

: 백번 듣는 것보다 한번 보는 것이 낫다.

至樂莫如讀書(지락막여독서)

: 지극한 즐거움은 독서만한 것이 없다.

遠親不如近隣(원친불여근린)

: 먼 친척이 가까운 이웃만 못하다.

知子莫若其父(지자막약기부)
: 자식을 아는 것은 그 아버지만한 이가 없다.

交友之道莫如信義(교우지도막여신의)
: 벗을 사귀는 도리는 믿음과 의리만한 것이 없다.

Ⅶ. 사역형문장(使役形文章)

使(사), 令(영), 敎(교), 遣(견), 命(명), 勸(권, 說(설)등을 사용하여 " ~으로 하여금 ~하게 한다"라는 문장을 만든다.

使人視之(사인시지)
: 사람을 시켜 그것을 살펴보게 하였다.

賢婦令夫貴(현부영부귀)
: 어진 아내는 남편을 귀하게 만든다.

病中教醫師急來(병중교의사급래)
: 병중에 의사로 하여금 급히 오게하다.

遣婢買肉而來(견비메육이래)
: 여종을 보내 고기를 사오게 했다.

* 옛날 노부인이 여종을 시켜 고기를 사오게 했는데 여종이 사온 고기가 상한 고기임을 알고 다시 여종을 시켜 그 고깃집의 상한 고기를 모두 사오게 했다 이는 다른 사람이 잘못 사가면 건강을 해칠가 봐 이를 미리 예방한 것이다. 타인을 배려하는 숭고한 마음씨이다. 전문은 다음과 같다.

洪相國瑞鳳之大夫人(홍상국서봉대부인): 홍서봉정승의 어머니는
家甚貧(가심빈): 집이 매우 가난하여
疏食菜羹每多空缺(소사채갱매다공결): 거친 밥이나 나물국조차 매번 거를 때가 많았다.
一日遣婢買肉而來(일일견비매육이래): 하루는 여종을 보내 고기를 사오게 하였는데
見肉色似有毒(견육색사유독): 고기의 색깔을 보니 독이 있는 것처럼 상했다.
問婢曰(문비왈): 여종에게 묻기를
所賣之肉有幾許塊耶(소매지육유기허괴야): 팔고 있는 고기가 몇 덩어리나 있더냐.
乃賣首飾得錢(내매수식득전): 이에 머리장식을 팔아 돈을 마련해서
使婢盡買其肉(사비진매기육): 여종을 시켜 그 고기를 모두 사오게 했다
而埋于墻下(이매우장하): 담장 밑에 (사온 상한 고기를)묻어버렸다
恐他人之買食生病也(공타인지매식생병야): 다른 사람이 사먹고 병이 날까 두려워서였다.

통상적인 사람의 경우에는 상한 고기를 사온 여종을 꾸짖고 정육점에 반환했을 것이다. 그러나 이 대부인은 꾸짖기는 커녕 자신의 머리 장식을 팔아 돈을 마련해서 상한 고기를 모두 사들여 담장 밑에 묻어 버렸다. 일반사람들의 건강을 배려한 것이다. 이러한 훌륭한 어머니를 둔 홍정승 역시 나랏일을 멋지게 수행하였을 것이다.

命善射者射之(명선사자사지)
: 활을 잘 쏘는 사람에게 명하여 쏘게 하였다.

世宗召儒者讀史(세종소유자독사)
: 세종임금이 선비들을 불러 사기를 읽게 했다.

Ⅷ. 피동형문장(被動形文章)

피동의 뜻을 나타내는 見(견), 爲(위), 被(피) 등을 사용하여 피동태문장을 만든다.

言而見用 終身無難(언이견용종신무난)
: 충언을 받아들여지면 종신토록 환난이 없다.

卒爲天下笑(졸위천하소)
: 마침내 천하의 웃음거리가 되었다.

太祖爲流矢所中(태조위류시소중)
: 태조가 흐르는 화살에 맞았다.

先則制人 後則爲人所制(선즉제인후즉위인소제)
: 앞서면 남을 제압하고, 뒤지면 남에게 제압 당한다.

月爲讀書燈(월위독서등)
: 달빛이 글을 읽는 데 등불이 된다.
* 이 글의 대구는 松作迎客蓋(송작영객개: 소나무는 손님을 맞이하는 채일 구실을 한다)이다.

Ⅸ. 가정형문장(假定形文章)

가정을 나타내는 若(약), 如(여), 雖(수), 假令(가령), 假使(가사), 如使(여사), 若使(약사) 등을 써서 "만약에 ~한다면 "의 문장을 만든다.

如不可求 從吾所好(여불가구종오소호)
: 만약에 구할 수 없다면 내가 좋아하는 바를 따르겠다.

國雖大 好戰必亡(국수대호전필망)
: 나라가 비록 크더라도, 전쟁을 좋아하면 반드시 망한다.

欲速則不達(욕속즉부달) (빠르고자 하면 도달하지 못한다)
* 논어에 나오는 말이다. 무슨 일이든지 때와 장소와 순서가 있는 것인데, 이것을 무시하고 덮어놓고 빨리 하려고 하면 되지 않는다는 뜻이다.

Ⅹ. 감탄형문장(感歎形文章)

감탄사 嗚呼(오호). 嗟乎(차호) 噫(희), 또는 감탄종결사 焉(언). 哉(재). 乎(호). 矣(의). 唉(애)등이 사용된다.

嗚呼痛哉(오호통재)
: 아아! 슬프도다.

嗟乎 燕雀安知鴻鵠之志哉(차호 연작안지홍곡지지재)
: 아아! 소인이 어찌 군자의 뜻을 알리오.

噫 天喪予 天喪予(희 천상여 천상여)
: 아! 하늘이 나를 버리는 구나 ! 하늘이 나를 버리는 구나!

三人行 必有我師焉(삼인행필유아사언)
: 세사람이 길을 가면 반드시 나의 스승이 있도다.

賢哉 回也(현재 회야)
: 어질도다! 안회여

唉 豎子不足與謀(애 수자부족여모)
: 에잇! 애송이하고는 계략을 도모할 수 없구나.

漢字

제 6 강 허사의 탐구

한자는 표의문자이기 때문에 글자 하나하나에 고유한 뜻을 지니고 있다. 그러나 독립된 뜻을 나타내지 못하고 다른 말에 부속되어 그 말의 의미를 도와주는 어미(語尾)나 조사(助詞) 접속사(接續詞)등의 허사가 있다. 이 허사의 역할로 실사(명사, 대명사. 동사. 형용사. 부사)의 문법적기능이 확정되고 문장이 뜻하는 바가 무엇인지를 정확히 알게 되는 것이다. 종래 한문공부에서는 무조건 많이 읽는 것만을 강조해 왔기 때문에 한자는 알아도 문장 해석이 어려웠다. 허사를 정확히 알면 비로소 문장의 뜻하는 바가 무엇인지를 감지(感知)하게 된다.

따라서 한문에 많이 등장하는 전치사, 접속사, 감탄사, 종결사 등 허사를 익혀두면 문장해석에 큰 도움이 된다. 4~500여개를 헤아리는 많은 허사를 일일이 익히기는 어려운 일이며 반드시 필요한 것도 아니다. 그래서 꼭 필요한 주요 허사만을 탐구해보기로 한다. 앞서 허사의 몇 가지는 이미 다루어 보았으나 거듭해서 살펴보기로 한다. 허사는 한문해석에 중요한 요소이기 때문에 앞으로도 반복해서 언급할 것이다. 반복학습만이 학문성취의 길이다. 독서백편의자현(讀書百遍義自見)이란 이를 두고 한 말일 것이다. 일단 문장에 많이 쓰이고 쉬운 것들을 익힌 후, 개별적인 허사의 탐구에 들어가도록 한다. 땀 흘린 만큼 거두어들임은 만고불변(萬古不變)의 진리이다.

Ⅰ. 허사의 탐구

1. 부정어: 不 弗 非 匪 莫 無 毋 勿 未

〈不〉...하지 않는다,...아니다....할 필요가 없다

不登高山 不知天之高也(荀子)
: 높은 산에 오르지 않으면 하늘이 높은 것을 알지 못한다.

〈弗〉...하지 않는다. ...하지 말라
孫子弗息而擊之桂陵, 而擒龐涓(孫臏兵書)
: 손자가 쉬지도 않고 그를 계릉에서 공격하여 방연을 사로 잡았다.

〈非〉....하지 않다. ....아니다.
子非魚, 安知魚之樂 (莊子)
: 그대가 고기가 아닌데 어떻게 고기의 즐거움을 알겠는가?
〈匪〉.....하지 않는다. ....아니다.
匪貴前譽, 孰重後歌(陶淵明)
생전의 명예를 귀하게 여기지 않는데 누가 죽은 뒤의 찬양을 중시하겠는가?

〈無〉,,,없다. ,,,,아니다, ,,,하지 말라.
行離理而不外危者,無之有也 (荀子)
행동이 바른 이치를 떠나고도 밖이 위험하지 않는 이러한 경우는 없다.

〈莫〉...하지 않는다, ...하지 말라.
諸將皆莫信, 讓應曰, 諾.(史記)
여러 장수들이 모두 믿지 않고 거짓으로 예! 하고 대답하다.

〈毋〉...하지 않는다. ....하지 말라.
逆秦而順楚, 雖欲毋亡, 不可得也.(史記)
진나라에 반대하면서 초나라를 따르니 비록 망하지 않으려하나 불가능 한 것입니다.

〈勿〉...하지 않는다. ....하지 말라.
欲與秦 秦城恐不可得, 徒見詐, 欲勿與 則患秦兵之來.(史記)
진나라에 주자니 진나라의 성을 받지 못하고 그냥 속기만 할 것 같고, 주지 않으려 하니 진나라의 군대가 쳐들어 올 것이 걱정되었다.

〈未〉...한 적이 없다, ...하지 않다.

不幸短命死矣, 今也則亡, 未聞好學者也(論語)

불행히 단명하여 죽게되어 지금은 없다. 그리고는 공부를 좋아하는 사람을 들어 보지 못했다.

2. 의문어: 孰 何 胡 安 奚 豈 惡 焉

〈孰〉 누구, 무엇

父與夫孰親(左傳)

부친과 남편 중에 누가 가까운가?

〈何〉 어떤. 무엇. 누구. 왜.

次夜曲中聞折柳, 何人不起故園情(李白)

이 밤 노래 중에 이별의 곡을 들으니, 어느 누구 고향 그리는 마음 일지 않으랴.

〈胡〉 무엇. 왜. 어떻게

其得意若此, 則胡禁不止 曷令不行(漢書)

그 군신들간에 이렇게 마음만 맞는다면 무엇을 금한다 한들 금지되지 않을 것이며 ,무슨 명령이라 한들 실행되지 않겠습니까?

〈安〉 누구, 무엇, 왜, 어떻게, 어디

安忠? 忠王. 安信? 信賞. 安敢? 敢去不善(孫臏兵書)

누구에게 충성할 것인가? 왕에게 충성하는 것이다. 무엇을 믿음성 있게 지킬 것인가? 상을 내리기를 신의 있게 하는 것이다. 무엇에 용감할 것인가? 좋지 않은 것을 버리는데 용감할 것이다.

〈奚〉 무엇, 왜, 어디, 어떻게

奚爲經法, 其賞少而威薄, 淫道不塞之謂也

무엇을 가벼운 법이라 하는가? 상을 잘 주지 않고 형벌을 가볍게 하며, 옳지 않은 길을 막지 않는 것을 말하는 것이다.

〈惡〉 무엇, 어떠하다, 어디,

君子去仁, 惡乎成名(論語)

군자가 인을 버리면 어떻게 이름을 이루겠는가?

〈焉〉 무엇을, 어떻게, 어디

欲仁而得仁, 又焉貪(論語)

인을 필요로 하여 인을 얻었으니 또 무엇을 탐낼 것인가?

〈豈〉 어찌, 어떻게, 어디

豈惟口腹有飢渴之害? 人心亦皆有害(孟子)

어찌 단지 입과 배에만 배고프고 목마른 손해가 있겠는가? 사람의 마음에도 모두 이러한 손해가 있는 것이다.

3. 수동어: 被. 見. 爲. 於.

〈被〉 ~을 당하다. 받다.

信而見疑 忠而被謗 能無怨乎(史記)

믿음성 있었으나 의심받고, 충성스러웠으나 비방을 당하였으니 원망이 없겠는가?

〈見〉 ...이 되다.

言而見用, 終身無難 臣何死焉(說苑)

말을 하여 그것이 쓰이게 되면 종신토록 환난이 없을 것이니 신이 어찌 죽을 일이 있겠습니다.

〈爲〉 ...을 당하다.

城小而固 勝之不武 不勝爲笑(左傳)

성이 작지만 튼튼하여 이긴다 해도 싸움을 잘했다 할 수 없고, 이기지 못한다면 비웃음을 당할 것이다.

〈於〉 ...에게 당하다.
君子役物 小人役於物
군자는 사물을 부리고 소인은 사물에게 부림을 당한다.

4. 사역어: 使, 令, 教

〈使〉 하여금 ...을 시켜 하게 하다.
公使人視之 果伯玉也(小學)
공이 사람을 시켜 보게 하니 과연 백옥이었다.

〈令〉 ...하게 하다
吾令人望其氣(史記)
내가 사람을 시켜 그 기운을 살펴보게 하였다.

〈教〉 ..하게 하다.
病中 教醫師急來
병중에 의사로 하여금 급히 오게 하다.

5. 가정어: 如, 苟, 使, 雖, 縱, 假

〈如〉 만약 ~하면
如詩不成 罰依金谷酒數
만일 시가 이루어지지 않으면 금곡의 술잔수로 벌하리라.

〈苟〉 만약 ~하면
苟有過 人必知之
실로 허물이 있다면 다른 사람이 반드시 그것을 알 것이다.

〈雖〉 비록, 설사

雖小道 必有可觀者焉(論語)

비록 작은 재주라 할지라도 반드시 볼만한 것이 있다.

〈縱〉 설사

且予縱不得大葬 予死於道路乎(論語)

설사 내가 대부의 예로 후히 장사지내지지 못한다 해도 길에서야 죽겠느냐?

〈假〉 만약에

假如賢者至 閣下乃一見之 則賢者莫不至(韓愈)

만약에 능력이 있는 사람이 오면 각하께서 즉시 모두 보신다면 능력 있는 사람은 모두 올 것입니다.

6. 비교어: 於, 莫如, 下如, 與其, 寧

〈於〉 ...보다

天下莫柔弱於水,而攻堅强者莫之能勝(老子)

천하에 물보다 부드럽고 약한 것이 없다. 그러나 그것이 굳세고 강한 것을 공격하면 능히 이겨내는 것이 없다.

〈莫如〉 ...하느니만 못하다. ....하는 것이 낫다.

莫如以吾所長 攻敵所短

나의 장점으로써 적의 단점을 공격하는 것이 낫다.

〈不如〉 ...하는 것이 낫다.

不如逃之 無使罪至. 爲吳大伯 不亦可乎(左傳)

도망가서 화가 이르지 않도록 하는 것이 낫습니다. 오나라의 우두머리를 하는 것도 또한 괜찮지 않겠습니까?

〈與其〉 ...하는 것 보다는

喪 與其易也 寧戚(論語)

상을 치르는 데는 그 예절이 주도면밀한 것 보다는 차라리 마음속의 슬픔이 낫다.

〈寧〉 ...할지언정

寧信度 無自信也(韓非子)

차라리 도량형의 치수를 믿을지언정 자신을 믿지 못하겠다.

7. 강조: 況, 豈況, 安, 不獨, 非徒, 何

〈況〉 하물며

臣以爲布衣之交尙不相欺, 況大國乎!(史記)

저의생각에는 보통사람들이 친구를 사귀는 데도 서로 속여서는 안되는 것이니, 하물며 큰 나라는 어떻겠습니까?

〈豈況〉 하물며

豈況陛下今所親幸 以賤爲貴 以卑爲尊哉(後漢書)

하물며 폐하께서 지금 가까이 하고 중히 쓰시는 것은 천한 사람을 귀히 여기시고 낮은 사람을 높이 여기시고 있으시니 어떻겠습니까?

〈安〉 어찌 ...하겠는가?

安能摧眉折腰事權貴,使我不得開心顔!(李白)

어찌 표정을 꾸미고 허리를 굽히며 권세 있는 사람을 모셔서 마음과 얼굴을 펴지 못하게 하겠는가?

〈不獨〉 단지 ...만이 아니다.

故人不獨親其親 不獨子其子(禮記)

옛사람들은 단지 그 부모만을 친애한 것이 아니었으며, 그 아들만을 사랑한 것이 아니었다.

〈非徒〉 단지...만이 아니다.
用兵非徒憤怒也
전쟁은 단지 분노에서 오는 것은 아니다.

〈何〉 그 얼마나. 어찌 ...하겠는가.
江南可采蓮 蓮葉何田田(樂府詩集)
강남에서 연따기 좋다네. 연잎은 그 얼마나 넓적넓적한지.

8. 한정: 唯, 但, 獨, 爾, 耳, 而耳, 徒, 特

〈唯〉 오직
唯天爲大 唯堯則之(論語)
오직 하늘만이 크며, 오직 요임금만이 그것을 본받았다,

〈但〉 단지, 다만....하기만 하면
但聞黃河流水鳴濺濺(樂府詩集)
다만, 황하의 콸콸 소리내어 흐르는 물소리만 들릴 뿐이다.

〈獨〉 다만
天明登前途 獨與老翁別(杜甫)
날이 밝아 길을 떠나니 다만 늙은이와 작별을 고하였네.

〈爾〉 ...일 뿐이다
人體欲得勞動 但不當使極爾(三國志)
인체는 힘써 움직이어야만 한다. 다만 지나치게 부려서는 안될 뿐이다.

〈耳〉 ....일 뿐이다
天子諸侯所親者唯長子母弟耳
천자와 제후가 가까이 하는 사람으로는 장자와 같은 어머니 소생의 동생일 뿐이다.

〈徒〉 단지, 다만

吾不見人 徒見金耳(淮南子)

사람은 보이지 않고 단지 금만이 보일뿐이었다.

〈特〉 단지, 다만

今楚國雖小 絶長續短 猶以數千里

지금 초나라가 비록 작다하나 긴 것을 잘라 작은 것에 보탠다면 오히려 천리로 계산이 될 것이니 어떻게 다만 백리밖에 되지 않겠습니까?

9. 비유: 如 若 猶

〈如〉 마치...와 같다

人之困窮 甚如飢寒 故賢主必憐人之困也 必哀人之窮也(呂氏春秋)

사람의 곤궁함은 심하기가 배고픔이나 추위에 떠는 것과 같다. 그래서 현명한 군주는 반드시 사람의 곤경을 동정하고, 반드시 사람의 궁핍을 불쌍히 여기는 것이다.

〈若〉 ...와 같다

中候忽 若度一世矣

꿈속의 시간이 빠른 것이 마치 잠시 동안에 한 세월을 산 듯하다.

〈猶〉 ....과 같다

賞善之不可也 猶賞不盜

착한 일을 한사람에게 상을 내리는 일을 잘 하지 못하는 것은 마치 도둑질을 하지 않았다고 상을 주는 일과 같다.

Ⅱ. 개별적 탐구

1. 於(어)

① 시간, 장소를 나타낸다. '~에' '~에서'로 해석된다.

日出於東山(일출어동산)

해는 동쪽 산에서 뜬다

② 동작의 대상을 가리킨다. 이때에는' ~에', '~에 대하여'로 해석된다.

己所不欲 勿施於人(기소불욕물시어인)

자기가 하기 싫어하는 일을 다른 사람에게 시키지 말라.

良藥苦於口 而利於病(양약고어구 이리어병)

忠言逆於耳 而利於行(충언역어이 이리어행)

: 좋은 약은 입에는 쓰나 병에는 이롭고,

충성된 말은 귀에는 거슬리나 행동하는 데는 이롭다.

③ 於는 두가지를 서로 비교하는데 사용되기도 한다. 이때에는 '~과 비교하여''~보다'로 해석하면 된다.

父母之恩 高於山(부모지은고어산)

: 부모의 은혜 산보다 높다

霜葉紅於二月花(상엽홍어이월화)

서리맞은 잎(단풍잎)이 이월에 피는 꽃보다 붉다

* 〈訓民正音 序文〉 世宗大王

國之語音異乎中國(국지어음이호중국) 나라말이 중국과 달라
與文字不相流通(여문자불상유통) 문자와 더불어 서로 통하지 아니함이라
故愚民有所欲言(고우민유소욕언) 그런 까닭으로 어리석은 백성들이 하고 싶은 말이 있어도
而終不得伸其情者多矣(이종부득신기정자다의) 마침내 그 뜻을 펴지 못하는 사람이 많으니라

余爲此憫然(여위차민연) 내가 이를 불쌍히 여겨
新制二十八字(신제이십팔자) 새로 이십팔자를 만드노니
欲使人人易習(욕사인인이습) 사람들로 하여금 쉽게 익혀서
便於日用耳(편어일용이) 날로 쓰는데 편리하게 할 뿐이라

과학적인 한글을 창제하신 세종대왕은 만고에 우러러 볼 성군(聖君)이시다. 광화문에 의젓이 앉아계신 세종대왕께 항시 감사드린다.

④ 於는 피동으로 '~에게_ 당하다''~하여지다'로 해석된다.

不信於朋友(불신어붕우)
친구들에게 불신을 당하다.
先則制人 後則制於人(선즉제인 후즉제어인)
먼저 다른 사람을 제압하지 못하면,
나중에 다른 사람으로부터 부림을 당하게 된다.
無備則制於人(무비즉제어인)
준비가 없으면 남에게 제압을 당한다.

⑤ 於는 ~에 (시간)로 쓰이기도 한다.
一日之計在於晨(일일지계재어신)
하루의 계획은 새벽에 있다

2. 之(지)

술에 취해서 똑바로 걷지 못하고 비틀거리며 걷는 형태를 '갈 지자'걸음이라고 한다. '간다'라는 동사이지만 '가다'라는 의미로 쓰이기보다는 주격이나 목적격조사로 쓰임이 보통이다.

① 之는 영어의 소유격 'of'의 의미로 사용된다.

君子之交 淡如水(군자지교담여수)
군자의 사귐은 맑기가 물과 같다
小人之交 甘如蜜(소인지교감여밀)
소인의 사귐은 달기가 꿀과 같다
積善之家 必有餘慶(적선지가필유여경)
선한 일을 쌓은 집은 반드시 경사가 있는 법이다
積不善之家 必有餘殃(적불선지가 필유여앙)
선한 일을 하지 않는 집은 반드시 재앙이 있는 법이다

② 之는 주격을 나타낸다. 이 때에는 '~이'로 해석된다.

鳥之將死 其鳴也哀(조지장사기명야애)
새가 죽을 때에는 울움소리가 슬프고,
人之將死 其言也善(인지장사기언야선)
사람이 죽을 때에는 말하는 것이 착하다.
蓮之出於泥(연지출어니)
연꽃은 진흙 속에서 나왔다

③ 之는 목적어를 이끌어 '~을(를)'로 해석되기도 한다.

菊之愛(국지애) 국화를 사랑한다.
此之謂生財之道也(차지위생재지도야)
이것이 이른바 재물을 늘리는 방법이다

④ 之는 대명사로도 쓰인다. 이때에는 '이것, 그것'으로 해석된다.

爲善者 天報之以福(위선자천보지이복)
선을 행하는 자에게는 하늘이 복으로써 이를 보답한다.
爲不善者天報之以禍(위불선자천보지이화)
선을 행하지 않는 자에게는 하늘이 화를 내린다.

德勝才者 爲之君子(덕승재자위지군자)
덕이 재주보다 나은 자를 이를 군자라고 한다.

3. 以(이)

① 수단이나 도구, 자료를 나타낸다. '로써,' ~을 가지고 등으로 해석한다.

以五十步笑百步(이오십보소백보)
: 오십보로써 백보를 비웃다
以子之矛陷子之盾(이자지모함자지순)
: 그대의 창을 가지고 그대의 방패를 찔러 보아라

② 以는 원인과 결과의 관계를 나타낸다.

'~그것으로써', '~그것 때문에'로 해석된다.
勿以惡小而爲之 勿以善小而不爲(물위악소이위지 물위선소이불위)
: 악이 작다는 이유로 해서는 안되며, 선이 작다는 이유로 하지 않아서도 안된다. 즉, 악은 아무리 작아도 해서는 안되며, 선은 아무리 작아도 하지 않아서는 안되는 법이다.
以國之多難 未敢退休(이국지다난미감퇴휴)
: 나라의 어려움이 많기 때문에 감히 물러나와 쉬지를 못한다

③ 以는 신분이나 자격을 의미한다. '~로서'로 해석한다.

待以國師(대이국사)
: 국사의 신분으로 대접했다

4. 與(여)

'與(여)'는 동사로 쓰일 때는 '주다' '허용하다'로 해석한다.
그러나 조사나 접속사로 쓰일 때는 '~와 함께'로 해석하며

문장의 마지막에 쓰일 때에는 의문으로 해석한다.

① '~와 더불어'로 해석한다.

與朋友交而不信乎(여붕우교이불신호)
: 벗과 더불어 사귐에 믿지 않은 점이 없었는가?
與文字不相流通(여문자불유통)
: 문자를 가지고서는 서로 통하지 않아서

② 與는 의문의 종결사로 쓰이기도 한다.

王之所大欲 可得聞與(왕지소대욕가득문여)
: 왕이 크게 하고자하는 것을 들을 수 있겠습니까?
是誰之過與(시수지과여)
: 이것은 누구의 허물인가?

③ 주다(동사)

施恩勿求報 與人勿追悔(시은물구보 여인물추회)
은혜를 베풀었거든 보답을 구하지 말고, 남에게 주었거든 후회하지 말라.

5. 乎(호)

乎(호)는 놓이는 위치에 따라 각각 쓰임새가 다르다.
문장 가운데서는 조사로 쓰인다. 이때에는 '於(어)'나 '于(우)'로 바꾸어도 뜻이 통한다.
그러나 문장의 첫머리에 오는 경우에는 감탄을 나타내며, 마지막에 올 때는 의문의 뜻을 나타낸다.

天乎吾無罪(천호오무죄)

하늘이시여, 저는 죄가 없습니다.

此花紅乎(차화홍호)

이 꽃은 붉은가?

朝三而暮四足乎(조삼이모사족호)

아침에 세 개 저녁에 네 개면 족한가?

6. 可(가)

허가나 가능 혹은 어떤 일의 마땅함을 나타낸다. '~할 수 있다, ~해야 된다'등으로 해석한다.

可見其人之愚(가견기인지우)

: 가히 그 사람의 어리석음을 볼 수 있다

老馬之智可用也(노마지지가용야)

: 늙은 말의 지혜를 이용할 수 있다

7. 能(능)

가능을 나타내는 말에는 可(가) 외에도 能(능), 足(족), 得(득), 克(극), 堪(감) 등이 있다, "가히 ~할 수 있다"로 해석하면 된다.

能(능)과 不能(불능)은 생리적 능력을 나타낼 때 사용하고,
得(득)과 不得(부득)은 기회의 득실여부를 표현할 때 쓰인다.
可(가)와 不可(불가)는 상황의 가부를 판단할 때 쓰인다.

唯仁者 能好人能惡人(유인자능호인능오인)

: 오직 어진 자만이 사람을 좋아할 수도 있고 미워할 수도 있다

* 여기서 唯(유)는 "오직, 비록, 다만" 등의 뜻을 가진 말로서
사물의 범위를 한정할 때 쓰인다. 이러한 한정어에는 唯(유) 이외에도 "雖(수), 獨(독), 但(단), 只(지), 惟(유), 己(기), 耳(이)"등이 쓰인다.

① 雖(수)

道雖近不行不至 事雖小不爲不成(도수근불행부지사수소불위불성);
도가 비록 가까이 있어도 행하지 않으면 이르지 못하며, 일이 비록 작다고 해도 하지 않으면 이룰 수 없다.

② 獨(독)

今獨臣有船(금독신유선); 이제 오직 신에게 배가 있을 따름입니다.

③ 但(단)

空山不見人 但聞人語響(공산불견인단문인어향);
빈 산에 사람은 보이지 않고 다만 사람들이 남긴 여운만 들리는구나.

王維(왕유)의 鹿砦(녹채)에 나오는 시구절이다. 시의 전문은 아래와 같다.

空山不見人(공산불견인): 빈 산에 사람은 보이지 않고
但聞人語響(단문인어향): 어디선가 말소리만 울려온다.
返景入深林(반경입심림); 석양이 숲속깊이 들어와
復照靑苔上(부조청태상): 푸른 이끼를 다시 비추는구나.

④ 只(지)

只在此山中(지재차산중)
: 다만 이 산 한가운데 있을 따름이다.

只在此山中은 賈島(가도)의 尋隱者不遇(심은자불우)라는 시의 한구절이다. 시의 전문은 다음과 같다.

松下問童子(송하문동자): 소나무 아래에서 동자에게 물으니
言師採藥去(언사채약거): 스승은 약을 캐러 갔다고 대답하더라
只在此山中(지재차산중): 다만 이 산속에 있겠지만
雲深不知處(운심부지처): 구름이 깊어서 간 곳을 모르겠네.

⑤ 已(기)

夫子之道 忠恕而已矣(부자지도 충서이기의)
: 선생의 도는 오직 충성과 용서일 따름이다 .

⑥ 耳(이)

便於日用耳(편어일용이)
: 날마다 씀에 편할 따름이다 .

內無賢父母 外無賢師友 而能有成者鮮矣(내무현부모 외무현사우 이능유성사자선의)
: 안으로 어진 부모가 없고, 밖으로 어진 스승과 친구가 없으면서 이룸이 있을 수 있는 자는 드물다

8. 足(족)

능력이 있거나 어떤 일을 할 조건이 되는 것을 나타낸다.
'足用(족용)', 혹은 '足以(족이)'의 형태로도 쓰인다.
匹夫見辱 拔劍而起 挺身而鬪 此不足爲勇也(필부견욕 발검이기 정신이투 차부족위용야)
: 필부는 치욕을 당하면 칼을 뽑아 몸을 던져 싸우는데 이는 용감하다고 할 수 없다.
* 여기서 見(견)은 피동으로 '~을 당하다'는 뜻이다.

拔劍而起(발검이기)는 칼을 뽑아 일어나다. 모기보고 칼을 뽑는 것을 見蚊拔劍(견문발검)이라 한다. 挺身而鬪(정신이투)는 몸을 던져 싸우다 라는 뜻이다.

足以治四海(족이치사해)
: 충분히 천하를 다스릴 수 있다.
* 여기서 足(족)은 '足以(족이)'의 형태로 동사 治(치)를 보조하고 있다.

9. 得(득)

동사 앞에 쓰여 객관적 상황이 허락되는 것을 말한다. "~을 할 수 있다"로 해석하면 된다.

吾得見漢使(오득견한사): 나는 한나라 사신을 만날 수 있다

之乎者也 助得甚事(지호자야 조득심사): 가는 자가 무슨 일을 도울 수 있겠는가?

10. 克(극)

가능성을 나타낸다. '~할 수 있다.' '충분히 ~할 수 있다'로 해석한다.
克(극) 能(능) 혹은 克堪(극감) 의 형태로 쓰이기도 한다.

克勤于邦 克儉于家(극근우방 극검우가)
: 나라에 근면하고 가정에 검약한다.

豈其德薄者所能克堪(기기덕박자소능극감)
: 어찌 덕이 적은 사람이 충분히 해낼 수 있겠는가?

11. 然(연)

① 그러하다.

虎以爲然故遂與之行(회이위연고수여지행)
호랑이는 (여우가 한 말이) 옳다고 생각했기 때문에 마침내 그와 함께 갔다.

② 그러나

至於今日 然志猶未已(지어금일연지유미기)
오늘에 이르렀다. 그러나 나의 뜻은 여전히 없어지지 않았다.

③ ~하는 모양(부사)

曲未半 瞥然拓窓(국미반 별연척창)
곡이 아직 반도 끝나기 전에 갑자기 창을 밀쳐 열다.

12. 幾(기)

① 몇

高廣不知其幾百里(고광부지기기백리)
높이와 넓이가 몇백리 인지 알지 못한다.

② 거의, 거의 ~할 뻔하다

墜淵幾至不救(추연기지불구)
연못에 떨어져 거의 구할 수 없는 지경에까지 이르렀다.

③ 기미

幾者動之微(기지동지미)
기미라는 것은 움직임이 은미하다.

＊ 한문은 어떻게 해석해야 하는가?

한문이 주어와 술어가 기본인 것은 타 언어와 마찬가지이다.

그러니 주어와 술어만 정확히 찾아내서 풀이하면 될 터이다.

그리고 해석을 하려면 어느 글자가 어떻게 쓰이는 지에 대한 연습이 필요하다.

이런 것은 '僧 僧 僧 僧 僧 僧(승)' 여섯 글자를 풀이해 보아도 알 수 있다. 단순히 '중 또는 스님'이라는 글자가 여섯 개 겹쳐 있는 것은 아니다.

풀이해 보면 "스님이 스님이라고 다 스님이냐, 스님이 스님다워야 스님이다"

육신이 불타서 재로 화하는 순간까지 '무소유'를 실천한 참된 스님이 있는가 하면, 신도들이 보시한 돈 가지고 값비싼 가사장삼(袈裟長衫)을 걸친 채 고급승용차를 타고 다니면서 거들먹거리는 세속인과 다름없는 스님도 있다. 그래서 같은 僧(승) 자도 다양하게 해석될 수 있다. 그러니 글자의 외양만 가지고 논할 것이 아니라 글 속에서의 나타내는 의미를 곰곰히 짚어가면서 해석해야 한다.

허사는 한문해석에 있어서 중요한 구실을 한다.

허사를 잘 익혀 놓으면 한문에 한발 더 친근하게 된다.

한문은 많은 것을 알려고 하기 보다는 적은 부분이라고 거듭해서 자기 것으로 만드는 것이 중요하다.

제 3 편 고전과 속담으로 익히는 한문

漢字

제 7 강 고전명구 100제(古典名句 100題)

고전은 선현들의 지혜와 인생교훈이 담겨있는 고금의 보배이다.
고전명구를 우리말로 읽더라도 생활의 나침반이 되고,
인생살이에 큰 도움이 된다.

항차 이를 한문으로 음미한다면,
그 진면목을 알 수 있게 되어 인간성 함양에 더없는 길잡이가 될 것이다.

예부터 선비들은 사서삼경(四書三經)을 비롯한 수많은 고전의 주옥같은 글을 금과옥조(金科玉條)로 삼아 송백(松柏)과 같은 절개를 지녀왔다.

Ⅰ. 논어(論語)

논어는 孔子(BC552~479)가 논의하고 답술한 말을 편집한 것이다. 편집한 것은 문하생인 曾子나 有子에 이어 학통을 계승한 사람들이라고 한다.

논어는 서기285년 백제의 王仁박사에 의하여 일본에 전해진 것으로 보아, 우리나라에는 그보다 훨씬 이전에 들어왔음이 분명하다. 그로부터 오늘에 이르기까지 1800년 동안 줄곧 우리에게 애독되어 왔음을 생각하면 이미 우리 한국의 고전중의 고전이라고 해도 과언이 아닐 것이다. 논어의 내용은 인생의 모든 면에 걸쳐 언급되어 있다. 그 가르침은 적절하고 치우치지 아니하고, 그 글귀 역시 간결명료(簡潔明瞭)함이 특징이라고 평가되고 있다. 바로 이 점이 세계의 많은 고전 중에서도 특수한 존재로 간주되고 있다. 예부터 선현들이 논어를 가리켜 '宇宙 第一의 書'라고 칭송하였음은 당연한 일이라고 생각된다.

1. 學而時習之 不亦說乎(학이시습지 불역열호)

'배운 것을 다시 익혀 이를 터득하니 또한 기쁘지 않겠는가.'

자기가 배운 것을 때때로 복습하고 되풀이 연습함으로써 진정 그 의미를 알게 되고 학문의 기쁨을 맛보게 되는 것이다. 여기서 '說'은 '기쁠 열의 뜻으로 해석해야 한다.

2. 有朋自遠方來 不亦樂乎(유붕자원방래 불역낙호)

'먼 곳으로 부터 친구가 찾아오니 이 또한 즐겁지 아니한가.'

친구가 있다는 것은 인생의 축복이다. 영국의 버킹엄대학교의 조사에 의하면, 건강장수의 필수조건으로 친구의 다수 여부를 꼽고 있다. 친구가 없이 외톨이로 고독을 꼭꼭 씹으며 살아간다는 것은 그 얼마나 삭막한 인생길을 걸어가고 있는지 모른다. 멀리 떨어져 있는 다정한 친구가 찾아온다면 반가워 환호작약(歡呼雀躍)하는 것이다.

3. 人不知而不慍 不亦君子乎(인부지이불온 불역군자호)

'남이 나를 몰라준다고 해서 화를 내지 않으니 이 또한 군자가 아니겠는가.'

남들이 내 실력을 인정해 주지 않는다고 하더라도 결코 화냄이 없이 편안한 심정으로 세상을 헤쳐나간다면 그는 훌륭한 인격자이며 군자라고 할 수 있다. 실력도 별로 없으면서 세상이 몰라준다고 불평과 불만을 하는 사람들을 주위에서 흔히 볼 수 있다. 여기서 '慍'은 '화를 내다'라는 의미이다.

4. 巧言令色 鮮矣仁(교언영색 선의인)

'교묘한 말과 얼굴빛을 잘 바꾸는 사람 가운데 仁(인)의 정신을 발견하기는 어렵다.' 말을 잘 꾸미고 표정을 아름답게 꾸미는 것은 그 자체를 나쁘다고 할 수는 없다. 그러나 입에 발린 말을 늘어놓는 이른바 '립서비스'를 하는 사람, 또는 태도나 용모꾸미는 데만 신경을 쓰는 그런 사람들에게는 인간의 근본인 仁의 마음이 희박하기 마련이다. 무릇 순박함은 말이 다소 서투른 語訥(어눌)함에서 찾을 수 있게 된다.

5. 無友不如己者(무우불여기자)

'나보다 못한 사람을 벗으로 삼지말라.'

사람은 흔히 자기보다 못한 사람이 자기에게 迎合(영합)하는 것을 좋아하고 그런 자를 친구로 삼기 쉽다. 그러나 자신이 향상하려면 항상 자기보다 뛰어난 인물과 사귀어야한다. 자기보다 높은 사람과 어울리다 보면 정보도 고급정보를 접할 수 있게 되고, 자기가 모자란 부분도 他山之石(타산지석)으로 보충할 수 있게 된다. 공부를 잘하는 학생이 자기보다 열등한 학생들과 어울리다 보면 오히려 自慢心(자만심)에 빠져 뒤떨어지게 된다. 그 대신 자기보다 월등한 사람과 사귀게 되면 경쟁심이 생겨 분발해서 한 단계 높은 성적을 올릴 수 있게 되는 것과 같다. 그래서 친구는 모름지기 자기보다 학문의 성숙도도 높고 인품도 훌륭한 사람을 사귀어야 할 것이다. 그렇다고 해서 자기보다 열등한 친구를 무시하라는 말은 결코 아니다.

6. 不患人之不己知 患不知人也(불환인지부기지 환부지인야)

'남이 나를 알아주지 않음을 걱정하지 말고, 내가 남을 이해하지 못함을 걱정하라.' 사람은 자기가 남에게 인정받지 못할 경우 실망하고 늘 그것을 근심하며 怏怏不樂(앙앙불락)한다. 그러나 자기가 상대방의 眞價(진가)를 인정하지 못한 옹졸함을 걱정하는 것이 바람직한 사람인 것이다.

7. 知之爲知之 不知爲不知 是知也(지지위지지 부지위부지 시지야)

'아는 것을 안다고 하고, 모르는 것을 모른다고 하는 것이 정말 아는 것이다.'

모르면서도 아는 체하는 것이 제일 나쁘고, 알면서도 모르는 체 하는 것도 좋은 것이 아니다. 아는 것은 안다고 하고 모르는 것은 모른다고 솔직히 인정을 하여라. "어리석음도 그것을 철저히 지키면 어리석지 않다."

소크라테스도 말했다. "나는 내가 무지하다는 것을 안다. 그러나 궤변론자들은 그들이 무지하다는 것조차 모른다.”

진리의 말씀은 東西古今(동서고금)을 통하여 동일하다.

8. 寬則得衆(관즉득중)

‘관대하면 많은 사람들의 지지를 얻는다.’

인색하고 옹졸한 사람에게는 무리가 붙질 않는다. 소금처럼 짜고 남을 비판만 하는 사람에게 누가 가까이 가겠는가? 너그러움이 있고 베풂이 있는 사람에게는 보편적으로 친구들이 많다.

> **恭則不侮(공즉불모): 공손하면 업신여기지 아니하고**
> **寬則得衆(관즉득중): 너그러우면 무리를 얻고**
> **信則人任焉(신즉인임언): 미더우면 사람이 의지하고**
> **敏則有功(민즉유공): 민첩하면 공이 있고**
> **惠則足以使人(혜즉족이사인): 자혜로우면 사람을 부릴 것이다.**

9. 仁者能好人 能惡人(인자능호인 능오인)

‘어진 사람은 사람을 좋아하는 반면에 미워하기도 한다.’

인자(仁者)는 좋은 것은 좋다고 하고, 나쁜 것은 나쁘다고 떳떳이 말할 수 있는 공평한 태도를 지니고 있다. 그러므로 인자는 사람을 사랑하고 친절히 대하는 한편, 사람을 미워하기도 하는데, 이는 사람 그 자체를 미워하는 것이 아니라 그 惡(악)을 미워하는 것이다. 법어에도 “저지른 죄를 미워하되 그 사람을 미워하지 말라”는 말이 있다.

10. 朝聞道 夕死可矣(조문도 석사가의)

‘아침에 도를 깨치면 저녁에 죽어도 한(恨)이 없다.’

만약 아침에 참다운 인간의 길을 듣고 이것을 제대로 체득할 수 있다면, 그 날 저녁에 죽어도 아무런 한이 없다는 것이다. 인간의 참다운 자세와 그 올바른 길을 안다는 것은 그만큼 어렵고 중대한 것이다.

법구경에도 다음과 같이 언급되어 있다.

'비록 백년을 살지라도 참된 도를 모른채 살아간다면 부처님의 참된 가르침을 배워 하루를 바르게 사는 것만 못하느니라: 若人壽百歲 不如大道義 不如生一日 學推佛法要'

11. 夫子之道 忠恕而已矣(부자지도 충서이이의)

'공자의 도는 오로지 충서 뿐이다.'

공자의 일관된 길이란 충서(忠恕) 즉 남을 위해 사랑과 온정을 베푸는 길 즉 仁道이다. 공자의 사상을 한 마디로 하자면 바로 인(仁)이다. 즉 사랑이다. 사랑을 크게 세 가지로 분류하자면, 예수의 사랑, 부처의 자비, 공자의 인이 있다. 예수의 사랑이 무조건적이고 보편적인 사랑이라면, 부처의 자비는 사람은 물론 미물, 심지어 무생물까지 포함하는 넓은 의미의 사랑이라 할 수 있다. 이에 비하여 공자의 사랑은 다른 말로는 극기복례(克己復禮), 애인(愛人)이라고도 한다. 세 분의 사랑이 다 훌륭해서 어느 것이 더 낫다고 할 수는 없다.

공자의 사랑, 인(仁)을 다른 말로 하면 위에 나오는 충서라 할 수 있다. 충(忠)은 자기 마음을 다하는 것이고, 서(恕)는 자기 마음을 비우고 용서하는 것이다. 따라서 충서는 자기를 미루어 상대방을 용서하는 마음이다. 자기 마음을 진심으로 다하면 진실로 남을 용서할 수 있다는 것이다. 이것을 보면 자기에게 충실 하는 것이 우선이라는 것을 알 수 있다. 바로 공자의 사상은 한 마디로 자기에게 진실 하는 것이다. 마음의 한 가운데 있는 것이 바로 충(忠)이다. 흐트러짐 없는 진실한 마음! 이것이 충이다. 자기 자신에게 진실한 것이 무엇보다도 중요하다. 자기에게 충실치 못한 자가 남도 속이게 되는 것이다.

12, 知之者 不如好之者(지지자 불여호지자)

'아는 자는 좋아하는 자만 못하다.'

무슨 일이건 그것을 알고 있는 것 뿐 이라면 그것을 좋아하는 사람보다는 못하다. 아는 것은 좋아하는 것에 미치지 못하기 때문이다. 나아가 '좋아하는 것은 즐기는 것만 같지 못하다. 이를 호지자 불여낙지자(好之者 不如樂之者)라고 한다.

예를 들면, 산을 아는 사람은 산을 좋아하는 사람만 못하고, 산을 좋아하는 사람은 산 자체와 일체가 되어 산을 즐기는 사람만 못한 것이다. 산을 즐기는 사람은 자기가 산이 되어, 풀 한포기 돌맹이 하나, 새 한마리도 자기친구가 되는 것이다.

13. 知者樂水 仁者樂山(지자요수 인자요산)

'知者는 물을 좋아하고 仁者는 산을 좋아한다.'

물은 계속 흐른다. 知者는 이처럼 끊임없이 흐르는 물을 보며 즐기며 그 머리도 流動的이다. 산은 부동이다. 인자는 이해와 득실, 영욕(榮辱) 등에 의하여 마음이 動搖되지 아니한다. 그래서 萬古不動(만고부동)의 산의 모습을 즐기는 것이다.

14. 不義而富且貴 於我如浮雲(불의이부차귀 어아여부운)

'불의로써 부귀를 누림은 내게 있어서 뜬구름과 같다.'

나쁜 짓을 해서 부자가 되고 높은 지위에 오르게 된들 그것이 얼마나 가겠는가. 내게는 모두 정처없이 흘러가는 뜬구름처럼 허망한 것이라고 생각될 뿐이다. 정상적으로 얻은 富貴功名(부귀공명)이라고 하드라도 그 차체는 허망하고 부질없는 것인데, 하물며 옳지않은 방법으로 부귀를 득하는 것은 전혀 관심 밖의 사항인 것이다.

15. 死生有命 富貴在天(사생유명 부귀재천)

'죽고 사는 것이 천명에 있고, 부귀는 하늘에 달려 있다.'

죽고 사는 것이 천명에 달려있다는 것은 이해가 된다. 그러나 부귀까지도 하늘에 달려있다는 것은 너무 운명론적인 생각이 아닐까? 부귀빈천은 따로 있는 것이 아니라, 그 자신의 노력과 개척 여하에 따라 얼마든지 상황이 달라질 수 있기 때문이다.

16. 三人行 必有我師焉(삼인행 필유아사언)

'세 사람이 동행하면 그 안에 반드시 나의 스승이 있다.'

자신과 다른 두 사람이 길을 가거나 혹은 행동을 같이 한다면 두 사람 중 어느 한 사람은 꼭 배울만한 사람이 있는 법이다. 선(善)한 점이 있으면 그것에 따르고, 선하지 않는 점이 있으면 내 자신을 바로잡아야 한다. 즉, 어진 이를 보면 그와 같아지기를 생각하고, 어질지 못한 이를 보면 안으로 자기를 되돌아 봐야 한다. 모두 자기수양에 거울이 되는 것이다.

17. 鳥之將死 其鳴也哀, 人之將死 其言也善(조지장사 기명야애, 인지장사 기언야선)

'죽어가는 새의 울음소리는 애처롭고, 죽어가는 사람의 말은 착한 법이다.'

죽음을 앞에 둔 새의 울음소리는 듣기에 애처롭다. 또한 죽음에 임한 인간의 말은 진실한 것이다.

18. 歲寒然後 知松柏之後凋也(세한연후 지송백지후조야)

'겨울에야 송백이 얼마나 푸른 가를 알 수가 있다.'

겨울이 와야만 비로소 소나무와 잣나무가 얼마나 푸르름을 굳게 지니고 있는지를 알 수 있다. 인간 역시 곤경과 궁지에 처해보아야 그 인품과 사람의 진가를 알 수가 있게 된다. 산(山)도 겨울철에 그 진가를 알 수 있다. 나뭇잎이 다 떨어져 맨몸이 들어날 때 나무들의 진가를 알 수 있고, 그 산이 좋은 산인지 나쁜 산인 지를 알 수 있다. 친구 관계도 어려움이 닥쳐봐야 진정한 우정을 가늠할 수 있는 것과 같다. 이 문장에서 '後凋'란 시들지 않는다는 뜻으로 해석한다.

19. 知者不惑 仁者不憂 勇者不懼(지자불혹 인자불우 용자불구)

'지자는 미혹되지 않으며, 인자는 근심이 없고, 용자는 두려움이 없는 법이다.'

지혜로운 사람은 사물의 도리를 분별할 줄 아는 사람이므로 어떤 문제에 부딪치더라도 갈피를 못잡고 망설이는 경우가 없다. 인자는 사욕을 버리고 천리(天理)에 따라 행동하므로 끌리는 데가 없어 자연히 근심이나 걱정이 없다. 용감한 사람은 원기왕성하고 결단력이 강하므로 出所進退(출소진퇴)에 조금도 두려워하는 바가 없다.

20. 欲速則不達(욕속즉부달)

'서두르면 달성할 수가 없다.'

만사에 있어서 성급히 서두르면 안된다. 공명심 때문에 서두르다가 실패하는 경우도 흔히 볼 수 있다. 바둑도 성급한 사람이 패착(敗着)을 두기 십상이다. 급하다고 바늘귀를 꿰지 않고 바늘허리에 실을 잡아맨들 무슨 소용이 있겠는가,

21. 見小利則大事不成(견소리즉대사불성)

'작은 이익에 급급하면 큰 일을 이룰 수 없다.'

눈앞에 있는 이익만을 탐하다가는 대국(大局)을 그르칠 수가 있다. 바둑을 좋아하는 사람은 알 것이다. 小貪大失(소탐대실)이라는 바둑의 교훈을! 작은 이익을 탐하다가 큰 것을 잃게 되는 경우를 말한다. 수십년 사귀어 온 친구관계를 작은 이해관계로 인하여 우정을 단절한다면, 이 역시 '손톱 아픈 것은 알아도 염통' 상(傷)하는 것을 모르는 것'과 같다.

22. 己所不欲 勿施於人(기소불욕 물시어인)

'자신이 원하지 않는 일을 남에게 베풀지 말라.'

일생을 통해서 꼭 지녀야 할 것을 한마디로 말한다면 그것은 남을 위하는 마음일 것이다. 내가 하고 싶지 않는 일이나 당하고 싶지 않는 일은 남에게 시키지 말아야 한다. 내가 청소와 궂은 일을 하고 싶지 않듯이 남도 마찬가지이다. 스스로 자기가 알아서 할 일이지 남에게 전가해서는 절대로 부당한 것이다.

23. 道不同不相爲謨(도부동불상위모)

'길이 같지 않으면 서로 도모할 수 없다.'

가는 길이 같지 않으면 서로 계획을 같이 할 수 없는 것이다. 가는 길이 다르고 추구하는 목표가 상이한데 무슨 일을 함께 계획세우며 도모하겠는가.

정당도 각기 추구하는 정강정책(政綱政策)이 다른데, 선거 때 마다 임시방편으

로 합쳤다가 곧 헤어지고 한다. 철새처럼 이합집산(離合集散)을 거듭하는 것이다. 유권자에 대하여 눈가림을 하는 것이다. 무릇 추구하는 바가 다르면 함께 도모하지 말아야한다.

24. 往事不諫 來者可追(왕사불간 래자가추)

'지난 일 탓하지 말고 오는 일을 좇는 것이 옳다.'

과거는 이미 지나가 버린 것. 이것을 곰씹어 보았자 되돌아 올리는 만무한 것이다. 그러나 대부분의 사람들은 과거에 집착하여 마음 앓이를 한다. 천정을 쳐다보며 한숨쉬거나 이불 뒤집어쓰고 끙끙거리기도 한다.

무릇 과거지사(過去之事)는 참고사항에 불과할 뿐이다. 과거에 연연해서는 발전할 수가 없다.

'내가 왕년에 운운~'하는 사람은 미래가 없는 것이다. 미래를 꿈꾸며 현재에 충실할 때 발전이 있는 것이다. 이래서 '노인은 과거에 살고, 젊은이는 미래에 산다'라는 말이 있는 것일 게다.

Ⅱ. 맹자(孟子)

맹자는 공자의 사상을 발전시켜 유교를 후세에 전하는 데 큰 영향을 끼쳤다.

그가 활약한 시기는 대체로 기원전 4세기 전반기이다. 맹자는 인간이 갖추고 있는 하늘의 목적을 지닌 법칙성으로 생각하고 이를 인간의 본성이라 하여 인간의 성(性)은 선(善)이라고 하는 성선설(性善說)을 주장했다.

맹자는 성선설을 증명하기 위해 인간의 마음에는 인(仁)·의(義)·예(禮)·지(智) 등 사덕(四德)의 사단(四端 : 싹)이 구비되어 있다고 했다. 여기서 말하는 인(仁)은 '측은(惻隱)의 마음' 혹은 '남의 어려운 처지를 그냥 보아 넘길 수 없는 마음'이며, 의(義)는 불의불선(不義不善)을 부끄럽게 알고 증오하는 '수오(羞惡)의 마음'이다. 예(禮)는 사람에게 양보하는 '사양의 마음'이고, 지(智)는 선악시비를 판단하는 '시비(是非)의 마음'으로 설명되고 있다.

공자는 예를 실천하는 인간의 주체성을 인(仁)이라고 했으나, 사단(四端)은 공자가 말하는 '인'의 세분화(細分化)라고 하겠다. 한편, 맹자는 '인(仁)이란 사람으로서의 덕'이라 하고 특히 그것이 위정자에 의해서 실현될 것을 강조하고 있다. 이른바 왕도정치(王道政治)를 강조했다.

그리고 덕목(德目)의 정리라는 점에서는 '사단'설 외에 '오륜(五倫)'설이 유명하다. 이것은 인간관계를 다섯으로 정리한 것으로 '부자유친(父子有親) · 군신유의(君臣有義) · 부부유별(夫婦有別) · 장유유서(長幼有序) · 붕우유신(朋友有信)'이라고 한다.

공자에게 논어(論語)가 있고, 증자에게 대학(大學)이 있으며, 자사에게 중용(中庸)이 있고 맹자에게 맹자(孟子)의 서(書)가 있으므로 이를 일러 사서(四書)라고 한다.

맹자는 원래 기백이 센 사람이므로 필세(筆勢)도 자연히 웅혼하여 그가 호연지기(浩然之氣)를 논하거나, 대장부(大丈夫)를 논할 때, 출처진퇴(出處進退)를 논할 때, 수치(羞恥)를 논할 때 등은 구구절절이 듣는 이의 마음을 크게 사로잡았다. 다만 논봉(論鋒)이 다소 과격하여 온윤(溫潤)한 면이 부족하다는 평가를 받기도 한다.

25. 無恒産因無恒心(무항산인무항심)

'일정한 생활 근거가 없으면 꾸준한 마음이 없어진다.'

일정한 수입원이 없으면 도의심이 없어진다. 관자(管子)도 곳간이 차야 예절을 안다고 하였다. 우리말에 사흘 굶어 담장을 넘지 않는 사람이 없다고 하였다. 국가도 기본 국력이 있어야 떳떳할 수 있듯이 개인의 경우에는 더욱 그러하다.

26. 樂民之樂者 民亦樂其樂(낙민지락자 민역락기락)
憂民之憂者 憂民亦憂其憂(우민지우자 우민역우기우)

'왕이 백성들의 즐거움을 즐거워하면 백성도 또한 왕의 즐거움을 즐거워하며, 백성들의 근심을 근심하면 백성 또한 왕의 근심을 근심한다.'

지도자는 천하의 모든 사람들과 즐기고 천하의 모든 사람들과 근심하여야 지도자 구실을 할 수 있는 것이다. (樂以天下 憂以天下 然而王者)

27. 天時 不如地利(천시 불여지리)
地利 不如人和(지리 불여인화)

'천시는 지리만 못하고 지리는 인화만 못하다.'

맹자의 전쟁론으로, 계절, 기후보다 지리적 조건이 좋고 그것보다 인심을 얻어 민심을 화합하는 것을 으뜸으로 친다.

28. 行有不得者 皆反求諸己(행유부득자 개반구저기)

'행해서 얻어지지 않는 것이 있으면 모두 자기 자신을 반성할 것이다.

세상만사는 모두 자기로부터 비롯된 것이니 자기가 바르고 성실해야 세상이 자기에게 따르는 법이다.

29. 富貴不能淫 貧賤不能移(부귀불능음 빈천불능이)
威武不能屈 此之謂大丈夫(위무불능굴 차지위대장부)

'부귀도 그 마음을 유혹하지 못하고, 빈천도 그의 지조를 바꾸지 못하며, 위엄과 무력도 그의 뜻을 꺾지 못하는 것을 일러 대장부라 한다.'

장부(丈夫)를 남아라고 하고 그 중에 정말 남자다운 남자를 대장부(大丈夫)라 한다. 무릇 대장부가 되려면 부귀나 빈천에 흔들리지 말고 어떠한 위압에도 굴복하지 말아야한다. 속인(俗人)이 대장부되기는 참으로 어렵다고 할 것이다. 그러고 보면 속인 대부분이 졸장부(拙丈夫)인 것이다.

30. 順天者存 逆天者亡(순천자존 역천자망)

'하늘의 뜻에 따르는 사람은 생존하고, 하늘의 뜻에 거슬리는 사람은 멸망한다.'

모든 것을 순리에 따라야 한다. 익지도 않은 벼를 벤들 농사만 망칠 뿐이다. 착한 일을 많이 하면 경사로움이 있고 악한 일을 하는 사람에게는 반드시 재앙만이 있을 뿐이다. (積善之家 必有餘慶 積不善家 必有餘殃)

31. 滄浪之水淸兮 可以濯我纓(창랑지수청혜 가이탁아영)
滄浪之水濁兮 可以濯我足(창랑지수탁혜 가이탁아족)

'창랑의 물이 맑으면 귀중한 갓끈을 씻고, 창랑의 물이 흐리면 내 발을 씻을 것이다.'

선비의 고고한 자세가 엿보이는 옛 노래의 가사이다.

32. 道在爾而求諸遠(도재이이구저원)
事在易而求諸難(사재이이구저난)

'도는 가까운 데 있음에도 멀리서 구하려 하고, 일은 쉬운데 있음에도 어려운 데서 구하려 한다.'

행복도 거창한데서 구하기보다 일상생활의 작은 데에서 발견할 수 있다. "봄을 찾아 온 산을 헤메이다 끝내 찾지 못하고, 집에 돌아오다가 매화가지에 핀 꽃을 보고 이미 봄이 와있음을 알았어라"라는 선시(禪詩)가 이를 잘 나타내 주고 있다.

33. 恭者不侮人 儉者不奪人(공자불모인 검자불탈인)

'공손한 사람은 남을 업신여기지 않고, 검소한 사람은 남의 것을 빼앗지 않는다.'

공손과 검소는 리더의 자질이기도 하고 성공하는 사람의 공통요소이기도 하다.

34. 仁者愛人 有禮者敬人(인자애인 유례자경인)

'인자한 사람은 남을 사랑하고 예를 차리는 사람은 남을 공경한다.'

남을 사랑하는 사람은 남들도 항상 그를 사랑하며 남을 공경하는 사람은 남들도 항상 그를 공경한다. (愛人者人恒愛之 敬人者人恒敬之: 애인자인항애지 경인자인항경지)

35. 天將降大任於是人也(천장강대임어시인야)
必先苦其心志(필선고기심지)
勞其筋骨 餓其體膚(노기근골 아기체부)

'하늘이 장차 큰 일을 어떤 사람에게 맡기려 할 때는 반드시 먼저 그 마음을 괴롭히고, 그 근골을 지치게 하고, 그 육체를 굶주리게 한다.'

그리고 그 생활을 곤궁하게 해서 행하는 일이 뜻과 같지 않게 한다.

이것은 그들의 마음을 움직여서 그 성질을 참게하여 일찍이 할 수 없었던 일을 더욱 하도록 하기 위해서이다.

쇠도 여러번 달쿠어야 명검(名劍)을 만들 수 있듯이, 사람 역시 온갖 고초를 겪어야 비로소 큰 사람이 될 수 있다. 서양 속담에 '간난(艱難)이 너를 옥으로 만든다' 함은 이를 두고 한 말일 것이다.

36. 君子有三樂 而王天下不與存焉(군자유삼락 이왕천하불여존언)
父母俱存 兄弟無故 一樂也(부모구존 형제무고 일락야)
仰不愧於天 俯不怍於人 二樂也(앙불괴어천 부부작어인 이락야)
得天下英才 而教育之 三樂也(득천하영재 이교육지 삼락야)

'군자에게는 세 가지 즐거움이 있는데 천하에 왕노릇 하는 것은 거기에 들지 않는다. 부모가 다 생존하고 형제들이 무고함이 첫 번째 즐거움이오 우러러 보아서 하늘에 부끄럽지 않고 굽어보아서 사람들에게 부끄럽지 않는 것이 그 두 번째이오 천하의 영재를 얻어서 이들을 교육시키는 것이 그 세 번째 즐거움이다.'

맹자의 유명한 군자삼락(君子三樂)이다. 21세기에서도 군자삼락이 적절한 지는 각자 인생관에 따라 다를 수 있다.

37. 孔子登東山而小魯 登太山而小天下(공자등동산이소노 등태산이소천하)

'공자께서 동산에 올라서는 노나라가 작다고 느끼셨고, 태산에 올라서는 천하가 작다고 느끼셨다.'

그러므로 바다를 본 사람에게는 물 이야기를 하기가 어렵고, 성인의 문하에서 노니는 사람에게는 말을 하기가 어렵다(故 觀於海者 難爲水, 遊於聖人之門者 難爲言)

38. 飢者甘食 渴者甘飮(기자감식 갈자감음)

'굶주린 자는 무엇을 먹건 맛이 있으며 목마른 자는 무엇을 마시건 맛이 있다고 느낀다.'

굶주려 허기진 자는 무엇이건 맛이 있다고 느끼고 목이 타서 갈증이 심한 자는 어떤 음료건 달다고 느껴진다. 흡사 원효대사가 밤중에 해골에 담긴 물을 맛있게 마신 경우와 같다. 그러므로 기갈(飢渴)은 사람의 미각의 본성을 그르친다. 그리고 빈곤은 때로 인간 본성의 선(善)을 해치기도 하는 것이다.

Ⅲ. 대학(大學)

대학의 내용은 "정치의 최종목적은 치국평천하(治國平天下)에 있으나 이를 실현하기 위해서는 먼저 수신제가(修身齊家)를 하지 않으면 안된다. 몸을 닦는 데는 마음을 바르게 먹고 뜻을 성실하게 유지해야 한다. 이 정심성의를 몸에 지니기 위해서는 격물치지(格物致知) 즉 사물의 도리를 깊히 연구하고 학문을 습득해야 한다"는 것을 정연한 논리로 펼치고 있다. 참다운 학문을 탐구하는 사람에게 있어서 대학은 필독의 서(書)이다.

39. 大學之道 在明明德 在親民 在止於至善(대학지도 재명명덕 재친민 재지어지선)

'대학의 도는 명덕을 밝히는 데 있고, 백성을 교도하여 하루하루 진보시키는 데 있으며, 지상지선(至上至善)의 경지에서 흔들리지 않게 노력하는 데 있다.'

대인이나 군자가 학문을 닦는 목적은 첫째 하늘로부터 받은 덕성, 즉 양심을 훌륭하게 연마하는 것이며, 둘째는 자기만을 연마할 뿐 만 아니라 더 나아가 세상 사람들에게도 어제보다 나은 오늘, 오늘보다 나은 내일이라는 식으로 명덕(名德)을 쌓게 끔 선도시키는 데 있다. 그리고 셋째는 이 두가지 항목을 지고지선(至高至善)의 지위에 보전시키는 것이 대학의 참다운 목적인 것이다.

40. 物有本末 事有終始 知所先後 則近道矣(물유본말 사유종시 지소선후 즉근도의)

'모든 것에 본말이 있고 일에는 끝과 처음이 있는 법이다. 그 본말과 선후를 아는 것이 성취의 지름길이다.'

무슨 일이나 시작과 끝이 있고 모든 것에 근본과 지엽적인 것이 있다. 인생에 있어서도 근본으로 삼아야 할 것과 그렇지 않은 것이 있다. 그리고 일에도 무엇부터 시작하고 무엇으로 끝내야 하는 시종(始終)이 있다. 그 본말 전후를 잘 구별하는 것이 일을 성취하는 지름길이 되는 것이다.

41. 致知在格物(치지재격물)

'양지(良知)를 연마하려면 사물의 이치를 연구해야한다.'

인간의 양지를 완전히 연마하려고 생각한다면 사물에 직면하여 그 속에 흐르고 있는 천리(天理)를 살피도록 하라. 우주간에는 항상 어떤 도리가 흐르고 있다. 인물이나 동물 속에 흐르는 것은 물성(物性)이라 하고, 인간 속에 흐르고 있는 것은 인성(人性)이라고 한다. 그러므로 인성을 연마하려면 즉 양지를 연마하려면 먼저 물성을 염구할 것, 즉 사물의 이치를 살필 필요가 있다.

42. 止於至善(지어지선)

'지극한 선에 머물라.'

여기서 말하는 지선(至善)이란 단순히 최고의 착함이 아니다. 지선이란 하늘의 이치에 가장 당연한 경지, 즉 조금도 기울고 치우치거나 지나치고 모자람이 없는 중용의 덕을 가리키는 것이다. 결국 지어지선이란 이와 같은 중용의 덕에 언제나 머물러 있어 잠시라도 여기에서 떠나거나 그 뜻을 버려서는 안 된다는 말이다.

지어지선에 이르는 과정은 다음과 같다. 스스로 지극한 선의 경지에 이르려는 뜻이 있어야만 의지가 정해진다. 의지가 정해지면 마음이 안정된다. 마음이 안정되어야만 거처가 편안해진다. 거처가 편안해야만 일을 처리함에 있어 치밀하게 된다. 일을 치밀하게 처리할 수 있어야만 지극한 선의 경지에 이를 수가 있는 것이다. 결국 자기가 머물러야 할 지선을 알고 나서 그 지선(至善)을 얻게 되기까지. 즉 지지(知止)에서 능독(能得)의 과정이 이와같은 것이다.

43. 苟日新 日日新 又日新(구일신 일일신 우일신)

'오늘은 어제보다, 내일은 오늘보다, 나날이 새롭게 좋아지도록 힘쓴다.'

오늘의 행위는 어제보다 더 좋아지고, 내일의 행위는 오늘보다 새롭게 좋아지도록 수양에 힘쓰지 않으면 안된다. 은나라의 탕(湯)왕은 이것을 세면기에 새겨놓고 매일 세수를 할 때 마다 자계(自戒)의 구절로 삼았다고 한다. 요즘 세수대야가 없다면 '스마트 폰'에 저장하여 틈틈이 읽어보면 될 것이다.

44. 君子必愼其獨也(군자필신기독야)

'군자는 혼자 있을 때도 언행을 삼간다.' 혼자서 있을 경우 즉 타인이 보거나 듣지 않는 경우라도 언행을 조심하고 스스로를 기만하지 않도록 한다. 이것이 군자의 태도인 것이다.

이에 비하여 소인은 한가하면 불선을 마음대로 자행한다. 소인은 한가하면 자기 마음대로 어떤 나쁜 짓이건 자행하는 것이다. 이를 '小人閒居爲不善 無所不至(소인한거위불선 무소부지)'라고 한다.

45. 富潤屋 德潤身(부윤옥 덕윤신)

'부유함은 집을 윤택하게 하고, 덕은 몸을 윤택하게 한다.'

풍족한 재산이 있으면 그 집을 훌륭히 꾸밀 수 있고, 풍부한 덕은 저절로 그 사람의 풍채를 훌륭하게 만든다. 덕이 있으면 소위 마음이 넓고 몸이 풍신해진다. 마음 속이 공명정대하여 조금의 부끄러움도 없이 넓고 너그러워지면 몸은 절로 안락해지게 마련이다. 그러므로 군자는 모름지기 자기의 뜻을 진실히 해야 한다.

46. 心不在焉 視而不見 聽而不聞 食而不知其味(심부재언 시이불견 청이불문 식이부지기미)

'마음에 있지 아니하면 보아도 보이지 아니하고, 들어도 들리지 아니하며, 먹어도 그 맛을 알지 못한다.'

마음이 엉뚱한 강산에 가 있는 데, 그에게 무엇이 제대로 보이며 무엇이 제대로 들리며 또 제대로 음식 맛을 알 수 있겠는가? 결국 마음이 제일 중요한 것이다. 그래서 '모든 것은 마음먹기에 달려있다'고 하질 않는가? 이를 일체유심조(一切唯心造)라고 한다. '마누라가 예쁘면 처갓집 말뚝보고도 절을 하게 되는' 것이다. 그 대신 '며느리가 미우면 발 뒤꿈치도 달걀로 보이듯 밉다'라는 속담은 이를 두고 하는 말이다. 마음에 흙탕물이 없어야 한다. 마음이 맑으면 꿈자리도 편안한 법이다(心淸夢寐安 심청몽매안). 마음이 뒤숭숭해서 불면의 밤을 지새운 경우는 누구나 모두 경험했으리라.

* 본문에서 '焉(언)'은 종결조사로서 '~하면 ~이니라'로 해석하고, '而(이)'는 접속사로서 '~도. ~하여도. ~하고' 등으로 풀이한다.

47. 人莫知其子之惡 莫知其苗之碩(인막지기자지악 막지기묘지석)

'사람은 자기 자식의 나쁜 점을 알지 못하고, 자기 밭의 싹이 큰 줄을 모른다.'

대다수의 사람들은 맹목적인 사랑 때문에 자기 자식의 결점을 깨닫지 못한다. 제 자식은 방귀를 꿰도 고소하고, 똥냄새조차도 구수하다고 한다. 한편 사람들은 자기가 가꾼 곡식이 커졌다고는 생각하지 않는다. 전자(前者)는 자식사랑 때문에 눈이 멀었고, 후자(後者)는 욕심에 마음이 사로잡혀 있기 때문이다. 따라서 공평무사한 수신(修身)이 되지 않고는 집안을 제대로 챙겨나갈 수 없는 것이다.

48. 心誠求之 雖不中不遠矣(심성구지 수부중불원의)

'성심으로 구한다면 완전치는 않더라도 어느 정도는 구할 수 있다.' 마음 속으로부터 열심히 구한다면 완전히 뜻한 바대로 구하지는 못했더라도 대체로 그와 비슷한 것은 구할 수가 있는 법이다.

갓난 아기는 그의 생각을 말로 나타내지는 못한다. 그러나 그 어머니가 마음을 다하여 정성껏 보살피기 때문에 비록 그 아기의 생각에 완전히 맞도록 돌보지는 못해도 엉뚱하게 거리가 먼 짓은 않게 된다. 이와 마찬가지로 위정자도 진정한 사랑으로써 백성들을 보살핀다면 백성들을 안락하게 해줄 수 있는 것이다.

49. 得衆則得國 失衆則失國(득중즉득국 실중즉실국)

'대중을 얻으면 나라를 얻게 되고, 대중을 잃으면 나라를 잃는다.'

민심(民心)이 천심(天心)이다. 민심을 얻으면 나라를 얻게 되고, 민심을 잃으면 나라를 잃게 됨은 고금의 역사가 증명한다. 오늘날 국민이 선출한 대통령일지라도 민심을 잃으면 탄핵(彈劾)으로 자리를 잃게 되는 것이다.

Ⅳ. 중용(中庸)

중용은 사서(四書)의 하나이다. 작자는 공자의 손자인 자사(子思)임이 사기(史記) 이래 통설이다. 중용이라는 것은 한쪽으로 치우치지는 일이 없는 〈中〉으로서 〈常〉의 길을 이룬다는 뜻이다. 〈庸〉은 〈用〉으로서 〈中〉의 道를 쓴다. 즉 〈執中〉 〈中을 취한다〉의 뜻으로 해석하기도 한다. 중용의 덕은 인간 고유의 것이므로 사람의 성(誠)이라고 해도 무방할 것이다. 자사가 이 책을 쓴 것은 도학의 전달이 끊어질 것을 걱정했기 때문이라고 주자는 설명하고 있다. 학자에 따라서 중용은 노자의 설에 대항하기 위하여 만든 것이라고도 한다.

50. 人莫不飮食也 鮮能知味也(인막불음식야 선능지미야)

'사람은 누구나 음식을 취한다. 그러나 그 맛을 아는 자는 드물다.'

어떠한 사람이건 음식을 취하지 않는 사람은 없다. 생존하기 위하여는 먹어야 하기 때문이다. 그러나 그 음식의 참다운 맛을 알고 있는 사람은 적다. 예를 들면 쌀과 물의 맛은 자칫 세상에서 잊혀지기 쉽다. 중용이라는 평범하고도 수수한 도(道)가 이해되지 않는 것도 그 이치와 같다.

51. 或生而知之 或學而知之 或困而知之 及其知之一也(혹생이지지 혹학이지지 혹곤이지지 급기지지일야)

'혹은 태어날 때부터 이것을 알고, 혹은 배워서 알고, 혹은 고통 끝에 이것을 알게 된다. 그러나 안 후에는 누구나 다 마찬가지이다.'

아주 특출나서 태어날 때부터 사람의 도를 아는 이를 생지(生知)라고 한다. 또 어떤 사람은 배운 후에 비로소 알게 되는데 이를 학지(學知)라고 한다. 어떤 사람은 아무리 배워도 잘 모르고, 수많은 경험을 쌓고 무진 고생을 한 끝에 비로소 터득하게 되는 데 이를 곤지(困知)라고 한다.

이와 같이 생래의 재능에는 차이가 있으나, 그러나 일단 사람의 도를 깨달은 후에는 누구나 모두 동일한 것이다.

52. 誠身有道 不明乎善 不誠乎身矣(성신유도 불명호선 불성호신의)

'성(誠)을 터득하려면 선(善)이 무엇인가를 먼저 명확히 알아야 한다.'

선을 모르고는 성을 터득할 수는 없는 것이다. 사람이 성을 체득하는데 있어서 가장 간단한 방법은 선이란 무엇인가를 분명히 알아야 한다. 유교의 사고방식으로 볼 때 천리(天理)는 천지간에 보편적으로 흐르고 있다. 그것은 만물에 흐르고 있고, 사람의 마음 속에도 흐르고 있다.

천리를 파악하는 수양방법으로는 두가지 길이 있다. 그 하나는 암야(暗夜)에 조용히 내 마음속에 흐르고 있는 천리를 관조(觀照)하는 것이고, 다른 하나는 만물 속에 천리가 흐르고 있으므로 널리 만물의 성(性)을 탐구하는 것이다.

자기 몸에 성(誠)을 지니게 하기 위해서는 내성(內省)뿐 만 아니라 학문등에 의하여 선(善)을 광범위하게 연구하지 않으면 안된다. 이처럼 깨닫는다는 것은 참으로 어렵다고 할 것이다. 그래서 토굴 속에 들어가 10년 벽면수도(壁面修道)하는 것일게다.

53. 人一能之己百之 人十能之己千之(인일능지기백지 인십능지기천지)

'남이 한번에 할 수 있다면 나는 백번하고, 남이 열번에 성취한다면 나는 천번 되풀이해서 성취하리라.'

다른 사람이 한번에 잘 할 수 있다면 나는 이것을 백번을 거듭하고, 남이 열번에 할 수 있다면 나는 천번이라도 되풀이해서 이룩하겠다. 무슨 일이건 이렇게 끊임없이 노력한다면 아무리 우둔한 사람도 성취할 수 있는 것이다. 발명왕 에디슨이 "천재는 99%의 땀과 1%의 영감으로 만들어진다"고 갈파했다. 옛말에 "부지런함이 뛰어나면 천하에 어려움이 없다(一勤天下無難事)"라는 말과 맥을 같이한다.

Ⅴ. 기타 고전(其他 古典)

54. 貧賤之交不可忘 (빈천지교불가망): 後漢書

'가난하고 지위가 낮았을 때 사귄 친구는 잊어서는 안된다.'

인간의 됨됨이는 그가 개구리가 되었을 때 올챙이 적 생각을 하는가에 달려있다. 돈푼이라도 만지고 출세했다고 해서 어렸을 적 친구를 등한시하고, 대하는 태도가 달라진다면 그 사람의 인격자체가 믿을 바가 못 되는 것이다.

부부관계 역시 그러하다. 술찌거기나 쌀겨로 연명하듯이 아주 어렵고 가난했을 때의 아내(糟糠之妻)를 저버려서는 결코 안 된다. 이를 조강지처 불하당(糟糠之妻不下堂)이라고 한다.

55. 家貧則兄弟難(가빈즉형제난): 愼子

'가난하면 형제간에도 만나지 못한다.'

어느 정도 먹고 살만큼 여유가 있어야 일가친척도 찾아 볼 수 있는 법이다. 그래서 관자 (管子)라는 현인은 '곳간이 차야 예절을 안다 '고 했다.

가난하면 친척도 멀어지고 친구도 멀어진다. 가난한 집에 찾아오는 친척도 없고 또 찾아오는 친구도 드물게 되는 것이다.

우리 속담에 '가난하면 천대 받게 되고 돈이 있으면 귀해진다.'

국가도 마찬가지이다. 국민소득 100달러시대의 한국은 아무도 알아주는 이가 없었다. 그러나 이제 3만불 시대로 근접하면서 유엔사무총장까지 배출하고 세계에 당당히 나서고 있으며, 또 상응한 대접도 받고 있다. 개인이건 국가건 가난을 탈피하는 것이 제일 중요하다.

56. 有志者事竟成(유지자사경성): 後漢書

'뜻이 있는 자는 일이 마침내 이루어 진다'

뜻이 있는 곳에 길이 있다.(Where there is a will, there is a way.)라는 서양속담과 상통하는 말이다. 누구나 간절히 바라고 뜻을 가진다면 대부분 그길로 나가 성공하게 되는 법이다.

* 본문에서 '竟(경)'이란 한자는 '마침내'의 뜻으로 풀이한다.

57. 材雖美不學不高 (재수미불학불고): 禮記

'재목감으로 비록 훌륭하나 배우지 아니하면 높아지지 않는다.'

아무리 뛰어난 재질을 가졌다고 해도 이를 갈고 닦지 않으면 빛나는 인물이 될 수 없다. 배워야 알게 되는 것이며 그릇의 진가를 발휘하게 되는 것이다. 그래서 배움은 일생의 보배가 되는 것이다. 배우면 잘난 사람이 되고 못 배우면 못난 사람이 된다(學則乃爲君子 不學則爲小人 학칙내위군자 불학칙위소인)는 말이 있기도 하다.

* 본문에서 '雖(수)'는 부사로서 '~비록~이나, ~라 할지라도'의 의미로 해석한다.

58. 謂學不暇者 雖暇亦不能學矣(위학불가자수가역불능학의): 淮南子

‘배움에 시간이 없다고 하는 자는 비록 시간이 있어도 배우지 못한다.’

모든 일은 바쁜 가운데 이루어지는 법이다. 한가하다고 하여 일이 성취되는 것은 아니다. 오히려 휴가 중에 어영부영하다가 휴가일을 다 지내버리는 경우가 있다.

배우는 것 역시 마찬가지이다. 바쁘다는 핑계로 배움을 등한시하는 사람은 시간이 있어도 배우지 못한다.

주경야독(晝耕夜讀)이라는 말이 있다. 낮에는 밭을 갈고 밤에는 글을 읽는다는 뜻으로 어렵게 공부해서 뜻을 이룬 이가 적지 않다.

* 여기서 ‘雖(수)’ 는 ‘비록 ~일지라도’ 풀이 한다.

59. 見山是山 見水是水(견산시산견수시수): 傳心法要

“산은 산이요, 물은 물이다.”

입적한 성철 큰스님도 이러한 말을 한 것으로 인구에 회자되고 있다.

원래 전심법요의 전구절은 다음과 같다.

맨처음에 산과 물을 볼 때

‘산은 청산이요 물은 그저 녹수로 비쳤다’ (見山是山 見水是水)

그러나 참선하여 어느 정도 깨쳐서 선입관을 털어내고

산수를 보니 ‘전에 보았던 산은 산이 아니고, 물 또한 그 물이 아니었다’ (見山不是山 見水不是水 견산불시산 견수불시수)

마침내 진실로 깨치고 보니

‘이제는 산이 의연코 그 산이요. 물도 의연코 그 물이더라’ (見山只是山 見水只是水) 즉 이름과 형상으로서의 산과 물이 아니라 실상(實相) 본체 그대로의 산과 물이라는 의미이다.

대상은 산과 물 그대로 인데, 보는 주체에 따라 판단과 인식이 변함을 알 수 있다. 중국 송나라시절 '청원선사'가 30년 수도 후에 갈파한 법어이다. 그 심오한 뜻은 알기 어렵다. 다만 한문공부로서 원용해 보는 것이다.

60. 二人同心 其利斷金 (이인동심기리단금): 周易

'두 사람이 마음을 합치면 그 날카로움이 쇠를 끊는다.'

마음이 맞아서 일을 같이하면 그 날카로움이 쇠붙이의 단단한 것이라도 끊을 수 있다. 합심하면 어떠한 난관도 극복할 수 있게 된다.

이 구절에 이은 것이 '同心之言其臭如蘭(동심지언기취여란; 마음을 함께 하는 말은 그 냄새가 난초와 같이 아름답다)'이다.

61. 有錢者生 無錢者死(유전자생무전자사): 漢書

'돈이 있는 사람은 살고, 돈이 없는 사람은 죽는다'

'돈만 있으면 염라대왕 문서도 고친다" 돈만 있으면 죽음도 면할 수 있다는 뜻이다.

돈 없으면 잘난 놈도 못난 놈 되고, 돈 있으면 못난 놈도 잘난 놈 된다.

돈 떨어지면 임도 떨어지고 친구도 떨어진다. 한때 항간에 '돈이 있으면 무죄, 돈이 없으면 유죄' (有錢無罪 無錢有罪 유전무죄 무전유죄)라는 말이 떠돌기도 했었다.

62. 非其位而居之曰貪位(비기위이거지왈탐위): 史記

'그 지위에 앉을 사람이 아닌 데 거기에 앉아 있는 것을 가리켜 자리에 욕심을 낸다'라고 한다.

인사의 가장 근본은 '그 자리에 그 인물의 원칙'이다. 이를 적재적소(適材適所)의 원칙이라고 한다. 적임자가 아닌 사람이 어떤 자리를 맡으면 그 조직자체가 기능을 상실하게 된다.

감투에 욕심 낼 일이 아니다. 자신을 돌아보아야 한다. 자리에 걸맞지 않은 사람이 어떤 자리에 앉는 것은 '신사복을 입고 갓을 쓰는 것'과 마찬가지이다.

제대로 된 인물, 그 자리에 적합한 인재가 등용되어 국리민복을 도모해야 할 것이다.

63. 天不生無祿之人 地不長無名之草(천불생무록지인 지부장무명지초): 明心寶鑑

'하늘은 먹을 것이 없는 사람을 낳지 아니하고, 땅은 이름 없는 풀을 자라게 하지 아니한다.'

천하 만물은 따지고 보면 같은 뿌리이고, 모든 사람은 평등한 존재이다. 무엇 조금 더 가졌다고 하여 우쭐거리거나, 또는 남보다 조금 더 안다고 해서 타인을 무시해서는 결코 아니될 것이다. 하루세끼 밥 먹고 저녁에 잠자는 것은 모두 똑같기 때문이다. 잘났다고 또 많이 배웠다고 하루 열끼 먹고 천년만년 사는 것은 아니다.

우주 저쪽에서 보면 사람이건 동물이건 식물이건 모두 같은 존재로 비치는 것이다.

64. 士爲知己者死(사위지기자사): 史記

'선비는 자기를 알아주는 이를 위하여 죽는다.'

사람에게 제일 타격을 받는 것은 무시당하는 것이다. 그 대신 기쁜 일은 남이 자기를 알아주고 인정해 주는 것이다. 그래서 리더는 항상 조직원들의 장단점을 파악하여 그 장점을 칭찬해 주어 사기를 높여야 하는 것이다.

이 말과 짝을 이루는 어귀는 "여자는 자기를 기쁘게 해주는 이를 위하여 화장을 한다(女爲悅己者容:여위열기자용)이다.

65. 與善人居如入芝蘭之室 久而不聞其香卽與之化矣(여선인거여입지란지실 구이불문기향즉여지화의): 孔子家語

'착한 사람과 더불어 살 때 지초와 난초가 있는 방에 들어간 것과 같아서
오래 그 향기를 맡지 못하나 향기가 몸에 배어 곧 이와 더불어 같이 된다.'

사람을 판단하려면 그가 사귀고 있는 친구를 보면 알 수 있다. 나쁜 친구를 사귀면 같이 나쁜 사람이 되는 것이다. 반대로 착한 사람과 어울리다보면 자기도 모

르게 착한 향기가 몸에 배이게 되는 것이다.

* 이 문장의 상대구는 "악한 사람과 더불어 살 때 생선을 파는 가게에 들어간 것 같아서 오래 그 냄새를 맡지 않더라도 곧 이와 더불어 냄새가 난다. : 與惡人居 如入鮑魚之肆 久而不聞 其臭卽與之化矣. (여악인거여입포어지사, 구이불문기취즉여지화의)" 이다.
* 이 문장중 "與之化矣 (여지화의)" 의 ' 之 (지)'는 대명사로 '~이와 더불어'로 해석한다.

66. 無道人之短 無說己之長(무도인지단 무설기지장): 文選

'다른 사람의 단점을 보지 말고, 자기의 장점을 말하지 말라.'

성공하는 사람의 공통점 중의 하나는 타인의 결점이나 단점을 결코 들춰내지 않는 다는 점이다. 용렬한 사람일수록 자화자찬(自畵自讚)하고, 남을 끌어 내리기에 급급하다. 큰 인물은 이와 반대이다. 타인의 잘못에는 관대하고 자신의 잘못에는 엄격한 것이다.

67. 一年之利莫如種穀 十年之利莫如種樹 百年之利莫如種德(일년지리막여종곡 십년지리막여종수 백년지리막여종덕): 管子

'일년의 이익은 곡식을 심는 것만 같은 것이 없고, 십년의 이익은 나무를 심는 것만 같은 것이 없으며, 백년의 이익은 덕을 쌓는 것만 같은 것이 없느니라.'

농사는 일년에 걸쳐 수확을 얻을 수 있고, 나무는 자라는데 십년의 세월을 요한다. 백년의 이익을 가져오는 것은 덕을 쌓고 베푸는 일이다. 음덕을 쌓는다고 한다.

* 여기서 "莫(막)" 은 부정사로서 '~이 없다' 라는 뜻이다.

68. 民惟邦本 本固邦寧(민유방본 본고방녕): 書經

'백성이 오로지 나라의 근본이니 근본이 단단해야 나라가 편안하다.'

대한민국 헌법 제1조제1항에 "대한민국은 민주공화국이다"라고 밝히고, 같은 조

제2항에 "대한민국의 주권은 국민에게 있고 모든 권력은 국민으로부터 나온다" 라고 규정되어 있다. 국민주권주의와 민본주의를 명백히 한 것이다. 결국 나라의 주인은 국민들이다.

대통령이나 국회의원들은 주인인 국민이 선출한 심부름꾼이다. 입후보자들이 선거철에는 깜박 죽어서 국민들에게 90도 각도로 절을 하거나 심지어 바닥에 엎드려 큰절을 올리는 모습도 보인다.

그러나 선거가 끝나면 언제 그랬더냐하고 거만한 자세를 취하는 것이 정치인들의 일반적인 속성이다. 민본주의의 참뜻을 망각한 행동인 것이다.

무릇 국민을 위하고 국민생활을 튼튼히 해야 나라가 부강하게 되는 것이다.

* 이 글에서 "惟(유)"는 부사로서 '오직, 오로지'의 뜻을 나타낸다.

69. 先生施敎 弟子是則 溫恭自虛 所受是極(선생시교 제자시칙 온공자허 소수시극): 禮記

'선생이 가르침을 베푸시거든 제자는 이를 본받아서 따뜻하고 공손하게 그리고 스스로 텅빈 자세로 받는 마음이 극진해야 한다.'

이 글에서 "是則(시칙)"은 '이것을 본 받는다'라는 뜻이고, "所受(소수)"는 '가르침을 받는 바'의 의미이다. "是極(시극)"은 '극진히 한다'라는 뜻으로 새기면 된다.

70. 父母之年不可不知 一則以喜 一則以懼(부모지년불가부지 일즉이희 일즉이구): 禮記

'부모의 나이는 알지 못하는 것이 옳지 아니하니, 한 살을 더하면 기뻐하고 한 살을 더하면 한편으로 두려워하느니라.'

효도는 만행의 근본이다. 가장 으뜸인 것이 부모에게 효도를 하는 것이다. 그래서 부모가 한 살이 많아지면 오래 사시니까 기뻐하고, 또 한편 돌아가실 날이 가까워지니까 두려워 하게 되는 것이다.

부모의 생일도 제대로 기억 못하는 오늘의 세태에서 이러한 효자효녀가 얼마가 될른지? 가히 금석지감(今昔之感)이 아닐 수 없다.

71. 樹欲靜而風不止 子欲養而親不待(수욕정이풍부지 자욕양이친부대): 漢詩外傳

'나무는 고요하고자 하나 바람이 그치지 아니하고, 자식이 봉양하고자 하나 어버이가 기다리지 아니한다.'

가지 많은 나무에 바람 잘 날이 드물다. 또 자식이 많으면 근심걱정이 항상 따르게 된다. 그래서 '무자식이 상팔자'라는 말도 있는 것이다. 또 한편으로는 평소에는 부모에게 별로 효도를 하지 않던 이들도 부모가 돌아가시면 서럽게 운다. 그러면서 '부모님이 살아계셨을 때 잘 할 걸'...하고 후회한다.

효자는 부모 생전에 최선을 다하는 사람을 일컫는 것이다. 돌아가신 다음에 호화 봉분을 쓴들 그것이 무슨 효과가 있단 말인가?

* 여기서 "而(이)"는 접속사로서 '~하여, ~하여도'의 의미이다.

72. 家貧思良妻 國亂思忠臣(가빈사양처 국란사충신): 十八史略

'집이 가난할 때 어진 아내를 생각하고, 나라가 어지러울 때 충신을 생각하게 된다.'

요즘 '복지문제'를 놓고 백가쟁명이다. 정치권이 편을 가르고 싸우는 모습이 매우 어지럽다. 이런 때일수록 진정으로 국가와 민족을 위하는 참된 정치인이 아쉽다. 당리당략(黨利黨略)과 선거의 표를 의식하지 않는 참된 정치인이 절실히 필요한 것이다.

73. 瓜田不納履 李下不整冠(과전부납리 이하부정관): 姜太公

'외밭에서 신을 고쳐 신지 말고, 오얏나무 아래에서 갓을 바로잡지 마라.'

의심받을 일은 아예 하지 않는 것이 상책이다. 선거에 나선 사람들이 선거법에 저촉됨직한 행동은 아예 접어두고 오로지 정정당당하게 선거에 임하는 후보들의 모습을 보고 싶다.

74. 桃李不言下自成蹊(도리불언하자성혜): 後漢書

'복숭아와 오얏꽃은 말을 하지 않아도 저절로 나무아래 길이 만들어진다.'

학덕이 있는 사람은 굳이 스스로 자랑하지 아니해도 그를 사모하고 따르는 사람들이 있게 마련이다.

75. 智者千慮必有一失 愚者千慮必有一得(지자천려필유일실 우자천려필유일득): 史記

'지혜 있는 사람이 천번 생각해도 한번 실수는 있는 법이고, 아무리 어리석은 사람도 천번 생각함에 반드시 한번은 얻는 것이 있다.'

무릇 천재와 바보는 백지 한 장의 차이에 불과한 것이다.

만유인력의 대우주원리를 밝힌 뉴턴이 어느날 벽난로 앞에 앉아 독서를 하다가 벽난로 불이 너무 뜨거웠다. 불을 조절하라고 하인에게 말했다.

그 말을 들은 경험이 많은 하인이 대답했다. "불을 조절하기보다는 주인 어른께서 한 발자국만 의자를 뒤로 밀면 됩니다"

때로는 뉴톤같은 천재도 하인의 지혜를 따라가지 못하는 경우가 있다. 조금 배웠다고 우쭐할 근거는 아무 곳에도 없는 것이다.

76. 弟子不必如師 師不必賢於弟子(제자불필여사 사불필현어제자): 師說

'제자는 반드시 스승만 못한 것이 아니요, 스승은 반드시 제자보다 어진 것만은 아니니라.'

제자는 스승에게서 가르침을 받았으되 때로는 그 스승을 능가할 수 있는 것이다. 스승을 뛰어넘어야 인류문화가 보다 발전할 수 있다.

"쪽에서 나온 물감이 쪽보다 더 푸르다. 靑出於藍 靑於藍(청출어람 청어람) 이라는 말이 있다. 순자(荀子)의 권학편(勸學篇))에 나오는 말이다.

제자가 스승보다 뛰어나다는 의미로 쓰인다. "푸름은 이것을 쪽에서 취하였지만 쪽보다 더 푸르고, 얼음은 물로 이루어진 것이지만 물보다 더 차다"

77. 不飛則已一飛衝天 不鳴則已一鳴驚人(불비즉이일비충천 불명즉이일명경인): 史記

'날지 않으려면 곧 말거니와 한번 날으면 하늘을 찌르고, 울지 않으려면 곧 말거니와 한번 울으면 사람을 놀라게 할지니라.'

큰 인물은 평소에는 묵묵히 있다가 때가 이르면 크게 웅비하고, 제대로 그 목소리를 내는 법이다.

목계(木鷄)에 대한 일화가 이와 유사하다.

옛날 중국의 주나라 선왕이 닭싸움을 좋아하여 닭을 잘 훈련시키는 기성자라는 사람을 불러 싸움닭 한 마리를 주면서 싸움을 잘하는 닭으로 훈련시키기를 명했다.

10일 지난 후에 왕이 기성자를 불러 '훈련 상황이 어떠한가?' 물으니, 답하기를 "아직은 멀었습니다. 닭이 허장성세가 심한 것이 싸움할 준비가 안 되었습니다." 라고 답했다.

그래서 10일이 지난 후 다시 닭의 훈련상태를 물으니, 답하기를 "상대 닭을 보기만 하면 싸우려 하는 것이 훈련 이 덜 되었습니다."고 하였다.

그로부터 다시 10일이 지나 다시 물으니, 답하기를 "아직도 상대 닭을 보면 살기를 번득이는 것이 훈련이 덜 되었습니다."고 하여 다시 10일후 닭의 훈련 상태가 어떠한지 물으매, 답하기를 "이제는 훈련이 다 되었습니다."고 하며, 말하기를

"닭이 목계(木鷄)와 같습니다. 그래서 상대 닭이 싸움을 하려 달려들다가도 마치 목계(木鷄)와 같으므로, 덕(德)이 충만하여 그 모습만 보아도 상대방은 등을 돌리고 도망을 칩니다."라고 답하였다고 하는 고사이다.

78. 文有三多 看多 做多 商量多(문유삼다 간다 주다 상량다): 歐陽修

'글에는 세가지 많은 것이 있으니 보는 것이 많으며, 짓는 것이 많으며, 생각하는 것이 많아야 한다.'

흔히 문장가가 되기 위하여는 세가지 요소를 갖추어야 한다.

첫째 다독(多讀)이다. 많은 글을 읽어야 문리가 트인다.

둘째 다작(多作)이다. 많이 써 보아야 글 솜씨가 다듬어진다.

셋째, 다사(多思))이다. 多商量(다상량)과 같은 의미이다. 많이 생각해 보아야 한

다. 그래야 글의 깊이가 있게 된다. 다독, 다작, 다상량이 논술 작법의 요체이다.

79. 施恩勿求報 與人勿追悔 시은물구보 여인물추회): 明心寶鑑

'은혜를 베풀거든 갚음을 구하지 말고, 남에게 주었거든 후회를 말아야 한다.'

은혜를 베풀고 보답을 바라지 않는 것이 진정으로 베푼 것이다. 불가에서는 베푼 것 자체를 잊어버리는 것이 진정 베푼 것이라고 한다. 한걸음 더 나아가 "베푼 것을 잊어버려야한다"는 그 생각조차 하지 말아야 참된 보시라는 것이다.

또 일단 큰 맘 먹고 남에게 재물을 주었거든 나중에 후회하거나 애달프게 생각지 말아야 한다. 인연따라 옮긴 것으로 생각하면 될 것이다.

80. 至樂莫如讀書 至要莫如敎子(지락막여독서 지요막여교자): 漢書

'지극한 즐거움은 독서만한 것이 없으며, 지극히 중요한 것은 자식을 가르치는 것만 같은 것이 없다.'

책을 읽는 것이 가장 큰 즐거움이라고 한다. 그러나 책을 읽는 것을 고통스러워하는 사람도 있다. 특히 요즘같은 컴퓨터 시대에는 컴퓨터 게임에 빠진 청소년이 하나 둘이 아니다. 아마 그들에게는 컴퓨터게임이 가장 즐거울지도 모른다.

자식을 잘 가르치는 것이 중요한 것은 예나 지금이나 마찬가지이다. 자식에게 재물을 물려주는 것보다 교육과 근면을 심어주는 것이 인생의 길라잡이가 된다.

공자님께서도 "자식에게 천금을 물려주는 것보다 한권의 경서를 가르쳐주는 것이 낫다. (遺子千金不如敎子一經 유자천금불여교자일경)고 했다.

81. 玉不琢不成器 人不學不知道(옥불탁불성기 인불학부지도): 禮記

'구슬은 쪼지 않으면 그릇이 되지 못하고, 사람은 배우지 않으면 도를 알지 못한다.'

췌언(贅言)이 필요 없는 경구(警句)이다. 뛰어난 축구 재목들이 해외에서 갈고 닦아 그릇이 되었다. 그래서 한국축구를 월드컵16강에 올려놓기도 했다. 재능이 있어도 쪼지않으면 그릇이 되지 못한다. 쫄적에는 크게 쪼어야 한다. 물이 깊어야 고기도 큰 법이다(水深大魚). 축구에서는 유럽무대가 큰 물이다.

82. 無故而得千金 不有大福 必有大禍(무고이득천금, 불유대복 필유대화): 蘇東波

'까닭 없이 천금을 얻으면 큰 복이 아니라 큰 재앙이 있게 마련이다.'

미국에서 조사한 바에 의하면 거액 복권에 당첨된 사람들 중 60%이상이 종전보다 더욱 불행하게 되었다고 하다. 이로 보면 큰 횡재(橫財)를 하는 것은 반대 개념의 횡재(橫災)를 하는 것임을 알 수 있다. 횡재를 해도 로또 복권 1등에 당첨 되어 보고 싶다고? 나가서 사시구려 ~누가 말립니까? '섶을 지고 불로 들어가는 것' (負薪入火:부신입화)과 같은 일이지도 모를 것이니, 조심은 하시고...

83. 食能以時身必無災 凡食之道無飢無飽(식능이시신필무재 범식지도무기무포): 呂氏春秋

음식을 때에 맞춰 먹어야 몸에 재앙이 없다. 음식은 배고프지도 배부르지도 않을 정도로 먹어야 하는 법이다.

대한민국은 너무 많이 먹어서 탈이고, 북한은 너무 굶주려서 애처롭다. 무릇 음식은 적당히 먹으면 편안하고 (適喫則安), 지나치게 먹으면 불편한 법이다(過喫則否).

* 喫: 먹을 끽. 喫煙: 담배를 피우다.

84. 事雖小不作不成 子雖賢不教不明(사수소부작불성, 자수현불교불명): 莊子

'일이 비록 작더라도 하지 않으면 이루지 못하고, 자식이 비록 현명하드라도 가르치지 않으면 밝게 되지 못한다.'* 雖: 비록 수, 가정이나 한정을 나타낼 때 사용된다. 비록 털끝 하나라도 취해서는 안된다. (雖一毫而莫取)

85. 待客不得不豊 治家不得不儉(대객부득불풍 치가부득불검): 司馬光

'손님을 대접함에는 풍성하게 하고, 집을 다스림에는 검소하게 해야 한다.'

* 부정을 나타낼 때에는 '不' '莫' '勿' '未' '弗'등의 부정사를 쓴다.
또한 '부정의 부정'을 통하여 강한 긍정의 뜻을 나타내기도 한다. '不可不' '莫不' '非不' '無非' 등과 같다.
'莫大'는 '크지 않다'가 아니라 '~보다 큰 것은 없다'로 최상급을 나타낸다,

86. 君子之交淡如水 小人之交甘如蜜(군자지교담여수 소인지교감여밀): 莊子

'군자의 사귐은 담담하기가 물과 같고, 소인의 사귐은 달기가 꿀과 같느니라.'
군자의 특징이 담백이라면 소인인 경우에는 달콤한 것을 추구한다.
강가의 정자나 또는 구름 떠도는 산정에서 고담준론(高談峻論)을 하는 것이 군자의 사귐이다. 이에 비하여 캄캄한 룸이나 또는 반짝이가 돌아가는 노래방에서 열 올리며 달콤하게 즐기는 것이 소인의 행태이다.

87. 病從口入 禍從口出(병종구입 화종구출): 明心寶鑑

'병은 입으로 들어가고 화는 입으로 나온다.'
모든 재앙은 입으로 비롯된 것이 많다.
악한 말은 입으로 내뱉지 말아야 한다. (惡語不出口)

千手徑에는 참회할 언어를 네가지로 분류하고 있다.
* 망어(妄語): 진실하지 못한 허망한 말을 하는 것.
* 기어(綺語): 교묘하게 꾸며서 하는 말.
* 양설(兩舌): 양쪽을 이간질하여 싸움을 붙이는 말.
* 악구(惡口): 험하고 나쁜 말을 하는 것. 險口, 險談

예: 妄語重罪 今日懺悔(망어중죄 금일참회: 진실하지 못한 말을 한 중한 죄를 오늘 참회 하옵니다.)

88. 勿以惡小而爲之 勿以善小而不爲 (물위악소이위지 물위선소이불위): 小學

'악한 것이 적다해도 행하지 말고, 선한 것이 적다해도 이를 행하지 않으면 안된다.'

* 부정을 나타낼 때 물(勿)이 쓰인다.
"예가 아니면 듣지를 마라(非禮勿聽)
예가 아니면 보지를 마라(非禮勿視)
"오르지 못할 나무 쳐다보지 마라"(難上之木勿仰)

89. 花看半開 酒飮微醉(화간반개 주음미취): 菜根談

'꽃은 반만 핀 것이 좋고, 술은 조금 취하도록 마시는 것이 좋다.'
인생살이에 있어서 모든 것이 완전하게 이루어지는 것 보다는
마음대로 할 수 없는 것도 조금 있는 것이 좋다.
지나침은 미치지 못하는 것과 같다. (過猶不及)
흔히 여성을 꽃과 같이 아름답다고 한다. 여성의 경우에도 원숙(圓熟)한 30~40대보다는 갓 피어오르는 10~20대의 美가 신선하고 눈부신 법이다.

90. 驕而不亡者 未之有也(교이불망자 미지유야): 佐傳

'교만하고서 망하지 않은 사람은 아직까지 없다.'
잘난 체하고 뽐내며 방자(放恣)한 것을 교만(驕慢)이라고 한다.
교만함은 스스로 무덤을 파는 짓이다. 驕와 傲(오)는 동류이다.

일찍이 王陽明은 "인생의 가장 큰 병폐가 오직 한 글자 오자"라고 했다.(人生大病 只是一傲字).
오만의 반대는 비양(卑讓)이다. 좌전에서 "卑讓 德之基也 : 비양 덕지기야"라고 했다.
卑는 낮다는 뜻이다. 자기 자신을 낮은 곳에 두고 상대방을 올려 세워주는 것이 卑다. 이른바 下心이 그것이다. 讓이란 사양한다는 뜻이다. 자기는 한걸음 물러서고 상대방에게 길을 터주는 것, 그것이 讓이다. 쉽게 말하면 卑讓이란 謙虛(겸허)를 말한다.
〈곡식은 익을수록 고개를 숙인다〉 그래서 卑讓은 덕의 기본이며 리더의 자질이 된다. 무릇 장수는 행군 중에 샘을 발견하면 목마른 사병이 모두 목을 축인 후 비로서 샘물을 마시는 법이다.

91. 覺人之詐 不形於言 受人之侮 不動於色(각인지사 불형어언 수인지모 부동어색): 菜根譚

남이 속이는 것을 알아도 말로 나타내지 않고, 남에게 모욕을 당해도 낯빛을 변하지 않는다. 남이 속이거나 모욕을 주더라도 이를 참고 탓하지 않는다면 그의 수양의 힘은 대단하다고 할 것이다. 얇은 냄비가 빨리 달아오르고 빨리 식는 법이다. 그릇이 큰 가마솥은 쉽게 달아오르지도 않고 또 쉽게 식지도 않는 법이다.

송나라때 소옹(邵雍)이라는 학자도 다음과 같이 말했다.

'남의 비방을 들을지라도 성내지 말고, 남의 칭찬을 들을지라도 기뻐하지 말며, 남이 나의 악을 말함을 들을지라도 부화(附和)하지 말고, 오직 남이 선행을 했다는 소리를 들을 때만 화동(和同)하고 기뻐하라'

남의 속임수나 모욕을 당해도 표현하지 않는 것이 동양인의 수양의 요건으로 여겨져 왔다. 가능한 한 무표정한 것이 동양사회의 기본예법이었던 것이다. 그래서 오늘날 서양인들은 동양인들이 솔직하지 못하다는 오해를 하기도 한다. 그러나 남이 속이거나 모욕을 주어도 이를 탓하지 않는다면 그의 수양의 힘은 무궁무진한 의미와 효력을 나타내는 것이다. (有無窮意味 亦有無窮受用)

학문과 덕망이 높은 사람은 말을 삼가고, 태도를 신중히 한다. 반면에 소인은 태도가 경박하고 재물을 아낀다. 논어에도 군자는 덕을 생각하고 소인은 땅을 생각한다. (君子懷德 小人懷土)고 했다.

시대가 바뀌었다고 하드라도 태도는 산과 같이 정중하게 가져야 할 것이다. (鄭重如山)

92. 聲無細而不聞 行無隱而不明(성무세이불문 행무은이불명): 說苑

'소리는 가늘다하여 들리지 않는 것이 아니고 행위는 숨긴다하여 밝혀지지 않는 것이 아니다.'

밤 말은 쥐가 듣고 낮 말은 새가 듣는다(夜言鼠聽 晝言雀聽 야언서청 주언작청) 세상에 비밀은 없는 것이다.

* 而는 접속사로서 문장을 이어준다. 글자 자체에 긍정이나 부정의 뜻은 없다. '그리고, 그러나'로 통상 해석하는데 구태여 해석하지 않아도 무방한 경우가

많다.

例: 美而有勇力(아름다우면서 힘이 있다)

登高山而望四海(높은 산에 올라 사방의 바다를 바라본다)

* 而 이외에 단어와 단어를 이어주는 접속사로는 與(누구와), 及(및), 且(또), 則(한다면), 故(그러므로), 然(그런 까닭에)등이 있다.

93. 富必念貧 壯必念老(부필염빈 장필염노): 說苑

'부유할 때는 필히 가난을 염두에 두고, 힘센 장년일 때는 반드시 노년을 생각해야 한다.'

사람은 항상 부유한 것도 아니고, 항상 힘이 넉넉한 장년일 수 만도 아니다.

열흘 붉은 꽃은 없고(花無十日紅), 성한 것은 반드시 쇠하게 되는 법이다. (盛者必衰), 그러기에 나이가 비록 어릴 지라도 염려는 일찍부터 해야하는 것이다. (年雖幼少 慮之必早)

94. 一言而非 四馬不能追(일언이비 사마불능추): 說苑

'말 한마디 잘못 내뱉으면 네 필의 말로도 뒤따를 수 없다.'

발 없는 말이 천리를 간다고 했다.(無足言 飛千里)

노인 비하발언을 했다가 결국은 대선에서 실패하고 온 나라가 시끄럽지 않았는가!

인터넷으로 퍼져나가는 오늘날, 한번 잘못 말하면 눈 깜작할 사이에 공지된다. 그래서 공인의 경우 더욱 입조심을 해야 한다.

호랑이 담배먹던 그 옛날에도 "말이 번져나가는 속도는 네 필의 말로도 뒤쫓기 어렵다"고 했다. (一言而怱 四馬不能及:바쁠 총〈怱〉)

95. 君子得時如水 小人得時如火(군자득시여수 소인득시여화): 說苑

'군자는 때를 만나면 물처럼 순종하고, 소인은 때를 만나면 불처럼 날뛴다.'

원래 水는 여유가 있고 자연의 이치에 부합하는 형국을 취한다.

노자는 가장 좋은 것은 물과 같은 것이라고 갈파했다. (上善若水).

물은 텅빈 것을 충실히 채울 수가 있다. (水能實虛).

이에 비하여 火는 모든 것을 순간에 잿더미로 만들 수 있다.
가득 차있는 것을 빈 것으로 만들 수가 있는 것이다. (火能虛失)
그래서 군자는 때를 만나면 물 흐르듯 자연에 맡겨버린다.
그러나 소인은 때를 만나면 방방 뛰다가 결국 모든 것을 태워버리기 일쑤이다.

96. 人有惡則掩之 人有善則揚之(인유악즉엄지 인유선즉양지): 朱子家訓

'남의 악한 점이 있으면 덮어주고, 남의 착한 점이 있으면 찬양해 주어라.'
남의 좋은 점을 말하면 향수에 목욕한 듯 유쾌하다. (言人之善 澤於膏浴)
반면에 남의 악점을 말하면 창칼에 찔린 것처럼 고통스러운 법이다. (言人之惡 痛於矛戟)

97. 四時之序 成功者去(사시지서 성공자거): 史記

'사계절이 돌고 돌듯이 공을 이루면 떠나야 되는 법이다.'
'사시지서(四時之序)'란 춘하추동(春夏秋冬)이 번갈아서 변하는 것을 뜻한다.
봄은 봄의 역할을 끝내면 여름에게 그 자리를 넘겨주고, 여름은 여름대로의 역할을 끝내면 그 주역의 자리를 가을에게 넘겨주고 자신은 무대 뒤로 숨는다.
천지의 이치가 이러함에도 불구하고 인간의 욕심은 끝간 데가 없어 도무지 만족할 줄을 모른다. 너무 욕심을 부리면 현재 가지고 있는 재물과 명성도 잃게 된다. 자신의 역할을 다 했으면 과감히 무대에서 물러나야 한다. 아직도 욕심을 버리지 못하고, 정치무대에서 서성거리고 있는 일부 정치인들에게 하고 싶은 말이다.

98. 男不言內 女不言外(남불언내 여불언외): 禮記

'남자는 안에서 하는 일을 말하지 않으며, 여자는 밖에서 하는 일을 말하지 않는다.'
남자는 집안 살림에 대해서는 간섭하지 말고, 여자는 남편이 하는 일에 대해서는 간섭하지 말라는 뜻이다. 옛날 호랑이 담배 피우던 시절에 통용되던 말이다. 요즘은 일에 있어서 남녀 구분이 없다. 능력에 따라서 할 뿐이다.
매년 임관되는 판검사의 50%이상이 여성들인 세상이다. 戶主制度가 폐지되고 父權이 喪失된 시대에 접어들었다. 남녀칠세부동석(男女七歲不同席)의 시대에는

"남자의 말은 천년이 가도 변하지 않는다" (丈夫一言千年不改, 丈夫一言重千金)고 하여 남성을 한 수 위로 올려주었다. 그래서 그 당시에는 "남편은 두레박이요 아내는 항아리"라고 했다. 두레박으로 물을 길어 항아리에 채우듯이 남편이 돈을 벌어오면 아내는 잘 모아서 가정을 꾸려나가고 치부(致富)를 한다는 것이다. 요즘은 여러모로 남녀의 位置가 역전(逆轉)된 감이 없지 않다.

99. 山致其高 雲雨起(산치기고 운우기): 說苑

'산이 높아야 비구름이 생기는 법이다.'

재물을 많이 모으거나 높은 자리에 오르면 세력도 자연스럽게 생기게 된다는 뜻이다. 산이 높아야 골도 깊다(山高谷深), 높은 산에서는 나무도 크게 자라는 법이다. (山高者木修) 사람도 환경여하에 따라 크게 성장할 수 있는 가하면, 아까운 재능이 묻혀버리는 경우도 있다.

100. 本來無一物(본래무일물): 六祖壇經

'본래 아무 것도 없다.'

명예건 권력이건 본래 존재하는 것이 아닌데, 사람들이 욕심으로 이를 착각하고 집착한다. 모든 집착에서 벗어난 순수한 인간성의 원점에서 인식하면 삼라만상은 본래 아무 것도 없는 것이다.

당나라 고승 홍인선사(弘忍禪師)에게는 뛰어난 제자 2명이 있었다.

그 중 신수(神秀)라는 수제자는 '거울의 먼지를 수행으로 털어내어 마음을 맑은 거울로 만들고자 했다'

神秀가 읊었던 시는 다음과 같다.

> **身是菩提樹(몸은 깨달음의 나무)**
> **心如明鏡臺(마음은 밝은 거울)**
> **時時勤拂拭(언제나 털고 닦아)**
> **莫使有塵埃(먼지 묻지 않도록 하리)**

또 다른 제자인 혜능(慧能)은
'본래 맑은 거울이 있질 않는데 어디서 먼지를 닦겠는가' 하고 읊었다 .

당시 혜능이 읊었던 내용은 아래와 같다.

> 菩提本無樹(보리수는 본래 없고)
> 明鏡亦無臺(맑은 거울 역시 있을 수 없다)
> 本來無一物(본래 아무것도 없으니)
> 何處有塵埃(어디서 먼지를 닦겠는가)

홍인선사는 한 차원 높은 혜능에게 6대 祖師의 禪脈(선맥)을 이어가게 했다.

漢字

제 8 강 속담 100제(俗談 100題)

속담은 오랜 세월 일반 민중의 사랑을 받으며 전해져 내려오는 선인들의 얼과 지혜가 담겨있는 무형문화재이다.

속담은 짧은 문장에 절묘하게 인간생활과 인생이 함축적으로 표현되어 있는 것이 특징이다. 다분히 교훈적인 것이 많으며 해학과 풍자도 아울러 지니고 있다.

1. 去言美 來言美(거언미 래언미)

가는 말이 고와야 오는 말이 곱다.

내가 남에게 먼저 고운말을 써야 상대방도 부드러운 말을 쓰게 되는 법이다.

2. 三年狗尾 不爲黃毛(삼년구미 불위황모)

개꼬리 삼년 두어도 황모 되지 않는다.

본시 바탕이 나쁜 것은 아무리 세월이 지나도 좋아지지 않는다는 뜻. 오리새끼는 물가를 찾게 마련이다.

3. 開川龍出乎(개천용출호)

변변치 못한 집안에서 훌륭한 인물이 나온다는 말.

보잘 것없는 집안에서 탁월한 인물이 나와 출세를 하는 경우가 있다. 이를 두고 개천에서 용나고, 미꾸라지가 용이 되었다고 한다.

4. 匹婦含寃 五月飛霜(필부함원 오월비상)

여자의 원한은 오뉴월에도 서리가 내린다.

여자의 앙심이 대단하다는 것을 의미. 따라서 여자의 앙심을 사거나 원한을 질 일을 절대적으로 삼가야 할 것이다. 원한을 품은 여인이 산발한 채 복수하려고 귀신이 되어서라도 나타나는 것을 '전설의 고향'에서 더러 보았을 것이다.

5. 高麗公事三日(고려공사삼일)

고려때 공사는 사흘마다 바뀐다.

정책과 법령이 사흘도 못가서 자주 바뀐다는 말. 정책의 일관성과 법령의 안정성이 있어야 국민은 정부를 신뢰 할 수 있다. 그러나 정책과 법령이 사흘이 멀다 하고 빈번하게 바뀔 때에는 정부 신뢰도는 추락하게 마련이다. 결국 피해는 국민들이 보게 마련이다. 정권이 바뀔 때 마다 심지어 장관이 바뀔 때 마다 변경되어 온 교육정책이 좋은 예가 될 수 있다.

6. 前程九萬里(전정구만리)

앞길이 구만리. 앞길 즉 앞으로의 희망이 창창하다는 것. 앞길이 요원(遙遠)하고 유망한 젊은이들에게 쓰는 말.

7. 南大門入納(남대문입납)

간 곳이 묘연하여 도무지 찾을 수 없는 것.

서울 남대문으로 들어갔으므로 그 간 곳이 어딘지 알 수 없다는 뜻.

8. 醉中眞情發(취중진정발)

술 취하면 진정이 나오는 법이다.

사람이 술이 취하면 본 마음이나 평소 습관이 노출된다는 뜻을 의미함. 평소에는 도덕군자(道德君子)연 하던 사람도 일단 어느 정도 술이 들어가면 자세가 흐트러지고 본성이 나오게 마련이다. 그래서 태공망(太公望)은 그 사람의 인품을 보려거든 술을 취케하여 그 언사와 태도를 관찰하라고 했다.

9. 花無十日紅(화무십일홍)

열흘 붉은 꽃이 없는 법이다.

꽃이 화려한 것은 열흘이 못간다는 말로, 인생의 영화도 오래가지 못함을 의미. 대구(對句)는 人無千日好(인무천일호): 사람은 천 날을 좋은 수가 없다. 좋은 시절도 한 때에 불과함을 의미.

10. 無子息上八字(무자식상팔자)

자식이 없는 것이 도리어 걱정이 없게 됨.

자식으로 인하여 걱정되는 일이 많으니까 자식이 없으면 오히려 팔자가 편하겠다는 의미. 자식 키우면서 수많은 고생을 하지만 그러나 부모의 입장에서는 자식은 항상 금이야 옥이야 소중한 존재이고 삶의 보람이기도 하다. 무자식이 상팔자라고 하지만 정작 자식 없이 홀로 늙어가는 고독감과 쓸쓸함은 심대(甚大)할 것이다.

11. 堂狗三年吠風月(당구삼년폐풍월)

서당개 삼년에 풍월을 읊는다.

무식한 사람도 유식한 사람과 같이 오래 지내면 자연히 견문이 생긴다는 뜻. 무슨 일이든지 오래하면 자연히 알게 된다는 말. 서당의 개가 글 읽는 소리를 오래 들으면 짖는 소리가 글읽는 소리와 유사하게 됨과 같다. '라면집 개 3년이면 라면 끓일 줄 안다'고 누가 농담으로 얘기 한다.

12. 耳懸鈴鼻懸鈴(이현령비현령)

귀에 걸면 귀걸이 코에 걸면 코걸이. 이렇게 말하면 이럴듯하고 저렇게 말하면 저럴듯하다는 말. 자기의 일정한 주관 없이 이랬다저랬다 하는 사람을 두고 하는 말.

13. 欲識其人 先視其友(욕식기인 선시기우)

그 사람을 알고 싶으면 먼저 그 친구를 보라.

사귀는 친구만 봐도 그 사람이 어떤 사람인지를 판단할 수 있다. 그 아버지를 알고 싶으면 그 아들을 보면 알 수 있다(欲知其父 先視其子). 그 아버지에 그 아들이고, 그 어머니에 그 딸이기 때문이다.

14. 能書不擇筆(능서불택필)

기술이 좋은 사람은 구태여 좋은 도구로만 일을 하려고 하지 않는다는 뜻. 글씨 못쓰는 놈이 오히려 붓을 더 고르고, 장구를 제대로 칠 줄 모르는 무당이 오히려 장구를 탓하는 법이다.

15. 懲湯吹冷水(징탕취냉수)

끓는 물에 덴 사람 찬물도 불어 마신다. 한번 호되게 놀랜 다음에는 그와 비슷한 것만 보아도 조심하게 된다는 것.

자라보고 놀랜 자 솥뚜껑보고 놀랜다(嚇于鼈者 尙驚鼎盖 혁우별자 상경정개).

오우천월(吳牛喘月)이라는 말이 있다. 오나라 소가 달을 보고 헐떡인다는 뜻이다. 오나라는 남방지역이라 매우 덥다. 특히 해가 뜨면 더욱 더위에 시달리게 된다. 그래서 그 나라 소는 밤중에 달만 떠도 또 해가 뜬 줄 알고 숨을 헐떡거렸다고 한다.

무엇에 한번 데인 사람은 유사한 것만 보아도 놀라게 되는 것이다.

뱀에 놀랜 자가 새끼줄만 보아도 흠칫하는 것과 같다.

16. 無虎洞中 狸作虎(무호동중 이작호)

호랑이 없는 굴에서는 삵이 범 노릇을 한다. 큰 인물이 죽고 없으니까 그 아래 별것 아닌 사람이 어른 노릇을 하려는 것을 꼬집어 하는 말.

17. 金剛山 食後景(금강산 식후경)

금강산도 식후경이라. 금강산도 배가 부른 후에 감상할 것이지 배에서 쪼르륵 소리가 나는데 명승인들 무슨 감상이 될 것인가, 배고프면 아무리 좋은 것도 필요 없다는 뜻이다.

18. 無足之言 飛千里(무족지언 비천리)

발 없는 말이 천리를 간다. 말은 한 번하면 고칠 수 없고 빨리 전파된다는 것. 따라서 말은 언제나 신중하게 해야 한다는 뜻. 오늘날에는 각종 매스콤과 컴퓨터가 널리 사용되어 말을 잘못하는 경우 순식간에 천리만리로 소문이 퍼지기 십상이다.

19. 三歲之習 至于八十(삼세지습 지우팔십)

세 살버릇이 여든까지 간다. 어렸을 때 잘못 익힌 습성이 늙어서까지 간다는 말. 즉 한번 든 버릇은 고치기가 매우 어렵다는 뜻이다.

20. 一日之狗 不知畏虎(일일지구 부지외호)

하룻강아지 범 무서운 줄 모른다. 상대편의 힘을 모르고 약한 사람이 함부로 덤벼드는 것을 말한다. 흡사 범아재비가 큰 수레를 막아서는 것과 같다. 이를 螳螂拒轍(당랑거철)이라고 한다.

21. 不煙之突 煙何生(불연지돌 연하생)

아니땐 굴뚝에서 연기가 날가? 근거 없는 말이 없다. 무슨 일이든지 원인이 있어서 결과가 있는 것이다. 突不燃 不生燃도 같은 뜻이다.

22. 活狗子勝於死政丞(활구자승어사정승)

산 개가 죽은 정승보다 낫다. 아무리 귀했던 몸이라도 일단 죽으면 돌보지 않는 것이 세상인심이라는 것, 또한 아무리 천한 몸으로 지내더라도 사는 것이 죽는 것보다 나은 것이니 비관하지 말고 살아가라는 뜻으로도 쓰인다.

23. 成則君王 敗則逆賊(성즉군왕 패즉역적)

성공하면 왕이 될 수 있고 실패하면 역적이 된다. 나라의 부정과 부패를 보다 못하여 반란을 일으키는 경우 성공하면 정권을 잡는 것이고, 실패하면 처형을 당하는 것이다.

24. 首陽山陰江東八十里(수양산음강동팔십리)

수양산 그늘이 강동 팔십리까지 뻗힌다. 어떤 한 사람이 잘 되면 친척이나 친구들이 그 덕을 입게 된다는 것. 우리나라의 경우 높은 자리에 오르면 그의 사돈의 팔촌까지 팔자가 고쳐진다고 하는 속설이 있다.

25. 夫婦戰刀割水(부부전도할수)

부부싸움은 칼로 물베기. 부부싸움을 요란하게 하다가도 이내 언제 싸웠느냐는 듯이 조용해지는 일이 다반사로 칼로 물을 베어도 금방 원상태로 돌아가는 것과 같다는 말이다. 그러나 부부싸움도 자주하는 경우에는 종당에는 갈라서는 경우도 없지 않다.

26. 騎馬欲率奴(기마욕솔노)

말 타면 종을 거느려 말 잡히고 싶다. 사람 욕심이 한정이 없음을 뜻하는 말.

27. 莫交三公 愼吾身(막교삼공 신오신)

세 정승 사귀지 말고 내 몸을 삼가라. 권세에 아부하여 벼슬을 구하지 말고 제 몸을 조심하여 벌을 당하지 않게 하라는 교훈. 지금도 권력자에게 아부하여 높은 자리를 차지했다가 정권이 바뀌면 추풍낙엽(秋風落葉)처럼 추락하여 교도소로 직행하는 군상(群像)들을 볼 수 있다. 이 속담과 유사한 것으로 '열 형리(刑吏)사귀지 말고 한 가지 죄나 범하지 말라'라는 말이 있다.

28. 水深可知 人心難知(수심가지 인심난지)

(열 길) 물속은 알아도 (한 길) 사람 속은 모른다. 사람의 마음은 그가 과연 무슨 생각을 하는지 헤아리기가 어렵다는 뜻.

29. 吹之恐飛 執之恐陷(취지공지 집지공함)

불면 날까 두렵고, 쥐면 꺼질까 두렵다. 곧 어린아이를 몹시 귀여워함을 뜻한다.

30. 愛之無可憎 憎之無可愛(애지무가증 증지무가애)

고운 놈 미운 데 없고, 미운 놈 고운 데 없다. 사람은 한번 잘 보면 모든 것이 좋게 보이고, 언짢게 보면 모든 하는 짓이 밉게 보인다는 말. 미운 며느리는 발뒤끝조차 밉게 보인다고 한다.

31. 我腹旣飽 不察奴飢(아복기포 불찰노기)

내 배가 부르면 종 배고픈 줄 모른다. 요즘 우리나라가 부강하게 되어 누구나 배불리 먹게 되었다. 그래서 요즘 아이들에게 예전에 밥을 굶기가 예사로 했다고 이야기하면 "왜 배고프면 라면이라도 끓여 먹지 ~"라고 대꾸하기도 한다.

32. 針賊大牛賊(침적대우적)

바늘 도둑이 소 도둑 된다. 처음에는 하찮은 것을 훔치다가, 나중에는 은행강도와 같은 큰 도둑으로 된다는 말. 좋지 못한 행실일수록 점점 더 크게 심화된다는 것을 지칭한다. 유사한 것으로 '바늘상자에서 도둑난다' '바늘 쌈지에서 도둑난다'

33. 遠族不如近隣(원족불여근린)

먼 일가는 이웃만 못하다. 아무리 가까운 친척이라도 하드라도 멀리 떨어져 살면 위급할 때 도와줄 수 없다. 이에 비하여 가까운 이웃은 도와 줄 수 있으므로 더 친숙할 수 있다는 말. 즉 가까운 이웃이 먼데 친척보다 낫다는 뜻.

34. 鳥久止必帶矢(조구지필대시)

새도 오래 머무르면 화살을 맞는다. 편하고 이로운 곳에 너무 오래 있으면 마침내 화(禍)를 당하게 된다는 뜻. 권력자들도 너무 무리하게 오래 집권하는 경우에는 그 말로가 좋지 않았음은 역사가 증명하는 바이다. 이 속담과 유사한 것으로는 '재미나는 골에 범 난다' '꼬리가 길면 밟히는 법이다'

35. 旣借堂 又借房(기차당 우차방)

대청 빌리더니 방 빌리자고 한다. 인정을 베풀면 염치없는 요구를 자꾸만 하게 된다는 말. 사랑들면 안방 들겠다고 하는 경우와 같다. 고생해서 물에 빠진 사람 건져주니 젖은 옷마져 말려 달란다, 담배 달라고 해서 한 대 주었더니 불까지 붙이라고 하는 경우와 마찬가지다.

36. 盜以後捉 不以前捉(도이후착 불이전착)

도둑은 뒤로 잡지 앞으로 잡지 않는다. 죄인은 확실한 증거를 가지고 잡아야지 혐의만 가지고 잡아서는 안된다는 말. 또는 도둑은 정면에서 잡으려하면 덤벼들어 해를 입을 수 있기 때문에 도망칠 때 잡아야 한다는 뜻으로도 쓰인다.

37. 始用升授 還以斗容(시용승수 환이두용)

되로 주고 말로 받는다. 처음에 되로 주고 나중에 돌려 받을 때는 말로 받는다. 조금 주고 몇 십배를 돌려받으니 고리대금업자와 유사하다. 또는 그 반대로 자기가 베푼 공덕은 작은데 상대방으로부터 받은 은혜는 클 때도 해당된다. 여하튼 균형이 맞지 않을 때 쓰는 말이다.

38. 留子之谷 虎亦顧復(유자지곡 호역고복)

자식 둔 골은 범도 돌아본다. 새끼를 사랑하는 정은 짐승도 다 같으니 사람이야 더 말할 나위가 없다는 뜻.

* 顧復(고복)은 '돌아보다'의 뜻

39. 行百里者 半於九十(행백리자 반어구십)

백리 가는 나그네는 구십리가 절반이다. 즉 일은 시작보다 끝 마무리가 중요하다는 뜻

40. 旣終夜哭 問誰不祿(기종야곡 문수불록)

밤새 곡하고 나서 누가 죽었냐고 묻는다. 무슨 영문인지도 모르고 어떤 일에 참여하고 있는 어리석은 사람을 뜻함.

* 여기서 不祿(불록)은 음식을 먹지 않는 것을 의미하니 이는 곧 죽음을 뜻함.

41. 寧爲鷄口 無爲牛後(영위계구 무위우후)

차라리 닭의 입이 될지언정 소의 꼬리는 되지 않을 것이다. 큰 인물을 추종하기보다는 작은 조직이나마 우두머리가 되는 것이 낫다는 뜻. '닭의 벼슬이 될지언정 소의 꼬리는 되지 않는다'

42. 佐祭者嘗 佐鬪者傷(좌제자상 좌투자상)

제사 돕는 자는 맛보고, 싸움 돕는 자는 다친다. 선한 일을 하는 자는 복을 받고 악한 일을 하는 자는 해를 입는 다는 뜻.

43. 千金買宅 八百買隣(천금매택 팔백매린)

천금으로 집을 사고 팔백금으로 이웃을 사라. 이웃이 나쁘면 아무리 좋은 집이

더라도 편안히 살 수 없다는 것. 좋은 이웃을 두는 것이 가치있다는 것을 뜻한다. 옛날에는 이웃간에 왕래가 있고 친분도 있어 소중했으나, 개인주의가 발달한 요즘에는 같은 아파트 앞뒤에 살아도 서로 알지 못하고 지낸다. 따라서 좋고 나쁨의 구별이 별로 없고, 오히려 부자지역이냐 가난한 지역이냐등 환경이나 교통여건에 따라 주택값이 결정됨이 통례이다. 상린관계(相隣關係)는 농촌지역에서나 찾아볼 수 있을 뿐 도시에서는 금석지감(今昔之感)이 된 것이다.

44. 城門失火 殃及池魚(성문실화 앙급지어)

성문의 실화가 연못의 물고기에 재앙을 미친다. 옛날 송나라에 성문에 실수하여 화재가 났을 때 연못의 물을 퍼서 불을 끄니, 그 재앙이 연못에 살던 물고기가 모두 죽었다고 한다. 즉, 까닭 없이 재난을 입는 경우를 두고 하는 말이다.

45. 水至淸則無魚(수지청즉무어)

물이 지극히 맑으면 물고기가 살지 못한다. 너무 깨끗한 것을 추구하고 완전무결함만을 따지는 곳에서는 사람이 살지 못하고 추종자도 없게 된다. 조직이란 어느 정도 관대함을 가지고, 구성원의 작은 실수는 용서해주는 아량이 있을 때 사람이 많아지게 된다. 물고기도 풀이 있고 이끼가 있으며 진흙도 있는 곳에 살지, 밑바닥 까지 투명하게 보이는 맑은 물에는 잘 살지 못한다. 이 말의 대구(對句)는 '사람이 너무 살피면 따르는 무리가 없다'(人至察則無徒 인지찰즉무도). 사람도 너무 감시하고 시시콜콜 따지는 데에는 추종자가 없게 마련이다.그래서 관대하면 무리가 모인다는 寬則得衆(관즉득중)이라는 말이 있는 것이다.

46. 器非求舊 人惟求舊(기비구구 인유구구)

그릇은 새 것이 좋고, 사람은 오랜 사람이 좋다. 오랫동안 사귄 사람은 정이 들어서 더 좋다는 말. 친구(親舊)라는 낱말을 보아도 알 수 있다. 유사한 속담으로 '옷은 새 것이 좋고 사람은 오래 될수록 좋다'(衣以新爲好 人以舊爲好 의이신위호 인이구위호)

47. 雖忙針腰繫用乎(수망침요계용호)

급하다고 바늘 허리에 실 매어 쓸까. 아무리 급해도 일은 순서대로 해야 한다는 말. '급하다고 코마당에 간수 칠까' 무슨 일이든지 때와 장소와 순서가 있는데 급하다고 해서 이를 무시하고 덮어놓고 빨리하려고 하면 일이 되지 않는다. 그래서 논어에서도 '급히 하려고 하면 달성하지 못한다'(欲速則不達 욕속즉부달)고 했다.

48. 不入虎穴 焉得虎子(불입호혈 언득호자)

호랑이 굴에 들어가야 호랑이 새끼를 잡을 수 있다. 큰 일을 하려면 위험과 모험을 극복해야 한다는 뜻.

49. 枝多木風多(지다목풍다)

가지 많은 나무 바람 잘 날 없다. 자식을 많이 둔 경우 편할 날이 없다는 뜻.

50. 滿招損謙受益(만초손겸수익)

가득차면 넘치고 겸손하면 는다. 그릇에 가득 채우게 되면 넘쳐 흐르게 되고, 사람이 겸손하면 따르는 사람이 늘게 된다.

51. 晝言雀聽 夜言鼠聽(주언작청 야언서청)

낮 말은 새가 듣고 밤 말은 쥐가 듣는다. 낮이나 밤이나 언제든지 듣고 있어 비밀이 없으므로 말 조심하라는 뜻이다.

52. 苦言藥 甘言疾(고언약감언질)

입에 쓴 말은 약이 되고 달콤한 말은 병이 된다. 귀에 거슬리는 말이 보약이 되고 앞에서 알랑거리며 단말만 하는 경우는 듣기는 좋으나, 종당에는 해가 되는 것이다. 역사적으로 보드라도 충신은 목숨을 걸고라도 임금에게 쓴소리를 하는 사람들이고, 간신은 헤헤거리며 달콤한 소리로 귀를 간지럽게 함으로써 결국 나라를 기울게 했다. 친구도 쓴소리를 하는 친구가 진짜 친구일 가능성이 높다.

53. 橫步行好去京(횡보행호거경)

모로 가도 서울만 가면 된다. 수단과 방법을 불문하고 목적만 달성하면 된다는 뜻.

54. 知足者 貧賤亦樂(지족자 빈천역락)

만족할 줄 아는 사람은 빈천해도 즐겁게 산다. 행복을 물질의 풍족에 있는 것이 아니라 마음먹기에 달려있는 것이다. 고기를 먹어도 불만족하면 불행한 것이고, 된장을 먹더라도 만족하면 그가 행복한 사람이다.

55. 婦家情焉 拜厥馬杖(부가정언 배궐마장)

마누라가 고우면 처갓집 말뚝보고도 절한다. 아내가 사랑스러우면 처갓집 것은 무엇이나 예뻐 보인다는 말. 사람이 무엇에 반하게 되면 정상적인 판단력을 상실하게 된다는 뜻이다.

56. 紙丈對擧輕(지장대거경)

백짓장도 맞들면 가볍다. 아무리 쉬운 일이더라도 혼자서 하는 것 보다는 여럿이 협력하는 것이 보다 수월하다는 뜻이다.

57. 陽地轉陰地變(양지전음지변)

양지가 음지가 된다. 좋은 일이 있다가도 좋지 못한 일이 있는 것. 인생은 희비(喜悲)가 교차되는 것이다. 부자고 출세했다고 기뻐할 것이 아니고, 어렵고 춥다하여 위축될 일도 아니다. 왜냐하면 양지가 음지가 되기도 하고, 역으로 음지가 양지가 되기도 하기 때문이다. 쥐구멍에도 볕들 날이 있는 것이다.

58. 百聞不如一見(백문불여일견)

백번 듣는 것이 한번 보는 것만 같지 못하다. 듣는 것보다는 실제 눈으로 확인해보는 것이 실체파악에 훨씬 접근할 수 있음을 의미한다. 우리 속담에 "귀 장사 말고 눈 장사하라"는 말이 있다. 소문만 듣고 돌아 다니지 말고 눈으로 직접 보고 나서 행동하라는 뜻이다.

59. 知彼知己 百戰不殆(지피지기 백전불태)

상대를 알고 나를 알면 백번 싸워도 위태롭지 않다. 상황파악이 제일 중요한 것이다. 어리석은 자는 현재 주위가 어떻게 돌아가는 지을 모르고 처신하다가 실패한다. 이에 반하여 현명한 사람은 현재 상황을 정확히 파악한 후 적절히 대처함으로써 실수가 없게 되는 것과 같다. 손자병법에 나오는 어구로서 흔히 사용되는 격언이기도하다.

60. 精神一到 何事不成(정신일도 하사불성)

한 가지 일에 정신을 집중하면 이루지 못하는 일이 없다. 학창시절 공부에 집중할려고 책상머리맡에 써놓던 구절이다. 진리를 탐구하는 일에서부터 예술이나 기술 또는 사업에 이르기 까지 남이 볼 때 마치 미친듯한 그런 무엇이 없이는 크게 성공할 수는 없다. 밥 먹는 것도 잠자는 것도 잊고 시간과 날짜가 가는 것도 모르는 경지를 거치지 않고는 대성할 수가 없는 것과 같다. 이 말은 주자가 한 말이기도 하다. 주자는 말하기를 "태양과 같은 기운이 발하는 곳에는 쇠와 돌도 뚫어지고, 정신이 한번에 이르면 무슨일이 이루어지지 않겠는가(陽氣發處 金石亦透, 精神一到 何事不成: 양기발처 금석역투, 정신일도 하사불성)"이라고 했다.

61. 聞則病 不聞則藥(문즉병 불문즉약)

들으면 병이고, 안들으면 약이다. 모르는 것이 약(Ignorance is bless)이라는 서양 속담과 상통한다.

62. 難上之木勿仰(난상지목물앙)

오르지 못할 나무는 쳐다보지도 마라. 자기의 능력이나 분수에 맞게 처신하라는 뜻이다. 이렇다 할 경륜이나 자질도 없이 정치판에 뛰어들었다가 패가망신하는 사례를 흔히 볼 수 있다.

63. 他人之宴 曰梨曰柿(타인지연 왈이왈시)

남의 잔치에 배 놓아라 감 놓아라 한다. 항상 남의 일에 끼어들어 참견하기를 좋아하는 사람들이 있다. 다른 사람들이 장기나 바둑을 두고 있는데 옆에서 조용히 관전하면 될 것도, 꼭 끼어들어 훈수하다가 핀잔을 받는 예를 흔히 본다.

64. 蔬之將善 兩葉可辨(소지장선 양엽가변)

될성부른 나무는 떡잎부터 알아본다. 초등학생 여러 명을 앞에 놓고 유심히 관찰해 보면, 행동이 신중하고 눈동자가 초롱초롱 빛나는 아이는 장래 한 몫을 하게 되고, 도무지 행동이 어수선하고 주위가 산만한 아이는 대성하기가 어렵다고 판단할 수 있는 것과 마찬가지이다.

65. 種瓜得瓜 種豆得豆(종과득과 종두득두)

외 심은데 외 나고, 콩 심은데 콩 난다. 부전자전(父傳子傳)이고, 모전여전(母傳女傳)인 것이다. 신랑감을 보려면 그 아버지를 보고, 신부감을 보려거든 그 어머니를 보라는 말이 있다.

66. 忍一時之忿 免百日之憂(인일시지분 면백일지우)

한 때의 분함을 참으면 백일의 근심을 덜 수 있다. 백번을 참는 집에는 오로지 화평과 화목함만이 있다는 百忍堂中 有泰和(백인당중유태화)라는 말과 상통한다. 무릇 참는 자에게 복이 있고, 화(禍)가 멀리 가는 것이다.

67. 天雖崩 牛出有穴(천수붕 우출유혈)

하늘이 무너져도 솟아날 구멍이 있다. 아무리 어려운 상황이라도 포기하지 않고 최선을 다하면 길은 열리게 마련이다.

68. 十飯一匙 還成一飯(십반일시 환성일반)

열사람의 밥에서 한 숟가락씩만 덜어내어 보태면 한사람 몫의 밥이 된다. 이를 十匙一飯(십시일반)이라고 줄여서 사용되고 있다.

69. 對笑顔唾亦難(대소안타역난)

웃는 얼굴에 침 뱉지 못하는 법이다. 웃는 얼굴에는 복이 따르는 법이다.

70. 覆水不返盆(복수불반분)

엎지른 물 다시 못 담는다. 일단 잘못한 일은 다시 수습하기 어렵다는 뜻이다. 말도 한번 입 밖으로 나오면 다시 주워 담을 수 없는 것과 같다.

71 .談虎虎至 談人人至(담호호지 담인인지)

호랑이도 제 말하면 오고, 사람도 제 말하면 온다. 이야기를 하자 마침 그 주인공이 나타남을 의미한다. 또 다른 의미로는 본인이 없다고 남의 말을 해서는 안된다는 뜻도 가지고 있다.

72. 十人守之 不得察一賊(십인수지 부득찰일적)

열사람이 한 도둑을 지키기 어렵다. 보존하거나 지키기가 어려울 때 쓰는 말이다.

73. 一宿之夜 長城或築(일숙지야 장성혹축)

하룻밤을 자도 만리장성을 쌓는다. 잠시 만난 사람이라도 친분을 두텁게 하라는 뜻

74. 盡人事而後待天命(진인사이후대천명)

사람의 일을 다한 후 하늘의 명을 기다린다. 인간으로서 나름대로 최선을 다 한 후에 비로소 그 결과를 하늘의 뜻에 맡겨버린다는 뜻이다.

75. 烏飛梨落(오비이락)

까마귀 날자 배 떨어진다. 아무런 연관성도 없는 일이 공교롭게도 다른 일과 동시에 발생하여 어떤 관계라도 있는 듯한 의심을 받게 되었다는 뜻. 세상 살다보면 누구나 한번쯤 이런 경우를 당하기 마련이다. 그래서 이런 속담이 생겨난 것이리라.

76. 旱時太出(한시태출)

가뭄에 콩 나듯 한다. 가물 때 나는 콩은 여기저기 드문드문 나듯이 무슨 일을 계속하지 않고 띄엄띄엄 띄어가며 한다는 뜻. 무릇 사업이든 공부이든 쉬지 않고 부지런히 해 나가는 것이 성공에 이르는 첩경이다. 근면하면 천하에 어려울 것이 없다(一勤天下無難事: 일근천하무난사)

77. 秋扇無勢(추선무세)

가을 부채는 시세가 없다. 시기를 잃은 상품은 제값을 못 받는다는 뜻. 어느 것이나 한창 시세가 나갈 때 값이 상당한 법이다. 결혼적령기의 청춘 남녀 역시 그러하다. 하물며 상품의 경우에는 제철을 지나면 바겐세일의 대상이 되는 것이다.

78. 附肝附膽(부간부담)

간에 붙었다 쓸개에 붙었다 한다. 이로운 일이라면 지조나 체면을 돌봄이 없이 아무에게나 아부한다는 뜻. 선거철이 되면 이리저리 정당을 바꾸어 가며 왔다갔다 하는 철새 정치인을 상기하면 될 것이다. 빈번하게 옮겨 다니는 것도 모양새가 좋지 않은데 자기가 몸 담았던 정당을 비방(誹謗)까지 하는 사람을 보면 역겹기 그지없다.

79. 去愈泰山(거유태산)

갈수록 태산이다. 갈수록 큰 산만 있듯이 일이 점점 어려워지거나 또는 악화되어가는 것을 말한다. 설상가상(雪上加霜)을 연상하면 된다.

80. 同價紅裳(동가홍상)

같은 값이면 다홍치마다. 같은 것이 여러가지 있더라도 자기가 좋아하는 것을 고르도록 하라는 뜻. 또는 이왕이면 곱고 아름다운 젊은 사람이 좋다는 의미로도 쓰인다.

81. 以卵投石(이란투석)

계란으로 바위치기. 약한 사람이 강한 사람을 대적하면 자멸한다는 뜻. 以卵擊石(이란격석) 좀더 강조하기위해서 '계란으로 백운대(白雲臺)친다'라고도 한다. 자신의 역량도 헤아리지 않고 모험을 감행할 때 쓰는 말이다.

82. 魚得水遊(어득수유)

고기도 물을 얻어야 헤엄친다. 고기가 물이 있어야 헤엄치고 놀 수 있듯이 사람도 활동할 수 있는 여건이나 환경이 이루어져야 출세할 수 있다는 말.

83. 漢江投石(한강투석)

한강에 돌 던지기. 아무리 많이 주워 모아도 효과가 없거나, 무슨 일을 해도 흔적이 없다는 말. 흔적이 없기로는 '한강에 배 지나가기'도 매일반이다.

84. 藥房甘草(약방감초)

약방에 감초. 어떤 일에나 빠짐없이 끼이는 사람을 두고 하는 말. 한약을 짓는데 감초가 빠지지 않는 것처럼 반드시 끼이는 것을 말함.

85. 敗將無言(패장무언)

패장은 할 말이 없다. 이 말은 한번 크게 실수한 사람은 그 일에 대하여 왈가왈부하지 못함을 뜻한다. 싸움에 지고도 이러쿵 저러쿵 전투에 대하여 이야기하는 것은 궁색한 변명에 불구하기 때문이다. 선거에 패배한 후보자는 그 결과에 깨끗이 승복할 때 아름다운 것이다. '패군의 장수는 용맹을 말하지 못한다(敗軍之將 不可以言勇)'에서 유래한다.

86. 一魚濁水(일어탁수)

물고기 한 마리가 물을 흐린다. 한사람의 잘못으로 여러 사람이 그 해를 받게 됨을 비유하여 이르는 말. 한 사람이 온 세상이나 조직을 소란스럽게 할 때 쓰인다.

87. 鯨鬪蝦死(경투하사)

고래싸움에 새우등 터진다. 강자들 싸움에 끼어서 애매한 약자가 피해를 보는 경우를 뜻함. 남의 싸움으로 인하여 아무 관계도 없는 이웃이 피해를 본다는 말.

88. 目不識丁(목불식정)

고무래 놓고도 고무래 정(丁)자를 모른다. 고무래를 보고도 고무래같이 생긴 정(丁)를 모를 정도로 아주 무식하다는 뜻. 낫 놓고 기역자를 모름과 같다.

89. 貧賤富貴(빈천부귀)

가난하면 천대받고 돈이 있으면 귀해진다. 돈이 없으면 사람구실을 못하기 때문에 천대를 받게 되고 돈이 있으면 금력에 의해 저절로 신분이 높아지게 된다. 학교 졸업 후 세월이 지난 후 재력이 있는 사람이 의례 동창회장을 맡게되는 것과 같다. 개인도 그렇고 나라도 그렇다. 100불 소득일 때 한국과 2만불 소득일 때의 한국의 위상을 보아도 알 수 있다. 그래서 가난한 사람은 시장에 살아도 아는 이가 없고

(貧居鬧市無相識), 부자는 깊은 산중에 살아도 친한 사람이 많다(富在深山有遠親).

90. 描項懸鈴(묘항현령)

고양이 목에 방울달기. 도저히 불가능 한 일을 계획할 때 쓰는 말.

91. 察察不察(찰찰불찰)

너무 살피는 것이 도리어 살피지 못한 것이 될 수 있음. 즉 너무 세밀하여도 실수가 있게 됨을 표현.

92. 燈下不明(등하불명)

등잔 밑이 어둡다. 눈 앞일이 오히려 잘 판단하기 어렵다. 또는 남의 일은 잘 알 수 있으나 자기 일은 잘 모른다는 뜻을 의미하기도 한다. 숲속에서는 등산로를 잘 모르고 헤메기도 하지만 정작 산 정상(頂上) 보면 등산로가 한 눈에 제대로 보이는 것과 같다. 그래서 무슨 일이나 가까이에서 보는 것 보다 약간 떨어진 곳에서 보면 더 잘 보인다. 이를 '등잔 뒤가 밝다'라고 한다.

93. 畵中之餠(화중지병)

그림의 떡. 보고도 못 먹는 떡. 겉으로만 그럴듯하지 아무 실속이 없는 것을 의미. 그림떡으로는 배를 채울 수 없다(畵餠不可充腹)는 말은 삼국지(三國志)에 나온다.

94. 識字憂患(식자우환)

아는 것이 병이다. 섣불리 아는 것이 오히려 일을 망치게 된다는 뜻. 그래서 모르는 것이 약이라는 말도 있는 것이다. 똑바르게 알지 못하는 것은 오히려 걱정거리가 되고, 오히려 모르면 관여하지 않게 되므로 편안하게 된다. '선무당이 사람 잡는 것(生巫殺人)'과 같다.

95. 雨後送傘(우후송산)

비 온 뒤에 우산을 보낸다. 일이 다 끝난 후에는 그때 필요했던 것을 준비해도 시일이 지나서 쓸 데가 없다는 뜻. 결혼식이 다 끝난 후에 아무리 훌륭한 드레스를 준비한들 무슨 소용이 있을 것인가. 생일잔치가 다 끝난 후에 축하케익 자르라고 보내는 것과 같다.

96. 見金如石(견금여석)

금을 보기를 돌과 같이 하라. 재물을 탐하지 말고 물욕(物慾)을 자제하라는 교훈적인 말. 황금을 보기를 돌같이 한 최영장군(崔瑩將軍)의 말씀이 상기된다.

97. 宿虎衝鼻(숙호충비)

잠자는 호랑이 코 찌르는 격이다. 그대로 가만 두면 아무 일도 없을 것을 공연히 건드려서 위험을 자초하는 것.

98. 賣鹽逢雨(매염봉우)

소금 팔다가 비를 만나다. 일에 마(魔)가 끼어 잘 안될 때 쓰는 말. '가루 팔러가니 바람이 불고, 소금 팔러가니 이슬비가 온다.'

99. 水滴石穿(수적석천)

낙수물이 돌을 뚫는다. 비록 약한 힘이라도 꾸준히 노력하면 성공할 수 있다는 뜻.

100. 臨渴掘井(임갈굴정)

목이 말라야 샘을 판다. 일을 당하여 준비 없이 허둥거림을 뜻함.

유사한 말로 '목마른 자가 우물판다(渴者鑿井 갈자착정)'라는 말이 있다. 이는 급한 사람이 먼저 서둘러서 일을 하게 된다는 뜻이다.

제 4 편

한시감상(漢詩鑑賞)

漢字

제 9 강 한시(漢詩)

漢詩는 중국문학의 정화(精華)라고 칭할 만큼
중국인의 심미안과 생활감정을 농축시켜 놓은 것이다.

읽어보면 마치 '거울속의 꽃과 같고 물속의 달(鏡中花 水中月)'과 같이
상큼하고 은은한 느낌을 주기도 한다.

漢詩에 흐르고 있는 기상은 광활하며
신운(神韻)이 감돌고 의경(意境)은 심오하고 격조는 고아(高雅)하여
그 내용은 우리들에게 인생을 생각게 하고 삶의 의미를 일깨워주기도 한다.

수많은 漢詩 中 가장 많이 사랑받고
널리 읽히는 대표적인 몇 작품을 감상해 보기로 한다.

여기에 소개하는 월하독작(月下獨酌: 李白), 등고(登高: 杜甫),
황학루(黃鶴樓: 崔顥) 세 편의 시는 중국에서도 너무 유명해서
이미 감상하신 분들도 꽤 되리라 생각된다.
우리나라 한시(漢詩)도 2편, 그리고 선시(禪詩) 몇 편도 소개해 보았다.

아무쪼록 한시 작품을 통해서
인생을 재음미하고, 밤하늘의 달을 보며
山水의 심연함을 감상할 수 있게 되기를 바란다.

Ⅰ. 월하독작(月下獨酌: 李白)

花間一壺酒(화간일호주)
獨酌無相親(독작무상친)
擧盃邀明月(거배요명월)
對影成三人(대영성삼인)

月旣不解飮(월기불해음)
影徒隨我身(영도수아신)

暫伴月將影(잔반월장영)
行樂須及春(행락수급춘)

我歌月徘徊(아가월배회)
我舞影凌亂(아무영능란)

醒時同交歡(성시동교환)
醉後各分散(취후각분산)

永結無情遊(영결무정유)
相期邈雲漢(상기막운한)

도움해설

1. 화간(花間): 꽃피는 나무사이. 꽃밭 속. 혹은 화하(花下)라고도 한다.
2. 일호주(一壺酒): 술 한단지, 술 한병. 호(壺): 병 호. 항아리 호. 호중천(壺中天)은 신선이 살았다는 별천지. 투호(投壺)는 화살을 항아리에 던져 넣어 승부를 겨루는 놀이를 뜻함
3. 요(邀): 부를 요. 맞을 요.
4. 불해음(不解飮): 마시지 못한다는 뜻. 해(解)는 능(能)과 같은 뜻.
5. 잠(暫): 잠깐 잠. 얼른 잠,벨 참(斬)밑에 날일(日)을 한 것으로 날을 베어 짧아진 것으로 '잠깐이라는 뜻을 가지게 됨
6. 장(將): 여(與)와 같음.
7. 수(須): 모름지기 수.
8. 능란(凌亂): 순서가 문란해진다. 형상이 어지러워진다. 영란(零亂)이라고도 함.
9. 각분산(各分散): 취하면 달과 그림자가 각각 흩어짐.
10. 성(醒): 술 깰 성, 대오각성(大悟覺醒): 크게 깨달음 크게 반성함,
11. 취(醉): 술 취할 취, 자기 주량이 다하도록(卒)마시면 취하게 된다.
12. 무정유(無情遊): 인정에 얽히지 않는 교유(交遊),즉 비인정적 교유를 마음껏 즐기는 경지. 이른바 풍류(風流). 대자연 속에서 자기를 해방하는 기쁨을 누리는 것.
13. 상기(相期): '재회를 기약한다'라고 해석.
13. 막(邈): 멀 막. 아득할 막. 막막(邈邈)하다.
14. 운한(雲漢): 은하수

풀이

꽃이 만발한 나무사이에 술 한 단지를 놓고,
친한 벗도 없이 혼자서 술잔을 든다.
술을 드는 동안 명월이 솟아오르니,
달과 나와 그림자 셋이어라.

달은 본래 술을 마시지 못하고,
그림자는 내 몸짓에 따라 마시는 시늉을 할 뿐이다.

잠시나마 달과 그림자를 벗하여 ,
모름지기 봄 철 한 때를 즐겨보리라.

내가 노래하면 달은 배회하고,
내가 춤추면 그림자는 흔들리네.

취하기 전에는 달과 그림자와 내가 같이 어울려 놀지만,
취해 잠들면 모두 제각기 흩어진다.

인정에 얽히지 않은 교유를 맺으면서
아득히 먼 곳에 있는 은하수 저 편에서 재회를 기약하세.

감상

월하독작은 이태백의 표표한 시풍이 엿보이는 작품이다.
은하수가 서편으로 돌아간 새벽 하늘의 상경(狀景)이
이 시에 나타나, 그 동안의 시간경과를 짐작할 수 있게 한다.

이백은 중국문학사상 가장 대표적인 시인이다.
자(字)는 태백(太白)이며 호(號)는 청련거사(靑蓮居士)이다.
당대에 함께 활동한 두보(杜甫)와 더불어 '이두(李杜)'라고 불린다.
또한 '시선(詩仙)'으로 불리는 낭만주의 시인이다.
그의 시풍은 풍부한 상상력과 호방하고 스케일이 크다는 특징을 가지고 있다.
약 천여 수가 『이태백시집(李太白詩集)』에 전하고 있다.

이백(701~762)은 촉나라의 사천성 출신으로

어려서부터 시서(詩書)에 출중한 재능을 보였고,
특히 술을 즐겼다.
그래서 요즘도 술 잘 먹는 사람을 '酒태백'이라고 부르기도 한다.
달을 사랑했다.
오죽하면 "달아 달아 밝은 달아, 이태백이 놀던 달아~"라는
노래가 있음이랴.

친구의 천거로 한림(翰林)학사가 되었으나
방종(放縱)하여 진관(進官)이 되지못하였다.

두보(杜甫)와 더불어 중국 역사상 시선(詩仙)으로 칭송되고 있는
이백의 特長은 주관적인 자유분방으로
한번 붓을 들면 곧 詩가 이루어졌다고 한다.

「달 아래 홀로 술잔을 기울이며」,
즉 「월하독작」은 전체 4수로 이루어진 연작시이며,
오언고시(五言古詩)의 형태이다.

이 시는 이백이 당나라 수도인 장안(長安)에 머물 때 지었다.
이백은 40여 세가 되서야 간신히 장안에서 관직을 얻어
황제 현종의 주변에서 머물게 되었지만
자신이 원하는 정치적 이상을 실현할 수는 없었다.
정치적 타격을 받아 1년 반 동안의 관직생활을 마치게 되자
그의 심정은 우울하고 괴로웠다.
이렇듯 이백이 침울하고 고독한 가운데 이 시를 지었지만
표면적으로는 그런 심정이 드러나고 있지는 않다.

이백은 '술'과 '달'을 빌어 풍부한 상상력을 바탕으로 이 시를 지었기에,
시 자체는 오히려 호방하고 신비롭다.

이백의 시 중에서 술과 관련된 대표적인 시 「장진주(將進酒)」의 마지막에서 "그대와 더불어 만고의 시름을 녹이고자 하노라.(與爾同銷萬古愁)"라고 했던 것처럼 「월하독작」의 네 번째 시에서는 "근심이 많고 술이 비록 적지만, 술을 기울이면 근심은 다시 오지 않는다네(愁多酒雖少, 酒傾愁不來)"라고 말하고 있다.

혼자 술을 마시지만, 달과 그림자를 의인화시켜 자신까지 세 사람으로 만들고는 이들과 함께 술 마시는 장면을 묘사하여 매우 신비하고 낭만적이다. 그러나 비록 달과 그림자를 벗하지만 사실상 혼자 마시는 것 자체는 외로운 일이며, 이백은 이들을 빌어 근심을 해소하고자 했다. 그러므로 이백은 취한 후에는 서로 흩어져버린다고 은근하게 자신의 고독을 드러내고 있다. 또한 영원한 교유를 맺길 원하지만, 사실상 이는 그저 기약할 뿐이므로 역시 쓸쓸한 심정이 배어 있다.

擧杯邀明月, 對影成三人(잔을 들어 달을 청하니, 그림자까지 세 사람이 되었네)

홀로 술을 마시는 시인은 달을 불러들여 벗하며, 또 달을 통해 다시 그림자를 만들어 자신과 함께 세 사람으로 의인화시켜 함께 술을 마신다는 이 구절은 일반 사람들이 생각하기 어려운 구상으로 역시 이백의 풍부한 상상력이 돋보이는 절묘한 구절이다. 그리고 내가 노래하면 달은 배회하고 내가 춤추면 그림자는 흔들린다(我歌月徘徊 我舞影凌亂)라는 구절은 시인과 자연이 하나가 되어 어울리는 아름답고 신비한 모습을 연출하고 있다.

Ⅱ. 등고(登高: 杜甫)

風急天高猿嘯哀(풍급천고원소애)
渚淸沙白鳥飛廻(저청사백조비회)

無邊落木蕭蕭下(무변낙목소소하)
不盡長江滾滾來(부진장강곤곤래)

萬里悲秋常作客(만리비추상작객)
百年多病獨登臺(백년다병독등대)

艱難苦恨繁霜鬢(간난고한번상빈)
潦倒新停濁酒杯(료도신정탁주배)

도움해설

1. 원소애(猿嘯哀): 원숭이 우는 소리가 애처롭다.
2. 소(嘯): 휘파람 소, 불 소, 소(嘯)는 소리를 길게 끌면서 우는 것
3. 애(哀): 슬플 애, 서러울 애, 옷 의(衣)안에 입 구(口)가 들어간 글자로 옷에 구멍이 나서 슬프다.
4. 저(渚): 물가. 저청(渚淸)은 '물가 또는 강가가 맑다' 란 뜻.
5. 회(廻): 돌 회
6. 무변(無邊): 끝이 없다.
7. 소소(蕭蕭): 쓸쓸히, 낙엽이 떨어지는 쓸쓸한 모습을 표현. 소(蕭)는 맑은 대쑥 소.

8. 부진장강(不盡長江): 다함이 없이 흐르는 장강
9. 곤곤(滾滾): 물이 도도히 출렁대며 흐르는 모습, 곤(滾)은 물 흐를 곤
10. 만리비추(萬里悲秋): 만리타향에서 가을을 슬퍼하다. 비(悲)는 슬플 비, 마음(心)대로 바라는 바가 어겨져(非) 슬프구나
11. 상작객(常作客): 언제나 나그네 노릇을 하다. 언제나 나그네이다.
12. 백년다병(百年多病): 늙도록 노상 병으로 시달리고 있다는 의미.
13. 독등대(獨登臺): 홀로 높은 곳에 오르다.
14. 간(艱): 어려울 간
15. 고한(苦恨): 몹시 한스러워 하다.
16. 번(繁): 번성할 번, 많을 번. 민첩할 민(敏)에 실사(糸)를 아우른 자로서 실을 민첩하게 뽑아내니 '번성하다'는 뜻
17. 상빈(霜鬢): 서리같이 하얗게 된 머리. '鬢'의 원뜻은 '귀밑머리'
18. 료도(潦倒): 료(潦)는 큰 비 료, 도(倒)는 넘어 질 도, 료도는 노쇠한 모습. 두보는 당시 肺病을 앓고 있었다.
19. 신정(新停): 최근에 그만두다.
20. 탁주배(濁酒杯): 탁주 잔, 여기서는 '술 마시는 것'을 뜻함.

풀이

바람세고 하늘은 높고 원숭이 울음소리 애절하다.
강가는 맑고 모래는 희며 물새는 선회하며 나는구나.

끝없는 숲에는 낙엽이 쓸쓸히 떨어지고
다함이 없는 장강은 도도히 흐르는 도다.

만리타향에서 가을을 서러워하며 언제나 나그네 신세이고,
평생 병 많은 몸 홀로 대(臺)에 오른다.

고생에 시달려 백발이 많아진 것 한스러운데,

몸이 노쇠하여 최근에는 술마저 못 들게 되었구나.

감 상

登高詩는 두보가 56세 시절
그가 머물던 타지에서 홀로 높은 곳에 올라가 지은 것이다.
조락(凋落)하는 가을과, 노쇠하여
최근에는 술잔조차 못들게 된 자신을
자탄하는 마음이 잘 나타나 있다.
소슬(蕭瑟)한 추의(秋意)가 느껴지는 가운데
배산도해(背山倒海)와 같은 기세를 담고 있다.

이 작품은 767년 대력(大曆) 2년에 나온
두보의 가장 유명한 칠언율시 중의 하나이다.
시인이 중양절(重陽節)에 병든 몸을 이끌고 높은 곳에 올라 본
감회를 쓴 것으로,
이를 통해 자기 일생의 불행에 대한 감개를 드러내고 있다.
작품 전체에 비장미가 넘치고 있어 깊은 감동을 준다.

두보는 자신의 비애를 묘사하면서도 기세를 잃지 않고
격동적 색채를 유지하고 있는 웅대한 자신의 심정을 그려내고 있다.
언어가 정제되어 있고,
모든 구에서 사용하고 있는 대구가 자연스러워 최고의 경지에 오른 작품이다.
그래서 양륜(楊倫)은 『두시경전(杜詩鏡銓)』에서
이 시를 두보의 칠언율시 중 최고라고 칭찬을 하였다.
清代 施補華도 古今七律 중 으뜸이라고 推崇했던
이 시는 4聯 모두가 對偶로 되어있는 형식상 특징을 지니고 있다.

두보(712~770)는 盛唐의 시인으로 字는 子美이다.
몇몇 벼슬을 역임했으나 이에 연연치 않고,

장안을 떠나 齊, 魯 지역을 8, 9년간 流浪했으며
이때 李白, 高適등과 교유했다.
長江일대를 유랑하다가 향년 59세로 病死했다.

낙엽 흩날리는 가을은
어딘가 길 떠나고 싶은 방랑의 계절이다.
혹여 여행하는 과정에서 두보의 '등고'를 읊조리면
훨씬 더 맛이 나지 않을가 .

Ⅲ. 황학루(黃鶴樓: 崔顥)

昔人已乘黃鶴去(석인이승황학거)
此地空餘黃鶴樓(차지공여황학루)

黃鶴一去不復返(황학일거불부반)
白雲千載空悠悠(백운천재공유유)

晴川歷歷漢陽樹(청천역력한양수)
春草萋萋鸚鵡洲(춘초처처앵무주)

日暮鄕關何處是(일모향관하처시)
煙波江上使人愁(연파강상사인수)

도움해설

1. 황학루(黃鶴樓): 호북성 무창현(武昌縣) 서쪽에 있는 누각.

선인(仙人) 자안(子安)이 黃鶴을 타고 이곳을 지나갔다고 해서 붙여진 이름이라는 전설등이 있다. 양자강과 南湖(남호)에 임했고 蜀(촉)의 費褘(비위)가 신선이 되어 황학을 타고 여기 와 쉬었다 하여 이 이름이 유래되었다고도 하고 〈寰宇記〉, 辛氏(신씨) 술집에 온 사람이 술값 대신 벽에 누런 학을 그렸는데 후에 그 그림 학이 날아가 버려 신씨가 누각을 세워 황학루라 했다고도 한다〈武昌誌〉.

2. 석인(昔人): 옛날 사람

3. 이(已): 이미 이
4. 부(復): 다시 부, 돌아 올 복(復)
5. 반(返): 돌이킬 반. 돌아올 반. 반품(返品) 반려(返戾)
6. 재(載): 실을 재, 천재일우(千載一遇)
7. 유유(悠悠): 여유 있고 한가함.
8. 청천(晴川): 날씨가 맑게 개였을 때의 강. 여기서의 강은 장강. 청(晴)은 맑을 청, 갤 청.
9. 역역(歷歷): 하나하나 그 자취가 뚜렷함.
10. 한양(漢陽): 호북성 漢陽府
11. 춘초(春草): 혹은 방초(芳草)라고도 함. 봄풀.
12. 처처(萋萋): 풀이 무성한 모양, 처(萋): 풀무성할 처.
13. 앵무주(鸚鵡洲): 무한시의 남쪽 강 가운데 있는 모래 섬. 後漢(후한)의 江夏太守 黃祖(강하태수 황조)가 禰衡(이형)을 죽인 곳. 이형은 문인으로 단숨에 글을 잘 짓는 재주로 독수리에 비기기도 했고, 曹操(조조)를 모욕하다가 쫓겨나 황조에게 의지해 '鸚鵡賦(앵무부)'를 지어 칭찬을 받기도 했으나 황조의 비위를 거슬려 피살당하니, 앵무주는 그의 '앵무부'에서 따 이름 붙였다고 한다. 앵무새를 바친 사람이 있어 이름 삼았다는 異說(이설)도 있음.
14. 향관(鄕關): 고향.
15. 연파(煙波): 아지랑이나 안개가 낀 水面(수면).
16. 강상(江上): 강가의 언덕. 강물 위.
17. 사(使): 하여금. 사역형 문장형태이다

풀이

옛날 선인은 이미 황학을 타고 날아가 버리고,
이 땅에는 그저 공연히 황학루만 남아있구나.

황학은 한번 떠나 뒤로 다시 돌아오지 아니하고,
흰구름만 천년동안 여전히 유유하도다.

갠날 강 건너편의 한양의 나무들이 뚜렷히 보이고,
향기로운 봄풀이 앵무주에 무성하구나.

해는 저무는데 고향은 어디메뇨,
강 위엔 안개서리어 나로 하여금 시름에 잠기게 한다.

감상

이 詩의 최초의 2구에서 전설적인 신선세계에의 동경을 감명깊게 부각하고, 제3.4구에서는 신선에의 동경이 인간들의 부질없는 소원임을 한 조각의 흰구름에 의탁하면서 슬퍼하였다. 거기서 일전(一轉)하여 맑게 갠 날의 강물의 풍경과 명승을 묘사하여 풀만이 무성한 鸚鵡洲에 관련하여 名士 '이형'의 죽음을 애도한 다음, 저물어가는 창망한 강물위의 연파(煙波)에다가 나그네 신세의 시름을 얹혀놓았다.

그리고 '黃鶴'이라는 詩語가 세 번이나 겹쳐 나와도 전혀 부자연스러운 감을 주지않아 가히 신래지필(神來之筆)이라고 할 수 있다.

최호(704?~754)는 河南省 출신으로 進士에 급제했고 '尙書司勳員外郞' 벼슬을 지내기도 했다.
재주가 뛰어났으나 才勝薄德型으로 행동이 경박해서 젊어서 쓴 詩는 詩意가 부염(浮艶)하였지만 晩年에는 수양이 깊어지고 詩體도 변하여 風骨이 늠연(凜然)하였다.
산을 좋아하는 사람들은 산마루나 산꼭대기의 누각에 올라 이 詩의 의미를 탐구해 봄 즉하다.

李太白도 일찍이 黃鶴樓를 지나다가

최호의 이 詩를 보고 크게 감탄하여
황학루에 관한 詩짓기를 포기했다고 한다.
그 때 이태백은 이렇게 말했다.
"눈 앞에 경치가 있어도 말해 낼 수 없는 것은
최호의 題詩가 위에 있음이라(眼前有景道不得, 崔顥題詩在上頭)"

그 후 이태백은 이에 필적할 시를 짓겠다고
金陵(금릉, 지금의 南京市 남경시)의 봉황대에 올라가서
다음과 같은 '登金陵鳳凰臺(등금릉봉황대)' 라는 7언율시를 지었는데,
이 또한 명작으로 꼽히고 있다.

鳳凰臺上鳳凰遊(봉황대상봉황유)
鳳去臺空江自流(봉거대공강자류)
吳宮花草埋幽徑(오궁화초매유경)
晉代衣冠成古丘(진대의관성고구)
三山半落青天外(삼산반락청천외)
二水中分白鷺洲(이수중분백로주)
總爲浮雲能蔽日(총위부운능폐일)
長安不見使人愁(장안불견사인수)

"봉황대 위에 봉황이 노닐더니,
봉황 떠나 누대 비어 강물만 흐르네.
오의 궁전 화초는 그윽한 길에 묻혔고,
진 때 왕족 귀족 들은 죽어 옛 무덤 언덕을 이루었구나.
삼산은 하늘 밖에 반쯤 걸려 있듯 하고,
진수(秦水) 회수(淮水) 두 강은 백로주를 갈라 흐르네.
모두가 뜬구름이 하늘을 가렸음으로 말미암음이니,
장안은 보이지 않고 내 시름만 일으키네"

Ⅳ. 추야우중(秋夜雨中: 崔致遠)

秋風惟苦吟(추풍유고음)
世路少知音(세로소지음)
窓外三更雨(창외삼경우)
燈前萬里心(등전만리심)

도움해설

1. 유(惟): 오직, 할 일없이
2. 고음(苦吟): 괴롭게 읊음, 고심하여 시나 노래를 지음.
3. 세로(世路): 세상살이
4. 지음(知音): 음악의 곡조나 그 곡조에 담긴 뜻을 잘 앎. 마음이 통하는 친한 벗. 伯牙(백아)와 鐘子期(종자기)의 故事(고사)에서 온 말. 백아는 거문고를 잘 타는 사람이었는데, 그 소리를 종자기가 가장 잘 알아주었다고 한다. 그런데 종자기가 죽자, 백아는 자신의 거문고 소리를 알아주는 사람이 없다고 하여 거문고의 줄을 끊어버렸다고 한다.
5. 삼경(三更): 한밤중. 밤 11시부터 다음날 1시까지의 사이. 하룻밤을 다섯 更으로 나눈 세 번째라는 뜻임이다.
6. 만리심(萬里心): 마음이 만리를 달려 고향으로 가고 있음을 표현. 중국에서 멀리 떨어진 고향 신라를 그리워하는 마음.

풀이

가을바람 선들 불어 괴롭고 안타까운데,
세상에는 날 알아줄 친구 없구나.

한밤중의 창밖에는 비가 내리고,
등불 앞의 내 마음 고향만리로 달려가네.

감상

시인이 고국을 떠나 이역만리 타향 땅에 와 있으면서 고향을 그리는 마음을 잘 나타내고 있는 작품이다.

가을은 나뭇잎이 떨어지는 쓸쓸한 계절이다. 쓸쓸한 마음을 달래기 위해 할 일 없이 시나 읊는 작가의 마음이 외롭다. 거기에 한밤중에 비는 내린다. 한밤중에 내리는 비 역시 고독과 향수를 부채질하는 정경이다. 등불 역시 인간을 외롭게 하는 빛의 하나일 것이다.

자연현상과 고향을 그리는 마음이 잘 녹아있는 첫 절은 세상살이에 친구가 없다는 것으로 이어지면서 그 고독과 슬픔을 더욱 높여주고 있다.

밤이 늦도록 잠들지 못하는 시인에게 비가내리는 것을 나타내는 절구와 등불을 바라보면서 마음이 고향으로 향하고 있는 결구가 시적 아름다움을 절묘하게 표현하고 있다.

한문 교과서에 빠짐없이 실리는 이 시는 기와 승, 전과 결이 각각 對句(대구)도 잘 맞추고 있다. '秋風－世路, 惟－少, 苦吟－知音', '窓外－燈前, 三更雨－萬里心' 등으로 짝이 잘 이루어진 것이다.

한편 이 작품은 지금까지 결구의 의미 내용을 어떻게 파악하느냐에 따라 최치원의 귀국 이전의 작품이라고도 하고, 또는 귀국 후의 작품이라는 견해가 있어왔다. 결구의 '萬里心'은 언표(言表)에 나타난 그대로 만리타국에 있는 작자의 심경이기보다는, 마음과 일이 서로 어그러져 세상과는 이미 천리만리 떠나고 있는 작자의 방황하는 심회를 호소한 것으로 보는 견해가 있기도 하다.

최치원(崔致遠, 857~?)이 열두살의 어린나이로 당나라 유학을 떠날 때, 아버지는 최치원에게 다음과 같이 말했다.

"10년 공부하여 과거에 합격하지 못하면 내 아들이라고 하지 말아라. 나 역시 아들이 있다고 하지 않을 것이다. 가서 열심히 하거라."

'네 살 때 글을 배우기 시작해 열 살 때 사서삼경을 읽었다.'라는 기록이 전할 만큼 총명한 최치원은 열심히 공부한 결과 6년 만인 874년, 18세의 나이로 빈공과(賓貢科)에 장원합격했다. 빈공과는 당나라에서 외국인을 위해 실시한 과거로 이 시험에 합격하면 당나라에서 벼슬을 할 수 있을 뿐 아니라 귀국 후 출세길이 보장된 엘리트코스였다.

과거에 합격한 2년 뒤인 876년 율수현의 현위로 첫 관직에 올랐으나 이듬해 사직했고, 이후 회남 절도사 고변의 추천으로 관역순관이라는 비교적 높은 지위에 올랐다. 이 무렵 '황소의 난'이 일어났다. 소금장수였던 황소가 장안을 점령하고 스스로 황제를 칭하자, 고변은 이를 토벌하러 나가면서 최치원을 종사관으로 발탁했다. "황소가 읽다가 너무 놀라서 침상 아래로 굴러 떨어졌다."라는 일화가 전하는 유명한 글 '토황소격문'이 쓰인 것은 이때의 일이다.

최치원은 17년간의 당나라 생활을 접고 귀국한다. 귀국할 당시 그의 나이는 28세였다. 신라의 헌강왕은 최치원을 '시독 겸 한림학사'로 임명했다. 신라 조정에서 당에 올리는 표문을 비롯한 문서를 작성하는 직책이었다.

그러나 이듬해 7월 헌강왕이 승하하자 최치원은 곧 외직으로 나가 태산군 태수가 되었다. 외직으로 나간 이유에 대해 삼국사기는 '최치원이 스스로 생각하기를 당나라에 유학해 얻은 바가 많아서 앞으로 자신의 뜻을 행하려 하였으나, 신라가 쇠퇴하는 때여서 의심과 시기가 많아 용납될 수 없었다.'라고 설명하고 있다.

그 무렵 신라는 급속히 무너져 내리고 있었다. 지방에서 호족들이 등장하여 중앙 정부를 위협하고, 세금을 제대로 거두어들이지 못한 국가의 재정은 어려웠다. 889년에는 농민들이 사방에서 봉기하여 전국적인 내란 상태에 빠졌다. 의욕적으로 시작한 고국생활이었지만 골품제의 한계와 국정의 혼란을 넘어서지 못한 채 최치원은 외직으로 떠돌았다

이때까지만 해도 신라를 개혁하려는 의지가 완전히 꺾인 것은 아니었다. 894년

에는 시무책 10여 조를 진성여왕에게 올려 구체적인 개혁안을 제시하기도 했다. 진성여왕은 그의 시무책을 받아들여, 최치원을 6두품 신분으로서 오를 수 있는 최고 관직인 아찬에 제수하고 그의 제안대로 개혁을 펼치려 했다. 그러나 당시 중앙 귀족들은 그의 개혁안을 받아들이려 하지 않았다.

이후 최치원은 은둔을 결심하고 경주의 남산, 지리산, 쌍계사등에 발자취를 남기다 말년에는 해인사에 머물며 저술활동에 몰두했다. 해인사에서 언제 세상을 떠났는지 알 수 없다.

V. 자규루(子規樓: 端宗)

月白夜蜀魄啾(월백야촉백추)
含愁情依樓頭(함수정의루두)
爾啼悲我聞苦 (이제비아문고)
無爾聲無我愁(무이성무아수)
寄語世上苦勞人(기어세상고로인)
愼莫登子規樓(신막등자규루)

도움해설

1. 월백(月白): 달이 밝다.
2. 촉백추(蜀魄啾): 두견새가 울다. 魄(넋 백) 啾(적은 소리 추, 찍찍거릴 추)
3. 爾: 너 이, 汝(여)와 함께 2인칭을 나타냄
4. 기어(寄語): 말을 해주다. 寄(붙어있을 기, 줄 기)
5. 신막(愼莫): 삼가하여 하지 않다. 愼(삼갈 신), 莫(말 막, 부정어로 쓰인다.)

풀이

두견새 슬피 우는 달 밝은 밤에
시름에 젖어 자규루에 오르니

네 울음 슬퍼서 내 듣기 괴로워라

네 울음소리 없으면 내 시름도 없을 것을

세상에 원통하고 괴로운 이들에게 말하노니
부디 자규루에는 오르지 마오.

감상

숙부 수양대군에게 왕위를 빼앗기고 심심산골 영월땅으로 귀양간 어린 단종(1441~1457)이 달 밝은 밤에 소쩍새(두견새, 귀촉도)울음 소리를 들으며 자규루(子規樓)에 올라 피눈물을 삼키면서 지은 한(恨)이 서린 슬픈 시이다.

단종은 세종대왕의 손자이자 문종의 아들이다. 문종이 병약하여 일찍 죽자 단종은 열두살의 어린나이에 보위에 오른다. 그러나 수양대군이 김종서(金宗瑞), 황보인(皇甫仁)같은 대신을 참살한 후, 제왕의 자리를 찬탈(簒奪)한다.

단종의 복위를 꾀하던 성삼문등 사육신도 배신자 김질(金礩)의 고변으로 발각되어 모두 참형에 처해지고, 단종은 강원도 영월로 유배된다. 유배된 단종은 결국 17살의 나이에 교살(絞殺)당함으로써 생을 마감한다. 참으로 비극적인 삶이 아닐 수 없다.

임금이 뭐길래 어린조카의 옥좌를 찬탈하고 그 목숨까지 앗아가는가, 우리는 이 시를 통하여 어린 단종의 통한의 피맺힌 절규를 생생하게 들을 수가 있다.

달 밝은 귀양지의 자규루에 올라 두견새의 애절한 울음소리를 들으면서 "너의 울음소리가 슬퍼서 내가 듣기 괴롭구나"라고 하였다. 쫓겨난 임금으로서 슬픔에 겨워 자규루에 올랐으나 오히려 시름을 더해 주는 두견새의 처량한 울음소리는 단종의 통한을 배가 시켰다.

"네 울음소리가 없으면 내 시름도 없을 것을"이라고 하여 두견새를 원망까지 했다. 이 원망의 저변에는 형용할 수 없는 비애와 한이 서려있다.

세상 사람들을 향하여 "괴롭고 서러운 이들은 아예 춘삼월에 자규루에 오르지 말라"라고 절규하고 있다. 한과 서러움을 품고 자규루에 올라 소쩍새 울음소리에 비통해하는 단종의 슬픈 모습이 눈에 선하게 보이는 것 같다. 애절한 이 시는 어린 단종의 마음을 여과 없이 표현하고 있어 우리의 심금을 울려주고 있다.

세조(수양대군)의 명을 받고 단종을 유배지인 영월에 까지 호송한 사람이 금부도사 (禁府都事) 왕방연(王邦衍)이다. 그가 귀로(歸路)에 읊은 시조도 유명하다 .

천만리 머나먼 길에 고은 님 여의옵고
내 마음 둘 데 없어 냇가에 앉았으니
저 물도 내 안(내 마음) 같아 울어 밤길 예놋다(흘러가누나)

금부도사도 처자식이 있는 몸이고, 먹고 살아야 하기 때문에, 세조의 명에 따라 단종을 유배지까지 호송했었다. 그러나 막상 영월 땅에 유배시킨 후, 왕방연은 귀로(歸路)에 냇가에 주저앉아 자기 죄책감과 슬픔에 싸이게 된다. 흘러가는 시냇물을 바라보면서 읊은 이 시조 역시 인간의 고민을 잘 그려내고 있다. 우리는 시를 통하여 정신세계의 순수성과 감동을 얻을 수 있다.

漢字

제 10 강 선시(禪詩)

음력으로 4월 보름부터 7월 보름까지 석달간 하안거(夏安居)에, 그리고 음력으로 10월 보름부터 선원(禪院)에서는 석달간의 동안거(冬安居)에 들어간다.

안거기간 중에는 산문(山門)밖의 출입이 금지되고 오로지 정진만을 하게 된다.

안거를 수십차례 거듭하면 '참 나'가 무엇인지를 알게 된다고 한다. 절치부심(切齒腐心), 참담한 고행 끝에 득도한 이는 게송(偈頌)을 읊게 된다.

선시(禪詩)가 창출되는 것이다.

Ⅰ. 황벽선사(黃壁禪師: 당나라)

塵勞逈脫事非常(진로형탈사비상)
緊把蠅頭做一場(긴파승두주일장)
不是一番寒徹骨(불시일번한철골)
爭得梅花撲鼻香(쟁득매화박비향)

* 逈(형): 멀다 아득하다. 逈遠: 아득히 멀다

* 徹骨(철골): 뼈에 사무치다.

풀이

티끌세상 벗어나기란 쉬운 일이 아니니 고삐 끈을 단단히 잡고 온 힘을 기울여라. 뼈속 깊이 스며드는 추위를 겪지 않았다면 어찌 매화의 향기가 코끝에 사무치겠는가..

감상

모든 위대한 일은 끝없는 실패와 고통 끝에 이루어진다. 불후의 예술작품 역시 참담한 환경에서 창출된다. 굶주린 상태에서 먹는 밥 한 덩어리가 진짜 꿀 맛이라는 것은 6.25를 겪은 이는 누구나 공감하리라.

무릇 음지(陰地)에서 뼈저린 고생을 해 보아야 양지(陽地)의 밝음을 제대로 알게 된다. '눈물과 함께 빵을 먹어 보지 않은 사람과는 더불어 인생을 논하지 말라'라는 서양속담도 맥을 같이 한다. 그래서 '그늘'과 '눈물'은 가치가 있는 것이다.

> **내가 사랑하는 사람**
>
> \- 정호승
>
> 나는 그늘이 없는 사람을 사랑하지 않는다
> 나는 그늘을 사랑하지 않는 사람을 사랑하지 않는다
> 나는 한 그루 나무의 그늘이 된 사람을 사랑한다
> 햇빛도 그늘이 있어야 맑고 눈이 부시다
> 나무 그늘에 앉아
> 나뭇잎 사이로 반짝이는 햇살을 바라보면
> 세상은 얼마나 아름다운가
>
> 나는 눈물이 없는 사람을 사랑하지 않는다
> 나는 눈물을 사랑하지 않는 사람을 사랑하지 않는다

나는 한 방울 눈물이 된 사람을 사랑한다
기쁨도 눈물이 없으면 기쁨이 아니다
사랑도 눈물 없는 사랑이 어디 있는가
나무 그늘에 앉아
다른 사람의 눈물을 닦아주는 사람의 모습은
그 얼마나 고요한 아름다움인가

Ⅱ. 학명선사(鶴鳴禪師: 조선시대)

妄道始終分兩頭(망도시종분양두)
冬經春到似年流(동경춘도사년류)
試看長天何二相(시간장천하이상)
浮生自作夢中遊(부생자작몽중유)

풀이

묵은 해니 새해니 분별하지 말게. 겨울가고 봄이 오니 해 바뀐 듯 하지만 보게나 저 하늘이 두 개인가, 달라졌는가, 우리가 어리석어 꿈속에 산다네.

감상

사람이 부질없이 월력을 정해놓고 해가 저물었다느니 새해가 도래했다느니 번

거룹게 하고 있다. 인생은 덧없는 일장춘몽(一場春夢)인데 몽중(夢中)에 하는 소리를 두고 가슴 아파할 것 없다.

Ⅲ. 야보선사(冶父禪師: 송나라)

* '父'는 사람 이름일 때는 '보'로 읽음)

得樹攀枝未足奇(득수반지미족기)
懸崖撒手丈夫兒(현애살수장부아)
水寒夜冷魚難覓(수한야냉어난멱)
留得空船載月歸(유득공선재월귀)

풀이

나뭇가지에 매달려 있는 건 기특할 게 못되니 깍아 지른 절벽에서 손을 놓을 수 있어야 장부라네. 물은 차고 밤은 싸늘한데 고기는 낚이지 않아 빈 배에 달빛만 담아 싣고 돌아오누나.

감상

어떤 사람이 절벽의 나뭇가지에 매달려 있다. 아래로 떨어지지 않으려고 하는 위급한 상황이다. 그러나 진정 장부라면 그냥 손을 놓아 절벽 아래로 떨어질 수 있어야 한다는 것이다. 백범(白凡) 김구(金九)선생이 특히 이 구절을 좋아했다고 백범일지(白凡日誌)에 나와 있다.

이 선시와 더불어 무명씨 작인 다음 詩가 유명하다.

"백척간두에 앉았다해도(百尺竿頭坐底人)
그걸로는 다 되었다 할 수 없네(雖然得入未爲眞).
거기서 한 걸음 내딛는 이가(百尺竿頭進一步)
비로소 깨친 이라고 할 수 있으리(十方刹土現金身)"

* 시방찰토(十方刹土): 온세상, '十方'은 '시방'으로 읽음
* 금신(金身): 부처, 깨친 이, 金仙: 불타의 별칭.

Ⅳ. 무문선사(無門禪師)

春有百花秋有月(춘유백화추유월)
夏有涼風冬有雪(하유량풍동유설)
若無閑事掛心頭(약무한사괘심두)
便是人間好時節(편시인간호시절)

풀이

봄에는 꽃피고 가을에는 달 밝고, 여름에는 바람 불고 겨울에는 눈 내린다. 쓸데없는 생각만 마음에 두지 않으면 언제나 한결같이 좋은 시절이로구나.

감상

모든 것은 마음가짐에 달려있다. 내가 행복하다고 생각 먹으면 내가 행복한 것이고, 내가 불행하다고 생각하면 불행한 것이다. 일체유심조(一切唯心造)인 것이다.

춘하추동은 아름답기만 하다.

신춘(新春)이 도래(到來)하면 산에는 진달래가 온 산을 붉게 수를 놓고 있다. 김소월(金素月)의 '진달래꽃' 시가 저절로 떠오르게 된다.

진달래꽃

-김소월

나보기가 역겨워
가실때에는
말없이 고이 보내 드리우리다.

영변에 약산
진달래꽃
아름따다 가실길에 뿌리오리다.

가시는 걸음걸음
놓인 그 꽃을
사뿐히 즈려밟고 가시옵소서.

나보기가 역겨워
가실때에는
죽어도 아니눈물 흘리오리다.

산행을 해보면 아름다운 4계절의 변화를 실감할 수 있다.

봄에는 산꽃이 활짝 피어 있고(山花滿谷開)
여름에 비가 지나가면 흙냄새가 향기롭다(雨過土生香)
가을에는 밝은 달이 소나무 사이에 비추이고(明月松間照)
겨울에는 바위에 기대어 소나무에 쌓인 눈을 바라 볼 수 있다.(倚巖望松雪)

Ⅴ. 심춘(尋春: 無名氏)

盡日尋春不見春(진일심춘불견춘)
芒鞋踏破隴頭雲(망혜답파롱두운)
歸來偶過梅花下(귀래우과매화하)
春在枝頭已十方(춘재지두이시방)

풀이

하루종일 봄을 찾아 헤메도 봄은 안보이네 짚신이 다 닳도록 롱두산을 헤메였네. 집에 돌아오는 길에 매화나무 아래를 지나느라니 봄은 이미 매화 꽃가지에 와 있음에랴.

감상

젊어서 출세와 명예가 인생의 전부인 양 눈이 빨개서 허덕이게 된다. 세월이 지나 은퇴한 후 돌이켜 생각해 보면, 인생의 진정한 행복은 가정에 있다는 것을 깨닫게 된다.

행복과 진리는 결코 거창하거나 높은 곳에 있는 것은 아니다. 작고 사소한 것에서 진리와 행복을 찾을 수 있다. 해는 매일 뜨고 계절은 가고 오고 하니 도무지 부족함이 없다.

제5편 웃으면서 배우는 漢文

漢字

제 11 강 차계기환(借鷄騎還)

金先生 善談笑 嘗訪友人家,
主人設酌, 只佐蔬菜,

先謝曰
家貧市遠, 絶無兼味, 惟淡泊是愧耳
適有群鷄 亂啄庭,

金曰
大丈夫 不惜千金. 當斬吾馬佐酒,
主人曰 斬馬 騎何物以還,
金曰,
借鷄騎還.
主人大笑, 殺鷄餉之

해석 ....

닭을 빌려 타고 돌아가리라.

김선생은 우스개 소리를 잘했다.

일찍이 친구 집을 방문하였더니,
주인이 술상을 베풂에 단지 채소와 나물만 있었다.

주인이 미안해 하며 말하기를

"집이 가난하고 시장이 멀어서,
맛을 돋구는 음식이 없고 오직 담박하니 부끄러울 뿐입니다."

마침 닭 무리가 있어서 어지러이 뜰에서 쪼아대고 있거늘,

김선생이 말하기를
"대장부는 천금이 아깝지 아니하니 마땅히 내 말을 베서 술안주하리라."

주인이 말하기를 "말을 잡으면 무엇을 타고 돌아가렵니까?"

김선생이 말하기를 "닭을 빌려 타고 돌아가리라."

주인이 크게 웃고 닭을 잡아서 대접했다.

감상

서거정의 태평한화골계전(太平閑話滑稽傳)에 수록된 우스운 이야기이다.
골계란 우스운 이야기를 말한다.

마당에 닭이 어지럽게 모이를 찾아 부리를 쪼고 있음에도
찾아 온 친구에게 술안주로 달랑 나물과 채소를 내놓는 주인에게

자기가 타고 온 말을 잡아 안주를 삼겠다고 하는 친구의 허풍과 비유가 대단하다.

그 말을 듣고 닭을 잡아
친구를 대접하는 주인의 마음씨 역시 그리 좁지는 않음을 알겠다.

무릇 자기의 잘못을 알고 이를 즉시 시정하는 사람은 훌륭하다.

이 해학(諧謔)은 은근히 우리에게 웃음과 교훈을 더불어 선사하고 있다.

한문익히기

1. **借鷄騎還(차계기환): 닭을 빌려타고 돌아가다.**
(借: 빌릴차. 借金-빌린 돈, 鷄: 닭계, 騎: 말탈 기, 일기당천 一騎當千, 필마단기 匹馬單騎. 還: 돌아올 환)

2. **金先生 善談笑(김선생 선담소): 김선생은 우스운 소리를 잘했다.**
(善: 착할 선, 잘할 선, 談: 이야기할 담. 談笑: 우스갯소리)

3. **嘗訪友人家(상방우인가): 일찌기 친구의 집을 방문했더니**
(嘗: 일찍 상, 와신상담 臥薪嘗膽, 訪: 찾을 방, 家: 집 가)

4. **主人設酌, 只佐蔬菜(주인설작, 지좌소채): 주인이 술을 배푸는 데, 다만 나물만을 술안주로 내놓았다.**
(設: 배풀 설, 酌: 술 작, 정상참작 情狀參酌, 只: 다만 지, 蔬: 나물 소, 菜: 나물 채)

5. **先謝曰(선사왈): 먼저 사죄하면서 말하기를**
(先: 먼저 선, 謝: 사죄할 사)

6. **家貧市遠, 絕無兼味(가빈시원 절무겸미): 집은 빈한하고 시장은 멀어 맛을 곁들**

일 음식이 전혀없어

(貧: 가난할 빈, 遠: 멀 원, 絶: 없을 절, 끊을 절, 兼: 겸할 겸, 味: 맛 미)

7. **惟淡泊, 是愧耳(유담박 시괴이): 오직 담백한 것, 이것이 부끄러울 뿐이오.**

(惟: 오직 유 唯와 동일, 淡: 싱거울 담, 泊: 말쑥할 박, 是: 이 시, 愧: 부끄러울 괴, 마음心에 귀신鬼를 아우른 글자로 마음속으로 귀신을 두려워하는 것은 부끄러운 일을 저질렀기 때문에 '부끄러워하다'는 뜻을 내포. 耳: 뿐 이)

8. **適有群鷄 亂啄庭(적유군계, 란탁정): 마침 닭 떼들이 뜰을 어지럽게 쪼아대고 있거늘**

(適: 마침 적, 有: 있을 유, 群: 무리 군, 亂: 어지러울 란, 啄: 쪼을 탁, 庭: 뜰 정)

* 줄탁동시(啐啄同時): 병아리는 알속에서 쪼고 어미닭은 밖에서 알을 쪼아 새끼가 밖으로 나오는 것을 의미. 啐啄同機라고도 한다.

9. **金曰, 大丈夫 不惜千金(김왈,대장부 불석천금): 김선생이 말하기를 대장부는 천금을 아까워 하지 않는 법이니,**

(丈: 어른 장, 惜: 아낄 석)

10. **當斬吾馬佐酒(당참오마좌주): 마땅히 내 말을 베어서 술안주로 하겠다.**

(當: 마땅할 당, 斬: 벨 참, 吾: 나 오, 馬: 말 마, 酒: 술 주)

* 읍참마속(泣斬馬謖): 제갈량이 총애하는 장수 마속을 군령을 어긴 죄로 울면서 목을 베었다는 고사로서, 큰 목적을 위하여는 벌함을 엄격히 함을 뜻한다.

11. **主人曰 斬馬 騎何物以還(주인왈 참마 기하물이환): 주인이 묻기를 말을 잡으면 무얼 타고 돌아가겠는가.**

12. **金曰, 借鷄騎還(김왈, 차계기환): 김선생이 말하기를, 닭을 빌려 타고 돌아가겠다고 하니,**

13. **主人大笑, 殺鷄餉之(주인대소 살계향지): 주인이 크게 웃고 닭을 잡아 그를 대접했다.**

(殺: 죽일 살, 餉:먹일 향, 대접할 향, 之: 갈지, 여기서는 대명사로서 김선생을 가리킨다)

제 12 강 처불항부(妻不抗夫)

一郡守妻 悍妬 一日 守坐衙軒 聽訟
民有告 婦傷夫面 罪當治之

守徵其婦曰,
"陰不可抗陽 妻不可抗夫 汝何敗俗 如是"

夫從傍辯曰,
"吾婦非傷吾面 適吾家門扉倒了耳"

言訖 守妻 手拍梃 亂擊門板 大吼曰,
"薄夫 薄夫, 汝爲一邑之長 欲爲公事
有盜賊焉 有田土焉 有殺傷焉
豈一兒女之事而 汝敢勇決耶"

守麾村夫退之曰,
"吾之門扉 亦將倒了 汝宜速去"

해석

아내는 지아비한테 대항할 수 없거늘

어떤 한 군수의 아내가 독살스럽고 질투가 심했다.
하루는 군수가 동헌에 앉아 송사를 들었다. 백성이 고발하기를,
어떤 사람의 아내가 그 남편의 얼굴에 상처를 냈으니,
마땅히 죄로 다스려 달라고 했다.

군수가 상처를 낸 여자를 불러 말하기를
"네가 어찌 풍속을 허무러 뜨림이 이와 같으냐" 하고 꾸짖었다.

그러자 그 여자를 따라와서 옆에 있던 남편이 변명하기를
"제 아내가 저의 얼굴에 상처를 낸 것이 아니라,
마침 저의 집 문짝이 넘어져서 다쳤을 뿐 입니다."고 했다

그런 말이 끝나자,
문 뒤에서 군수의 아내가 손으로 막대를 잡고, 문 판대기를 마구치며 크게 소리쳐 말했다.

"경박하고 한심한 양반아!
당신이 한 고을의 우두머리가 되어 공무를 하고자 하면,
도둑에 관한 일도 있고, 토지에 관한 일도 있으며, 살인과 치상에 관한 일도 있거늘,
어찌 하찮은 아녀자의 일에 용감하게 나서서 판결하려고 하는가."라고 크게 소리쳤다.

그러자 군수가 그 촌부에게 손짓을 하여 물러가게 하면서 말하기를
"나의 집 문짝도 역시 장차 무너지려 하니, 너희는 마땅히 속히 돌아가라" 하더라.

감상

조선조 때, 얼굴에 상처가 있는 재상을 보고 임금이 그 까닭을 물으니,

"아내가 투기가 심하고 성정이 강해서 손톱으로 낸 상처"라고 이실직고(以實直告) 했다.

그러자 왕이 그 부인을 어전에 불러 사약을 내리면서,

"부인은 앞으로 투기심을 버릴 것인가, 또는 사약을 마시든가 둘 중에 하나를 선택하라"고 분부를 내렸다. 임금으로서 정승의 아내의 질투심을 꺾어주기 위함이었다.

그러자 잠시 생각하던 정승부인은 사약 그릇을 두 손에 받쳐들고 서슴없이 마시기 시작했다.

물론 임금이 겁주려고 사약인 채 꾸민 물 사발이었기 때문에 생명에는 지장이 없었다.

임금은 탄식하면서 말했다.

"임금인 짐으로서도 여인의 질투심은 도저히 바로 잡을 수가 없도다! 정승도 이를 운명으로 알고 체념할 지어다."

"세계를 정복하는 것은 남자이다. 그러나 그러한 남자를 지배하는 것은 여자이다".라는 말이 있듯이, 모든 남자들은 애처가이면서 공처가이기도 하다. 공처가의 단계를 넘어서면 아내가 무슨 말을 하면 깜짝 깜짝 놀라는 경처가(驚妻家)의 경지까지 이른다고 한다.

나이론이 강철을 이기는 원리와 같고, 물이 바위를 뚫는 것과 같은 이치다.

무릇 연한 것이 강고한 것을 이기는 법이다. 노자도 "세상에서 제일 연한 물이 세상에서 제일 강하고 단단한 쇠와 돌을 마음대로 다룬다(天下之至柔 馳騁天下之至堅: 천하지지유 치빙천하지지견)고 했다.

이 글내용에서 지엄(至嚴)한 원님조차도 투심이 많고 성격이 강한 자기 아내에게는 꼼짝 못하는 것을 알 수 있다. 옛날이 그러했을 진대, 가부장(家父長)의 권위가 땅에 떨어진 요즘 세상에서야 더 말해 무엇하겠는가!

한문익히기

1. **一郡守妻悍妬(일군수 처한투): 어떤 군수의 처가 독살스럽고 투기심이 심했다.**

* 悍: 독살스러울 한, 慓悍(표한: 성질이 급하고 사나움) 妬: 투기할 투, 嫉妬(질투: 시샘이 있고 미워함)

2. **一日守坐衙軒聽訟(이일수좌아헌 청송): 하루는 군수가 동헌에 앉아 송사를 듣는데**

* 衙: 관청 아, 軒: 난간 헌(衙軒: 지방관청에서 공무를 처리하던 대청), 聽: 들을 청, 傾聽(경청: 귀담아 들음) 訟: 송사 할 송

3. **民有告 婦傷夫面 罪當治之(민유고 부상부면 죄당치지):백성이 고하기를 지아비의 얼굴에 상처를 낸 부녀자가 있으니 그 죄는 마땅히 다스려야한다고 했다.**

* 傷: 상할 상, 다칠 상, 夫: 지아비 부, 夫唱婦隨(부창부수: 남편이 말을 꺼내면 아내도 따라한다는 부부의 도리를 말함) 面: 얼굴 면, 人面獸心(인면수심: 사람의 얼굴을 하였으나 마음은 짐승처럼 흉악한 것) 之: 갈지 -그것을 지칭

4. **守徵其婦日(수징기부왈): 군수가 그 여자를 불러 말하기를**

* 徵: 부를 징, 徵兵(징병: 군사로 불러 냄)

5. **陰不可抗陽 妻不可抗夫(음불가항양 추불가항부): 음이 양에 대항할 수 없고 아내가 남편애개 항거할 수 없거늘**

* 陰陽(음양: 음은 여성을 뜻하고, 양은 남성을 뜻한다. 음은 땅을 뜻하고, 양은 하늘을 뜻한다.

6 **汝何敗俗 如是(여하패속 여시): 그대는 어찌 이러한 풍습을 허무러뜨림이 이와 같은가**

* 汝: 너 여, 敗: 헐 패, 패할 패, 敗軍之將不可以言勇(패군지장불가이언용: 싸움에 진 장수는 전쟁에 대하여 이야기하지 못한다. 한번 크게 실수한 사람이 그 일에 대하여 왈가왈부하지 못함을 이르는 말.

7. **夫從傍辯曰(부종방변왈): 남편이 곁에 따라 있다가 변명하여 말하기를**

* 從: 따를 종, 傍: 가까울 방, 곁 방, 近傍(근방: 가까운 곳)

8. **吾婦非傷吾面 適吾家門扉倒了耳(오부비상오면 적오가문비도료이): 제 아내가 제 얼굴에 상처를 낸 것이 아니라, 마침 저의 집 문짝이 넘어졌을 때 다쳤을 뿐입니다.**

* 適: 마침 적, 扉: 문짝비, 倒: 넘어질 도, 了: 마칠 료, 결정이나 과거를 나타내는 조사, 耳: 따름 이

9. **言訖 守妻 手拍梃 亂擊門板 大吼曰(언글 수처 수박정 란격문판 대후왈): 말이 끝나자 문 뒤에 있던 군수의 아내가 손으로 두들기는 막대기로 문판대기를 마구치며 크게 소리쳐 말하기를**

* 訖: 마칠 글, 끝낼 글, 拍: 손벽칠 박, 拍掌大笑(박장대소: 손바닥을 치며 크게 웃는 것) 梃: 막대기 정 吼: 사나운 짐승 우는 소리 후, 獅子吼(사자후: 기운차게 썩 잘하는 연설)

10. **薄夫 薄夫, 汝爲一邑之長 欲爲公事(박부박부, 여위일읍지장 욕위공사): 경박한 양반아 한심한 양반아, 당신이 한 고을의 어른이 되어 공무를 하고자 한다면,**

* 薄: 얇을 박, 輕薄(경박: 언행이 경솔하고 천박함)

11. **有盜賊焉 有田土焉 有殺傷焉(유도적언 유전토언 유살상언): 도둑에 관한 것도 있고, 토지에 관한 것도 있고 살인과 치상에 관한 중요한 일도 있거늘,**

* 焉: 어찌 언, 어조사 언

12. **豈一兒女之事而 汝敢勇決耶(기일아녀지사이 여감용결야): 어찌 아녀자의 일에 당신이 용감하게 판결하는가 하니,**

* 豈: 어찌 기, 耶: 어조사 야(의문, 감탄등의 뜻을 나타낸다. 유야무야: 有耶無耶 흐지부지한 모양

13. **守麾村夫退之曰(수휘촌부퇴지왈): 군수가 그 촌부에게 손짓하여 물러가게 하면서 말하기를**

* 麾: 지휘할 휘. 麾下(휘하: 지휘 밑에 있는 부하들)

14. **吾之門扉 亦將倒了 汝宜速去(오지문비 역장도료 여의속거): 나의 집 문짝도 역시 장차 무너져(내가 상처를 입게 되니) 너희는 마땅히 속히 돌아가라 하더라.**

* 宜: 마땅할 의, 宜當(의당: 마땅히 그러함)

漢字

제 13 강 일시일호(一匙一呼)

鰲城少年時 上寺讀書
一日食無饌 令僧坐床傍
每一匙一呼蟹鹽

僧依其言 一匙一呼
幾至五六匙 誤疊呼蟹鹽,

鰲城亟止曰
太鹹太鹹 勿浪費勿浪費

해석

밥 한 숟갈 마다 한번 외치다.

오성 이항복이 소년일 때, 절에 올라가서 글을 읽었는데,
하루는 밥을 먹는데 반찬이 없거늘 중으로 하여금 밥상 곁에 앉아,
밥 한 숟갈 마다 '게장'하고 외치게 명령하니,

대여섯 숟가락에 이르러 중이 잘못하여 '게장, 게장'하고 겹쳐 외치자,
오성이 재빨리 제지하며 말하기를
"심히 짜다, 심히 짜다, 낭비하지 마라, 낭비하지 마라"

감상

오성 이항복은 선조때 공신으로 이조판서와 우의정을 지냈다. 한음 이덕형(漢陰 李德馨)과 더불어 재치 있는 일화(逸話)가 많다. 이 글을 보면 이항복이 어렸을 때부터 재기(才氣)가 뛰어남을 알 수 있다.

결국 그도 광해군 5년에 일어난 인목대비의 폐비론(廢妃論)에 반대하다가 삭탈관직(削奪官職)되어 북청으로 유배되어 생을 마치는데, 유배길 철령을 넘으면서 다음과 같은 시조를 남긴다.

> **"철령(鐵嶺) 높은 봉(峰)에 쉬어 넘는 저 구름아**
> **고신원루(孤臣寃淚)를 비삼아 띄어다가**
> **님계신 구중심처(九重深處)에 뿌려본들 어떠리"**

후일 이 시조의 내용을 듣고 광해군 조차 눈물을 흘렸다고 전해지고 있다.

한문익히기

1. **一匙一呼(일시일호)**

: 한 숟갈마다 한번씩 외치다.

* 匙: 숟가락 시, * 十匙一飯 여럿이 음식을 보태어 한사람 식량을 만들다. 여럿이 각자 작은 힘을 보태면 성과를 달성할 수 있음을 의미.
* 呼: 부를 호, 부르짖을 호

2. **鰲城少年時 上寺讀書(오성소년시 상사독서)**

: 오성대감이 소년시절에 절에 올라가 글을 읽었는데

* 鰲: 자라 오, * 上: 오를 상, 上寺: 절에 올라 * 讀: 읽을 독

3. **一日食無饌 令僧坐床傍(일일식무찬 영승좌상방)**

: 하루는 밥을 먹는데 반찬이 없거늘 중으로 하여금 밥상 곁에 앉게 하여

* 饌: 반찬 찬, * 僧: 중 승, * 坐: 앉을 좌, * 床: 평상상, * 傍: 곁 방

4. **每一匙一呼蟹鹽(매일시일호해염)**

: 매 밥 한 숟갈마다 '게장'하고 외치게 명령했다.

* 蟹: 게 해 * 鹽: 소금 염 * 蟹鹽: 게장

5. **僧依其言 一匙一呼(승의기언 일시일호)**

: 중이 그 명령에 따라 밥 한 숟갈마다 한 번씩 외치다가,

* 依: 의지할 의, 의거할 의

6. **幾至五六匙 誤疊呼蟹鹽(기지오륙시 오첩호해염)**

: 대여섯 숟가락에 이르러 중이 잘못하여 '게장, 게장'하고 중첩하여 외치자,

* 幾: 몇 기, 얼마 기 * 至: 이를 지 * 誤: 그르칠 오 * 疊: 거듭할 첩: 수정 정(晶)에 마땅 의(宜)가 합쳐진 글자이었다. 옛날 옥관(獄官)이 사흘(晶)동안 숙고하여 그 마땅함(宜)에 따라 죄를 결정했다. 왕망(王莽)때에 이르러 사흘은 너무 길다고 하여 밭 세 두락을 지나는 동안 결정하라고 전(田)으로 바꾸었다고 한다. 첩첩산중(疊疊山中)

7. **鰲城亟止曰(오성극지왈)**

: 오성이 재빨리 중의 외침을 가로막으면서,

* 亟: 빠를 극 * 止: 그칠 지

8. **太鹹太鹹 勿浪費勿浪費(태함태함 물낭비물낭비)**

: 심히 짜다, 심히 짜다, 낭비하지 마라, 낭비하지 마라.

* 太: 클 태 * 鹹: 짤 함 * 勿: 말 물 * 浪: 함부로 할 랑, 헛될 랑
* 費: 소비할 비

漢字

제 14 강 여신물왕(汝愼勿往)

一大將酷畏妻

一日竪青紅旗於郊

令曰 畏妻者紅 不畏妻者青

衆皆紅 一人獨青

大將壯之曰

如子者 眞大丈夫也

天下之人滔滔畏妻

我爲大將 領百萬之衆

臨敵奮戰 矢石如雨

膽氣百倍 曾不少挫

至於閨門之內 衾席之上

以爲婦人所制

子何修而至此耶

其人曰, 妻常戒云

男子三人聚會 必說女色

三人會處 汝愼勿往

今見紅旗下 聚人甚衆 是以不往
大將喜曰 畏妻者 非獨老物耳

해석

너는 가지 말도록 삼가라.

어떤 한 장군이 심히 그 아내를 두려워했다.
하루는 벌판에 청색과 홍색 깃발을 세우고
부하들에게 명령하여 말하기를,
'아내를 두려워하는 자는 홍색 깃발에,
두려워하지 않는 자는 청색 깃발 아래에 모여라'고 했다.

많은 무리가 모두 홍색 깃발 쪽에 모였는데,
한 사람만이 홀로 청색 깃발 아래로 갔다.

장군이 그를 장하게 여겨 말하기를

'그대와 같은 사람이야 말로 진짜 사내대장부이다.'
세상 사람들이 모두 하나같이 아내를 두려워하고 있다.

장군인 나도 백만명의 무리를 거느리고 있고,
적과 부딪쳐 분전할 때 화살과 돌이 비오듯해도
용기가 백배하여 일찍이 조금도 꺾이지 않았다.

그러나 안방 문 안의 이부자리 위에 이르면
아내에 의해 제어 받고 있다.
그런데 자네는 어찌 잘 수양하여 이에 이르게 되었는가?'

청색 깃발 아래에 홀로 서있던 군졸이 말했다.

'처가 항상 저에게 경계하여 말하기를
남자 세 사람이 모이면 반드시 여색에 대하여 이야기하므로
세 사람이 모인 곳에는 가지 말도록 삼가하라'고 했는데,
지금 홍색 깃발 아래를 보니 모인 사람이 심히 많아서
이 때문에 그 곳에 가지 않았습니다.'

장군은 기뻐하며 말하기를,
'아내를 두려워하는 자는 홀로 이 늙은 몸 뿐이 아니구나!'

감상

위와 같은 내용의 해학(諧謔)은 지금도 인구(人口)에 회자(膾炙)되고 있다. 오늘날에는 여권이 신장되어 양성평등이 이루어지고 있다, 상대적으로 부권(父權)이 상실되어 가는 것이 시대적인 추세(趨勢)라고 한다.

그런데 여기에 소개되고 있는 여신물왕(汝愼勿往)은 가부장 유교가 풍미(風靡)하던 조선시대 이야기이다. 이 이야기는 서거정(서거정 1420~1488)이 쓴 태평한화골계전(太平閑話滑稽傳)에 등장한다.

그렇다면, 호랑이 담배피던 그 옛날 15세기에도 이 땅에 공처가(恐妻家)들이 많았음이 입증되는 셈이다. '세상을 남자들이 정복해도 그 남자를 지배하는 이는 여성'이라는 말이 실감된다.

이 글 말미(末尾)에 大將喜曰 畏妻者 非獨老物耳(대장희왈 외처자 비독노물이): 대장이 기뻐하며 말하기를 아내를 두려워하는 자는 홀로 이 늙은 몸 뿐이 아니구나! 하는 구절에 호감이 간다.

백만 대군을 지휘하는 장군도 아내를 두려워하거늘, 어떤 군졸 하나가 아내를

두려워하질 않고 청색기에 서있기에 장군이 대단하게 여겼으나, 정작 그 군졸이 공처가(恐妻家)의 수준을 넘어 무조건 아내의 말에 맹종하는 경처가(驚妻家)인 것을 알고 크게 웃는 장군의 모습이 순진하다. 그리고 세상의 모든 남자들이 한결같이 아내를 두려워함을 알고 위안을 받는 장군의 진솔(眞率)한 표현도 마음에 든다.

한문익히기

1. **汝愼勿往(여신물왕): 너는 가지 말도록 삼가라.**
* 汝: 너 여 * 愼: 삼가할 신 * 勿: 말 물 * 往: 갈 왕

2. **一大將酷畏妻(일대장혹외처): 어떤 한 대장이 심히 아내를 두려워했다.**
* 酷: 혹독할 혹 * 畏: 두려워할 외

3. **一日竪靑紅旗於郊(일일수청홍기어교): 하루는 들에 청색과 홍색 깃발을 세우고,**
* 竪: 세울 수 * 旗: 기 기, 깃발 기 * 郊: 들 교

4. **令曰 畏妻者紅 不畏妻者靑(영왈 외처자홍 불외처자청): 명령하여 말하기를 아내를 두려워하는 자는 홍색기로, 두려워하지 않는 자는 청색 깃발 아래로 모이라 했다.**

5. **衆皆紅 一人獨靑(중개홍 일인독청): 모두가 홍색 깃발 아래로 모였는데 한사람이 홀로 청색 깃발로 갔다.**

6. **大將壯之曰 如子者 眞大丈夫也(대장장지왈 여자자 진대장부야): 대장이 그를 장하게 여겨 말하기를 자네와 같은 사람이야말로 진정 대장부라고 할 것이다.**
* 壯: 씩씩할 장, 굳셀 장 * 之: 여기서는 '그'를 가리킨다 * 子: 그대 자

7. **天下之人滔滔畏妻(천하지인도도외처): 세상 사람들이 모두 하나같이 아내를 두려워하고 있다.**
* 滔: 물 넘칠 도, * 滔滔: 거칠 것 없이 큰 물이 흘러가는 모습

8. **我爲大將 領百萬之衆(아위대장 영백만지중): 나는 대장으로서 백만 무리(군사)를 거느리고 있으며**

* 領: 거느릴 령, 다스릴 령

9. **臨敵奮戰 矢石如雨 膽氣百倍 曾不少挫(임적분전 시석여우 담기백배 증불소좌): 적에 임하여 분전할 때 화살과 돌이 비오듯 해도 용기가 백배하여 일찍이 조금도 꺾이지 않았으나,**

* 奮: 떨칠 분, 奮戰: 힘껏 싸움 * 矢: 화살 시 * 膽: 쓸개 담, 膽氣: 겁이 없고 용감스러운 기운 * 曾: 일찌기 증 * 挫: 꺾일 좌

10. **至於閨門之內 衾席之上 以爲婦人所制(지어규문지내 금석지상 이위부인소제): 안방 문 안과 이부자리에 이르면 부인에 의하여 제어를 받는데,**

* 閨: 안방 규 * 衾: 이불 금, 원앙금침(鴛鴦衾枕)

11. **子何修而至此耶(자하수이지차야): 그대는 어찌 잘 수양을 하여 이에 이르게 되었는가? (아내를 두려워하질 않게 되었는가?)**

* 修: 닦을 수 * 耶: 어조사 야

12. **其人曰, 妻常戒云(기인왈, 처상계운): 그 사람이 말하기를, 처가 항상 경계하여 말하기를**

* 戒: 경계할 계

13. **男子三人聚會 必說女色(남자삼인취회 필설여색): 남자 셋이 모이는 곳에서는 반드시 여색에 대하여 이야기하니,**

* 聚: 모일 취, 취락(聚落)

14. **三人會處 汝愼勿往(삼인회처 여신물왕): 남자 셋이 모이는 곳에는 당신은 가지 않도록 삼가라**

* 愼: 삼갈 신

15. **今見紅旗下 聚人甚衆 是以不往(금견홍기하 취인심중 시이불왕): 지금 보니 홍**

색 깃발아래에 모인 사람들이 심히 많아서 아내 말에 따라 그 곳에 가질 않았습니다.

16. **大將喜曰 畏妻者 非獨老物耳**(대장희왈 외처자 비독노물이): 대장이 기뻐하며 말하기를, 아내를 두려워하는 자는 홀로 이 늙은 몸 뿐이 아니구나.

* 耳: 따름(뿐)이

> **깃 발**
>
> \- 유치환
>
> 이것은 소리 없는 아우성.
> 저 푸른 해원을 향하여 흔드는
> 영원한 노스탤지어의 손수건.
> 순정은 물결 같이 바람에 나부끼고
> 오로지 맑고 곧은 이념의 푯대 끝에
> 애수는 백로처럼 날개를 펴다.
> 아! 누구인가?
> 이렇게 슬프고도 애달픈 마음을
> 맨 처음 공중에 달 줄을 안 그는.

漢字

제 15 강 처불욕존(妻不欲尊)

一士子善狎妓

室人於士子曰
"男兒薄於室人 溺娼兒何故"

士子曰
"室人有相敬相別之義 可尊而不可狎,
至於娼兒逞情從欲 淫戲昵玩無所不至.
敬則疎 昵則親 理之然也"

室人勃然曰
"吾欲尊乎,吾欲別乎"
亂擊不已

해석

처불욕존(妻不欲尊): 부인은 공경받고자 하지 않는다.

한선비가 기생과 즐기기를 좋아하거늘
아내가 그 남편인 선비에게 말하여 가로되
"사내가 그 아내에게는 박정하고 창녀아이에게 빠지는 것은 무슨 까닭이오?"

선비가 말하기를
"아내에게는 서로 존경하고 또 서로 분별할 의리가 있어 존경은 할 수 있으나 정을 나누는 일은 불가하지만, 창녀아이에 이르러서는 마음대로 즐겨 사랑하고 욕망을 쫓아 음탕하게 놀고 못할 것이 없는 법이오. 공경하면 소원해지고, 찬근하면 가까워 지는 것이 자연의 이치인 것이오"

그러자 아내가 발끈해서 말하기를
"내가 언제 존경받고 싶다고 했는가, 내가 언제 분별받고 싶다고 했는가,"
하면서 마구 때리는 것을 그치지 않더라.

감상

체면이 중요한 것이 아니라 부부간에 애정실익이 문제인 것이다. 인간은 밥만 먹고 살 수는 없는 법, 부부지간에는 체면을 차리는 것보다는 알콩달콩 사랑을 하는 것이 함께 사는 즐거움일 것이다.

서로 존경만하고 따로 떨어져 체면치레만 해서는 정이 붙지를 아니한다. 그래서 속된 말로 "여자는 낮에는 정숙(貞淑)한 부인이지만, 밤에는 요부(妖婦)가 되라"고 한 말이 생겨났는지도 모른다.

바람을 피면서도 존경과 유별을 둘러대는 사내의 궤변(詭辯)이 능청스럽고, 발끈해서 난타하는 부인의 모습이 진솔하고 사랑스럽게 비친다.

한문익히기

1. **一士子善狎妓(일사자선압기): 한 선비가 기생과 즐기기를 좋아하다.**

* 士: 선비사 * 士子: 선비 善: 착할 선, 좋아할 선, 잘할 선, * 狎: 진압할 압

* 妓: 기생기, 창녀기

2. **室人於士子曰(실인어사자왈): 부인이 선비에게 말하여 가로되**

* 室人: 본부인, 안방마님

3. **男兒薄於室人(남아박어실인): 사내가 아내에게는 야박하고**

* 薄: 엷을 박, 야박할 박 * 於: 어조사 어(...에게)

4. **溺娼兒何故(닉창아하고): 창녀아이에게 빠지는 것은 무슨 까닭이요?**

* 溺: 빠질 닉, 耽溺(탐닉): 어떤 일을 몹시 즐겨 거기에 빠짐. * 何故: 무슨 까닭이요

5. **士子曰 室人有相敬相別之義(사자왈 실인유상경상별지의): 선비가 말하기를 아내에게는 서로 존경하고 분별할 의리가 있어**

* 相敬: 서로 공경함, 相別: 서로 분별함, 義: 의리, 준칙

6. **可尊而不狎(가존이불압): 가히 공경할 수는 있으나 사랑을 즐기는 것은 불가하다.**

7. **至於娼兒逞情從欲(지어지창령정종욕): 창기에 이르러서는 마음대로 사랑하고 욕망을 좇아**

* 逞: 마음대로 멋대로 하는 령. * 情: 뜻정, 사랑정, * 從: 좇을 종

8. **淫戲昵玩無所不至(음희닐완무소부지): 음탕하게 놀고 친하게 즐김에 이르지 않는 곳이 없소**

* 淫: 음탕할 음, * 戲: 희롱할 희, * 昵: 친근할 닐, * 琓: 놀 완, 玩具(완구): 장난감,

* 無所不至: 이르지 않는 곳이 없음

9. **敬則疎昵則親 理之然也(경즉소닐즉친 이지연야): 공경하면 소원해지고, 친근하면 친해지는 것이 자연의 이치가 아니겠소.**

* 疎: 성길 소. * 疏遠(소원): 지내는 사이가 거리가 있어 서먹서먹한 것.

!0. **室人 勃然曰(실인 발연왈): 아내가 발끈 성을 내면서 말하기를**

* 勃: 발끈할 발, * 勃然: 발끈 성내는 모습

11. **吾欲尊乎 吾欲別乎(오욕존호 오욕별호):내가 공경받고싶어 그런 줄 아오? 내가 분별받길 원하는 줄 아오? (나의 진심은 사랑받기를 원하는 것이오)**

12. **亂擊不已(난격불이): 마구 때리는 것을 그치지 않더라.**

* 亂: 어지러울 난, * 擊: 칠 격, * 已: 그칠 이, 이미 이, * 已往之事(이왕지사): 이미 지나간 일.

漢字

제 16 강 대이낙분(大梨落糞)

翁鍾愛其孫兒
一日孫兒遊於後園
拾得風落梨二個而來

祖望而笑曰
"吾孫兒持梨而來 必將遺我也"

兒旣至 大一箇獻于其祖 小一箇獻于其父
祖喜之 其父亦喜之

其父謂兒子曰
"汝何爲以小賜我耶"
其兒 卽近前附耳而語曰
"大梨則 落於牛糞上者也"

해석

大梨落糞(대이낙분): 큰 배는 똥 위에 떨어진 것이다

어떤 할아버지가 그 손자를 매우 귀여워 했는데 하루는 그 손자 아이가 뒤뜰에서 놀다가 바람에 떨어진 배 두 개를 주워가지고 왔다.

할아버지가 바라보면서 웃으며 말하기를

"내 손자 놈이 배를 가지고 오니, 필시 장차 나에게 줄 것이다."

아이가 이미 이르러 와서 큰 배 하나는 할아버지를 드리고, 작은 것 하나는 그 아버지에게 드렸다.

그 할아버지가 기뻐하고, 그 아비 역시 기뻐했다.

그 아비가 아들에게 말하여 가로되,

"너는 어찌 작은 것으로써 네게 줄 생각을 했느냐"고 하니,

그 아이가 곧 가까이 앞으로 와서 아비 귀에 입을 대고 말하기를

"큰 배는 바로 소똥 위에 떨어진 것입니다."

감상

일반적으로 할아버지. 할머니는 손주들을 대견하게 생각하고 지극히 애지중지(愛之重之)한다. 어린이 집에 데려다주기도 한다. 애가 자라서 유치원. 초등학교에 진학하면 역시 손주따라 학교운동장을 서성대기 쉽상이다. 특히 도시지역의 맞벌이 부부인 경우에는 손주 돌보는 것은 조부모의 몫이 되기도 한다.

그런데 손주가 커감에 따라 할아버지와 할머니 보다는 아버지와 어머니를 더 따르게 됨이 보편적이다. 아무래도 늙고 거동이 어설픈 조부모보다는 젊은 부모를 보다 선호하는 것은 人之常情(인지상정)일 것이다.

본문에서도 깨끗한 배는 아비에게 주고, 소 똥위에 떨어진 배는 해래비에게 주고 있다. 에이~ 괘씸한지고!

결국 손은 안으로 굽는다고.... 아이와 부모는 일촌(一寸)이고 아이와 조부모간은 이촌(二寸)이라 그럴는지도 모른다.

한문익히기

1. **翁鍾愛其孫兒(옹종애기손아): 어떤 할아버지가 그 손자를 매우 귀여워했다.**

* 翁: 늙은이 옹, * 鍾: 쇠북 종, 거듭할 종 * 鍾愛: 매우 귀여워하다

2. **一日孫兒遊於後園(일일손아유어후원): 하루는 그 손자아이가 뒤뜰에서 놀다가**

* 遊: 놀 유 * 園: 동산원, 뜰 원

3. **拾得風落梨二個而來(습득풍락이이개이래): 바람에 떨어진 배 두 개를 주워가지고 오다.**

* 拾: 주을 습 * 得: 얻을 득 * 風落梨: 바람에 떨어진 배

4. **祖望而笑曰(조망이소왈): 할아버지가 바라보며 웃으면서 말하기를**

5. **吾孫兒持梨而來 必將遺我也(오손아지이이래 필장유아야): 내 손자 놈이 배를 가지고 오니 반드시 장차 나에게 줄 것이다.**

* 持: 가질지 *遺: 끼칠 유, 줄 유

6. **兒旣至 大一箇獻于其祖 小一箇獻于其父(아기지 대일개헌우기조 소일개헌우기부): 아이가 이미 이르러서 큰 배 하나는 조부에게 드리고, 작은 배 하나는 그 부친에게 드렸다.**

* 箇: 낱 개 * 獻: 드릴 헌 * 于: 어조사 우(~에게)

7. **其祖喜之 其父亦喜之(기조희지 기부희지): 그 할아버지가 그것을 기뻐하고 그 아버지 역시 기뻐했다.**

8. **其父謂兒子曰(기부위아자왈): 그 아버지가 아들에게 말하여 가로되**

9. **汝何爲以小賜我耶(여하위이소사아야): 너는 어찌하여 작은 것으로서 나에게 줄 생각을 하였느냐?**

* 賜: 줄 사 * 爲以: 생각하다

10. **其兒 卽近前附耳而語曰(기아 즉근전부이이어왈): 그 아이가 앞으로 와서 아비 귀에 입을 가까이 하고 말하기를**

* 近: 가까울 근 * 附: 가까히 할 부

10. **大梨則 落於牛糞上者也(대이즉 낙어우분상자야): 큰 배는 곧 소 똥위에 떨어진 것입니다**

* 糞: 똥 분, 쌀미(米)밑에 다를 이(異)를 받친 자로, 쌀밥을 먹고 다른 것으로 변해서 배설하는 '똥'이라는 뜻.

어버이 살아실제 섬기기란 다 하여라.
지나간 후면 애닯다 어이하랴.
평생에 고쳐 못할 일은 이뿐인가 하노라.

- 송강, 정철

제 6 편

단문 감상(短文鑑賞)

제17강 권학문(勸學文)

제18강 맹모단기(孟母斷機)

제19강 불언장단(不言長短)

제20강 형제투금(兄弟投金)

제21강 태양문답(太陽問答)

제22강 인욕이대(忍辱而待)

제23강 구용구사(九容九思)

제24강 춘향전(春香傳)

제25강 귀거래사(歸去來辭)

제26강 장진주(將進酒)

제27강 해하지전(垓下之戰)

제28강 적벽부(赤壁賦)

漢字

제 17 강 권학문(勸學文)

수년 전 일본에서 84세 된 분이 아마추어 바둑국가대표로 선발되었다고 해서 화제였다. '히라타 히로노리' 아마 8단이 화제의 주인공이다. 그는 80이 넘은 노구를 끌고 綺羅星 같은 20대 젊은 기사를 모두 擊破하고 6戰 全勝으로 아마챔피언으로 登極했다. 과연 장하다!! 지는 해의 찬란하고도 莊嚴한 모습을 加減없이 보여준 것이다. 그렇게 하기 위하여 히라타씨는 불철주야 바둑공부에 전념했다. 배움에는 나이가 문제가 아니라는 것을 증명해 보이기 위함이었다. 무릇 어느 부문이나 최고의 전문가가 되기 위해서는 1만 시간의 노력이 필요하다는 것이 정설이다.

최근 인터넷 글에 95세 된 노인이 지난 30년간 세월을 虛送한 것을 後悔한다는 글이 풍미(風靡)하고 있다. 65세에 은퇴한 후, 언제 세상을 떠날지 몰라 어영부영 하다보니 95세에 이르렀다는 것이었다. 65세 까지는 가족을 위하여 자기 최선을 다 했는데 그 이후 30년은 아무것도 하지 않고 지내버린 것을 참담(慘憺)하게 후회한다는 것이다. 그래서 그 노인은 앞으로 10년간 어학공부를 열심히 해서 105세를 웃으면서 맞이하겠다는 것이다. 우리 가슴에 와 닿는 말이기도 하다. 물론 누구나 그렇게 오래 산다는 보장은 없다. 그러나 그냥 세월을 보낸다는 것은 후회와 직결된다는 것을 우리에게 알려주고 있다.

세월가기 전에 四書三經에 푸욱 빠져보는 것도 價値있는 일일 것이다. 그런 의미에서 배움을 권장하는 선현들의 勸學文을 소개해 올린다. 무엇을 알려고 노력하는 사람은 인생이 활력있고 남이 보기도 좋다. 모름지기 배우고 익히는 것을 즐겨해야 한다. 공자님의 "學而時習之 不亦說乎(학이시습지 불역열호)"를 金科玉條(금과옥조)로 삼을 일이다.

Ⅰ. 권학문(勸學文): 明心寶鑑

家若貧 不可因貧而廢學(가약빈 불가인빈이폐학)
家若富 不可恃富而怠學(가약부 불가시부이태학)
貧若勤學 可以立身(빈약근학 가이입신)
富若勤學 名乃光榮(부약근학 명내광영)
惟見學者顯達 不見學者無成(유견학자현달 불견학자무성)
學者乃身之寶 學者乃世之珍(학자내신지보 학자내세지진)
是故 學者乃爲君子不學則小人(시고 학자내위군자 불학즉소인)
後之學者 宜各勉之(후지학자 의각면지)

도움해설

1. 若(약): 만약~하면,
2. 貧因(빈인): 가난 때문에
3. 廢學(폐학): 학업을 그만둠
4. 恃富(시부): 부유함을 믿음
5. 怠學(태학): 학업을 게을리 함. 반대는 勤學(근학): 배움을 부지런히 함.
6. 顯達(현달): 입신출세함. 명망이 높아서 세상에 드러남.
7. 不見學者無成(불견학자무성): 배운 사람이 이루지 못한 것을 보지 못했다.
8. 學者乃身之寶(학자내신지보): 배움은 곧 몸의 보배이다.
9. 學者乃世之珍(학자내신지진): 배운 사람은 곧 세상의 보배이다.
10. 是故(시고): 이런 까닭에
11. 後之學者(후지학자): 뒷날에 배우는 사람들

12. 宜各勉之(의각면지): 마땅히 각각 이것에 힘써야 한다.

풀이

집이 만일 가난하더라도 가난 때문에 배움을 그만두어서는 안될 것이요. 집이 만일 부유하더라도 부유함을 믿고 학업을 게을리해서도 안될 것이다. 가난하지만 만약 부지런히 배우면 자신을 세울 수 있을 것이요, 부유하지만 만약 부지런히 배우면 이름이 이에 빛나고 영예스러워 질 것이다. 오직 배운 사람만이 입신출세하는 것을 보았고, 배운 사람이 이루지 못한 것을 보지 못하였으니, 배움은 곧 몸의 보배요, 배운 사람은 곧 세상의 보배이다. 이런 까닭으로 배운 사람은 곧 군자가 되고 배우지 않으면 소인이 된다. 뒷 날의 배우는 사람들은 마땅히 각각 이것에 힘써야 한다.

감상

구구절절이 옳은 말씀들이다. 한국이 오늘날 선진대열에 이른 것도 따지고 보면 다른 나라에 비하여 교육열이 월등하다는 점이 국가발전의 주요 원인으로 꼽힌다.

Ⅱ. 권학문(勸學文: 白樂天)

有田不耕倉廩虛(유전불경창름허)
有書不敎子孫愚(유서불교자손우)
倉廩虛兮歲月乏(창름허혜세월핍)
子孫愚兮禮義疎(자손우혜예의소)
若惟不耕與不敎(약유불경여불교)
是乃父兄之過歟(시내부형지과여)

도움해설

1. 倉廩(창름): 곡식을 넣어두는 곳을 倉이라하고,
   쌀을 넣어두는 곳을 廩이라한다. 창고를 말한다.
2. 歲月乏(세월핍): 세월이 궁핍하다는 것은 곧 생활이 곤궁해 진다는 의미.
3. 禮義疎(예의소): 사람으로서 마땅히 지켜야 할 예의가 소홀해 진다
4. 兮(혜): 가락을 맞추기 위한 조사로서, 이(而)와 쓰임새가 유사하다.
5. 歟(여): 어조사 여, 동의를 구하는 의문형으로 '그런가'의 뜻

풀이

밭이 있어도 경작하지 않으면 창고도 텅텅 비게 된다. 책이 있어도 가르치지 않으면 자손은 어리석게 된다. 그런데 창고가 비면 세상을 살아가는 데 식량이 모자라고 생활이 궁핍하게 된다.

한편, 자손이 어리석으면 예의에 소홀해져서 결국 몸을 망치게 된다. 이와 같이

밭을 갈지 않고 책을 통하여 교육하지 않는 일은 부형된 자의 책임이 아닐까 생각한다.

감상

마지막 2구를 제외하고는 모두 대구(對句)의 형식을 취하고 있다. 농경을 게을리 하면 살림을 할 수 없고, 학문을 하지 않으면 인간으로서의 예의규범을 알지 못한다는 점을 실감있게 일러주고 있는 명문이다.

Ⅲ. 권학문(勸學文: 朱熹)

勿謂今日不學 而有來日(물위금일불학이유내일)
勿謂今年不學 而有來年(물위금년불학이유내년)
日月逝矣 歲不我延(일월서의 세불아연)
嗚呼老矣 是誰之愆(오호노의 시수지건)

도움해설

1. 勿謂(물위): ~라고 일컫지 마라. 勿(물)은 부정사.
2. 日月(일월): 세월을 뜻함.
3. 延(연): 유유히 기다리는 것
4. 嗚呼老矣(오호노의): 아 아 늙었도다. 탄식어구.
5. 愆(건): 허물, 잘못. 예) 愆期(건기): 기일을 어김

풀이

오늘 배우지 않고 내일이 있다고 이르지 마라. 금년에 배우지 않고 내년이 있다고 이르지 마라. 세월은 한번 가면 되돌아오지 않으며, 나를 기다려주는 것도 아니다. 아아, 나는 이미 늙었도다. 이것은 누구의 잘못인가!

감상

이 글은 자신이 헛되이 늙은 것을 후회하면서 젊은 사람들이 일찍부터 학문에 힘쓸 것을 권하고 있다. 탄식조(歎息調)의 절실한 문구가 사람들의 마음을 감동케 한다.

주자의 다음 권학문도 널리 애송되고 있다.

> 少年易老學難成(소년이노학난성)
> 一寸光陰不可輕(일촌광음불가경)
> 未覺池塘春草夢(미각지당춘초몽)
> 階前梧葉已秋聲(계전오엽이추성)

소년은 늙기가 쉽고 학문은 이루기가 어려우니, 짧은 세월도 가벼이 하지마라. 연못가에 돋아난 봄 풀의 꿈은 아직 깨지도 않았는데, 뜰 앞의 오동잎은 이미 가을이 왔음을 알리는구나!

주자의 또 다른 권학시(勸學詩)도 매우 교훈적이다.

> 休林坐石老人行(휴림좌석노인행)
> 三十里爲一日程(삼십리위일일정)
> 若將一月能千里(약장일월능천리)
> 以老人行戒後生(이노인행계후생)

숨이 차고 피로하여 나무아래 그늘에서 쉬었다 가고, 조금 가다가 또 돌 위에서 쉬면서 천천히 걸어가는 노인의 걸음이란 하루 종일 걸어야 겨우 3십리 밖에 못 간다. 이렇게 더디게 걸어가는 노인의 걸음이라도 만일 끊이지 않고 한 달을 계속 한다면 천리도 무난히 갈 수가 있는 것이 아닌가, 더디게 가도 쉬지 않고 꾸준히 걷는 다면 이렇게 놀라운 결과를 가져오게 되는 것이다. 후배들에게 경계하노니, 후배들은 이 진리를 알아서 쉬지 말고 공부해야 할 것이다.

* 朱熹(주희, 1123-1200)는 송대의 성리학을 집대성한 주자학의 창시자이다. 그는 결코 허송세월을 한 인물이 아니다. 그런데 그가 嗚呼老矣(오호노의)라고 탄식하면서 자신의 부족함을 실토하는 것은 境地에 도달한 인물만이 할 수 있는 것이다.
만유인력을 발견한 천재 뉴튼도 "자기는 진리의 바다에는 가 보았으나, 정작 조약돌 몇 개를 주웠을 뿐"이라고 겸양(謙讓)하는 것과 맥(脈)을 같이 한다.

제 18 강 맹모단기(孟母斷機)

요즘 직장인들에게 한문습득 및 동양고전 읽기가 인기종목 이라고 한다. 한문은 어렵기는 하지만 우리에게 많은 것을 생각하게 한다. 치매(癡呆) 예방에 탁월한 효능이 있음직도 하다. 더욱이 古典을 접하면 인생을 살아가는데 있어서 많은 교훈을 얻게 된다.

무릇 고전을 읽어나가는 것은 어려운 일일 것이다. 더욱이 성현들의 말씀을 실천하는 것은 至難한 일이다. 그러나 고전을 읽고 생각에 잠겨보는 것만으로도 충분한 가치가 있고 우리 삶을 풍요(豊饒)롭게 할 수 있다고 생각된다. 그런 의미에서 인구에 膾炙(회자)되고 있는 '短文'을 소개하고자 한다.

맹모단기(孟母斷機)

孟子少也 旣學而歸. 孟母方績 問曰, "學何所至矣". 孟子曰, "自若也". 孟母以刀 斷其織 孟子懼而問其故. 孟母曰, "子之廢學 若吾斷斯織也". 孟子懼 旦夕勤學不息 師事子思 遂成天下之名儒. 君子謂, "孟母 知爲人母之道矣"

도움해설

1. 孟子(맹자): 전국시대 노나라의 철학자로 이름은 가(軻)이고 자는 자여(子輿)이다. 왕도(王道)와 인의(仁義)를 존중하였으며, 성선설(性善說)을 주장했다. 후세에 공자 다음간다하여 아성(亞聖)이라 일컬음. 孟: 맏 맹

2. 機(기계 기): 베틀

3. 少(소): 어릴 적

4. 旣學而歸(기학이귀): 이미 배웠다고 하여 돌아왔다. 而는 접속사, ~하고서

5. 方(방): 막, 마침, 바야흐로

한문에서 현재형으로 동작의 상태를 나타낼 때 '方' '正' '當'등의 단어를 주로 쓰며, '마침'이라고 해석한다. 예) 民方以爲憂(백성들이 마침 걱정하고 있다). 吾正料事(나는 마침 일을 생각하고 있다). 當得家書(막 집에서 온 편지를 받았다).

과거형 문장에는 "旣, 已, 以"등의 단어가 주로 쓰이며, 미래형에는 "將, 且(차), 欲"등의 글자가 등장한다.

6. 績(길쌈할 적): 베를 짜다.

7. 何所至矣(하소지의): 어디까지 이르렀는가? '所'는 장소를 나타낸다.

즉 공부가 어느 만큼의 경지에 도달했는가?

8. 自若(자약): 스스로 만족할 만하다. 별로 큰 진전이 없다는 의미. 같을 약(若): 태연자약(泰然自若)

9. 以刀(이도): 칼로써 '以'는 도구를 나타냄.

10. 斯(사): 이 사. 此也

11. 懼(두려워할 구): 두려워하다. 悚懼(송구)스럽다.

12. 廢(폐): 폐하다. 그만두다. 떨어지다.

13. 若(약): ~와 같다. 반야 야 般若心經(반야심경)

14. 旦夕(단석): 아침 저녁으로. 위급한 시기나 절박한 상태를 나타내기도 한다. 단(旦)은 해(日)가 지평선(一)위에 떠오르는 형국으로 아침을 의미하고, 석(夕)은 달(月)이 뜰무렵의 모습으로 저녁을 의미한다.

15. 勤學不息(근학불식): 부지런히 공부하여 쉬지않음.

16. 師事(사사): 스승으로 섬기다.

17. 子思(자사): 춘추시대 노(魯)나라의 유가로 공자의 손자.

18. 遂(수): 마침내. 드디어

19. 名儒(명유): 이름 있는 선비. 선비유(儒): 사람人에 소용될 需를 합친 글자로서 사회에 필요한 사람이 선비라는 것이다.

20. 君子(군자): 심성이 어질고 덕행이 높은 사람. 나의 사표(師表)가 될 만한 사람.

21. 知爲人母之道矣(지위인모지도의): 사람의 어머니 된 도리를 알았다.

풀이

맹자가 어렸을 때 이미 배웠다고 해서 집에 돌아왔다. 맹자의 어머니는 마침 베를 짜고 있다가 물었다."학문이 어디까지 이르렀는가?" 맹자가 말했다. "스스로 같습니다(전에 비해 진전이 없습니다)" 그러자 맹자의 어머니는 칼로 그 베를 잘라 버렸다. 맹자가 두려워하며 그 까닭을 물으니, 맹자어머니가 말했다. "네가 배움을 그만두는 것은 내가 이 베를 끊어 버리는 것과 같다." 맹자는 두려워하며 아침저녁으로 부지런히 공부하기를 쉬지 않았다. 자사를 스승으로 섬겨 마침내 천하에 이름난 선비가 되었다. 이를 보고 군자가 이르기를 "맹자의 어머니는 어머니 된 도리를 알았다"고 말했다.

* 평석: 흡사 조선조의 한석봉(韓石峯: 韓濩)어머니가 불을 끄고 떡을 썰어 아들 글씨와 비교함으로써 한석봉으로 하여금 명필가의 길로 매진케 한 것과 유사하다. 한석봉의 글씨는 중국인들도 "바위를 갉아내고, 목마른 천리마가 강가를 달리는 것과 같이 기(奇)하고 장(壯)하다"고 품평했다. 임진왜란 때 명나라 제독 이여송(李如松)과 마귀(麻貴)등도 한석봉의 글씨 한 점씩을 받아 귀국했다고 한다.

맹모단기를 단기지계(斷機之戒)또는 단기지교(斷機之敎)라고도 한다. 맹자를 제대로 키우기 위하여 세 번 이사한 것을 맹모삼천지교(孟母三遷之敎)라고 한다. 이처럼 어머니들은 위대하다.

漢字

제 19 강 불언장단(不言長短)

不言長短

黃相國喜 微時行野 憩于路上 見田夫駕二牛耕田者, 問曰, “二牛何者爲勝”.田夫不對 輟耕而至 附耳細語曰, “此牛勝”. 公怪之曰, “何以附耳相語. 田夫曰, ”雖畜物 其心與人同也. 此勝則彼劣 使牛聞之 寧無不平之心乎“ 公大悟, 遂不復言人之長短云.

도움해설

1. 相國(상국): 영의정, 좌의정, 우의정의 총칭. 정승. 옛날에는 성과 이름사이에 벼슬이름을 썼다. 따라서 ‘黃相國喜’는 황희 정승이라는 뜻이다.

2. 微時(미시): 미천한 시절에. 즉 벼슬에 오르지 않았을 때. 작을 미(微), 미미(微微)하다: 보잘것 없다. 미성(微誠): 작은 정성

3. 行野(행야): 들 길을 가다.

4. 憩(게): 쉬다. 휴게소(休憩所): 쉼터

5. 路上(노상): 길가. 于路上 길 위에서, 노상방뇨(路上放尿), 노상방가(路上放歌). 노류장화(路柳墻花): 아무나 쉽게 꺾을 수 있는 길가의 버들이나 담 밑의 꽃, 창부

나 기녀를 뜻한다.

6. 田夫(전부): 농부.

7. 駕(가): 부리다. 멍에 가, 부릴 가(駕)

8. 何者(하자): 어느 것. '者'는 의존명사.

9. 勝(승): 낫다. 훌륭하다

10. 輟(철): 그치다.

11. 而(이):그리고, 그래서, 접속사

12. 輟耕而至(철경이지): 밭 갈기를 그치고 다가온다.

13. 公(공): 황희 정승을 가리킴

14. 怪(괴): 괴이하게 여기다.

15. 附耳語(부이어): 귀엣말, 귀에 대고 하는 말. 붙을 부, 의지할 부(附), 부화뇌동(附和雷同)

16. 何以(하이): 어찌~하는가. 무슨 까닭으로 ~하는가.

17. 相(상): 여기서는 말하는 상대가 있음을 암시할 뿐 특별한 의미는 없다.

18. 雖(수): 비록 ~일지라도.

19. 畜物(축물): 가축, 짐승. 가축 축(畜), 가축에게 겨울에 먹일 풀(++)을 쌓아두면 쌓울 축(蓄), 저축(貯蓄)

20. 與(여): ~와, 접속사. 여자와 소인과는 더불어 다루기 힘들다(女子與小人 爲難養也: 논어)

21. 則(즉): ~으면, 가정이나 조건을 나타낸다.

22. 此勝則彼劣(차승즉피열): 이쪽이 나으면 저쪽이 못하다.

23. 使(사): 가령 ~한다면.

24. 寧~乎(녕~호): 어찌 ~입니까? 반문의 뜻을 나타내는 형식. '不亦~乎' '焉~乎(언~호)' '豈~哉(기~재)'등도 쓰인다. 예)學而時習之不亦說乎(배우고 때로 익히면 이 또한 기쁘지 않겠는가!), 豈害我哉(어찌 나를 해치겠는가!), 王侯將相寧有種乎(왕후장상의 씨가 따로 있겠는가!)

25. 寧無不平之心乎(녕무불평지심호): 어찌 불평하는 마음이 없겠습니까?

26. 大悟(대오): 크게 깨닫다. 마음속(忄)으로 나(吾)를 바르게 인식할 때 깨닫게(悟)된다.

27. 不復言(불부언): 다시는 말하지 않다. 중언부언(重言復言)

28. 云(운): ~라 이르더라. 직접 보지 않은 일 또는 단정적으로 말하지 않을 때 주로 사용.

풀이

황희 정승이 벼슬에 오르지 않았을 때에 들길을 가다가 길가에서 쉬는데 농부가 소 두 마리를 부려 밭갈이 하는 것을 보고 묻기를, "두 마리 소 중에서 어느 것이 낫습니까?"하니 농부는 대답을 하지 않고 밭갈기를 그치고 다가와서 귀에 대고 작은 소리로 말하기를, "이 쪽 소가 낫습니다"라고 했다.

공이 그것을 괴이하게 여기고 말하기를, "어찌하여 귀에 대고 말합니까?"하니, 농부가 말하기를, "비록 짐승이라도 그 마음은 사람과 같습니다. 이 쪽이 나으면 저 쪽이 못할 것이니, 가령 소가 그것을 듣는다면 어찌 불평하는 마음이 없겠습니까?"라고 했다. 공은 크게 깨달아 마침내 남의 장단점을 다시는 말하지 않았다고 한다.

* 평석: 아하~ 그래서 황희 정승이 종들의 다툼에 '네 말이 옳다.' '너도 옳다' 라고 했고, 심지어 "아니 그러면 누구가 옳다는 것입니까?" 하고 묻는 사람에게조차 '그래 너도 옳다'라고 했음을 추단할 수 있다.

漢字

제 20 강 형제투금(兄弟投金)

兄弟投金

高麗恭愍王時 有民兄弟偕行 弟得黃金二錠 以其一與兄 至孔巖津 同舟而濟 弟忽投金於水 兄怪而問之, "吾平日愛兄篤 今而分金 忽萌忌兄之心. 此乃不祥之物也 不若投諸江 而忘之" "汝之言誠是矣 亦投金於水"

도움해설

1. 有民(유민): 어떤 백성. '有'는 막연한 어떤 것. 특별히 가리키는 대상이 없음.
2. 偕行(해행): 함께하다. 百年偕老(백년해로)
3. 錠(정): 덩이. 알이라는 뜻도 있다. 糖衣錠(당의정): 먹기 좋게 겉에 당분을 입힌 정제나 환약
4. 與(여): 주다
5. 濟(제): 건너다. 건널 제, 구할 제, 經世濟民(경세제민)
6. 忽(홀): 문득, 갑자기. 忽然(홀연): 뜻밖에, 갑자기. 忽往忽來(홀왕홀래): 바람같이 갔다가 바람같이 오는 것.
7. 忽投金於水(홀투금어수): 갑자기 금을 물에 던지다.

8. 兄怪而問之(형괴이문지): 형이 괴이하게 여겨 그 까닭을 묻다. 여기서 '之'는 '投金於水'를 가리킴.
9. 平日(평일): 평소에
10. 篤(독): 도타울 독, 篤實(독실)
11. 萌(맹): 싹트다. 萌芽期(맹아기): 식물이 싹이 틀 무렵, 사물이 비롯하는 때
12. 忌兄之心(기형지심): 형을 꺼리는 마음
13. 不若(불약): ~만 못하다. ~하는 것이 좋다.
14. 諸(제): ~ 에. '之於'의 준말임.
'投諸江'은 '강에 그것을 던지다.'
15. 忘(망): 잊을 망. 勿忘草(물망초), 白骨難忘(백골난망)
16. 誠(성): 진실로.
17. 是(시): 옳다. 서술어

풀이

고려 공민왕 때 어떤 백성중에 형제가 함께 가다가 동생이 황금 두 덩어리를 주워 그 하나를 형에게 주었다. '공암진' 나루터에 이르러 배를 같이 타고 건널 때, 동생이 갑자기 금을 물에 던지니 형이 괴이하게 여겨 그 까닭을 묻자, "저는 평소 형을 사랑함이 도타웠는데, 지금 금을 나눔에 문득 형을 꺼리는 마음이 싹텄습니다. 이것은 곧 상서롭지 못한 물건입니다. 강에 던져서 이것을 잊는 것만 못합니다" 라고 했다. 형이 말하기를 "네 말이 진실로 옳다."하고는 그 또한 강물에 금을 던졌다.

* 평석: 무릇 황금이 친구를 갈라놓기도 하고 동기간의 정도 끊어지게 한다. 재벌가에서 직계간에 재산다툼이 법정으로 번짐을 심심치 않게 목격하게 된다. 그래서 친한 사이에 금전거래를 하지 말고, 친구 간에 동업을 피하라고 한다. 이 글에 나오는 형제의 정은 황금도 갈라놓질 못할 정도로 두텁다. 주운 황금을 강물에 던져 버리는 그 형제애는 가히 귀감이 되고도 남을 것이다.

漢字

제 21 강 태양문답(太陽問答)

太陽問答

孔子東遊 見兩小兒辯鬪 問其故 一兒曰 我以日始出時去人近 而日中時遠也 一兒以日初出遠 而日中時近也 一兒曰 日初出大如車蓋 及日中則如盤盂 此不爲遠者小而近者大乎 一兒曰 日初出滄滄凉凉 及其日中如探湯 此不爲近者熱而遠者凉乎 孔子不能決也 兩小兒笑曰 孰爲汝多知乎

도움해설

1. 孔子東遊 見兩小兒辯鬪(공자동유 견양소이변투): 공자가 동쪽지방을 여행하다가 어린아이 둘이서 말다툼을 하고 있는 것을 보았다.

* 遊: 노닐 유, * 辯: 말잘할 변 * 鬪: 싸움 투 * 辯鬪: 말 싸움

2. 問其故 一兒曰(문기고, 일아 왈):그 까닭을 물으니, 한 아이가 대답하기를

* 故: 까닭 고

3. 我以日始出時去人近(아이일시출시거인근): 나는 해가 처음 떠오를 때 사람에게 제일 가깝다고 생각한다.

* 以: 생각하다. 여기다 * 去: 갈 거, 떠날 거 * 去人近: 사람으로부터 가깝다

4. 而日中時遠也(이일중시원야): 그리고 한 낮에 해가 멀리 있다고 생각한다.

* 日中: 한 낮 * 遠: 멀 원

5. 一兒以日初出遠(일아이일초출원): 다른 아이는 해가 처음 떠오를 때는 멀리 있고

6. 而日中時近也(이일중시근야): 한 낮에는 가까이 있다고 했다

7. 一兒曰 日初出大如車蓋(일아왈 일초출대여거개): 첫 번째 아이가 말하기를 해는 처음 뜰 때 수레 덮개만큼 크게 보이고

* 如: 같을 여 * 車: 수레 거 * 蓋: 덮개 개

8. 及日中則如盤盂(급일중즉여반우): 한 낮에 이르면 쟁반이나 사발만큼 밖에 안 된다.

* 及: 미칠 급 * 盤: 쟁반 반 * 盂: 사발 우

9. 此不爲遠者小而近者大乎(차불위원자소이근자대호): 이것은 먼 것은 작게 보이고 가까운 것은 크게 보이기 때문이 아닌가요?

* 此不爲: 이 때문이 아닌가요

10. 一兒曰 日初出滄滄凉凉(일아왈 일초출창창량량): 다른 아이가 말하기를 해가 처음 뜰 적에는 서늘하지만

* 滄: 서늘할 창 * 凉: 서늘할 량 * 炎凉(염량): 더위와 추위, 세력의 성쇠

11. 及其日中如探湯(급기일중여탐탕): 해가 중천에 이르면 끓는 물을 만지는 것처럼 뜨겁다.

* 探: 찾을 탐, 더듬을 탐 * 湯: 끓일 탕

12. 此不爲近者熱而遠者凉乎(차불위근자열이원자량호): 이것은 가까울 때는 뜨겁고 멀리 있을 때는 서늘하기 때문이 아닌가요?

13. 孔子不能決也(공자불능결야): (아이들이 제각각 논리적 주장을 하면서 옳고 그름을 묻자) 공자는 결정을 내리지 못했다.

14. 兩小兒笑曰 孰爲汝多知乎(양소아소왈 숙위여다지호): 그러자 두 아이가 웃으면서 말하기를 '누가 선생님을 아는 게 많은 사람이라고 그랬나요?'

* 孰: 누구 숙

풀이

해에 관한 문답

공자가 동쪽지방을 여행하는 중에
두 어린아이가 말 다툼을 하는 것을 보게 되었다.
공자가 그 다투는 까닭을 물으니, 한 아이가 대답했다..
“나의 생각에는 해가 처음 떠오를 때가 사람에게 가장 가깝고,
해가 중천에 있을 때에는 가장 멀리 있다고 생각합니다”

그러자 다른 아이가 “해는 처음 뜰 적에 가장 멀리 있고 ,
한 낮에는 가까이 있다”고 말했다.

먼저 아이가 말하기를
“해가 처음 떴을 때는 수레 덮개만큼 크게 보이지만,
한 낮에 이르면 쟁반이나 사발만큼 밖에 안된다.
이로 보면 먼 것은 작게 보이고 가까운 것은 크게 보이질 않는가요?”

다른 아이가 말하기를
“해가 처음 뜰 때에는 서늘하지만,
한 낮이 되면 물을 만지는 것처럼 뜨겁다.
이것은 가까울 때는 뜨겁고 멀리 있을 때는 서늘하기 때문이 아닌가요?”

공자가 결정을 내리지 못하자,

두 아이가 웃으면서 말했다.

“누가 선생님 보고 아는 게 많다고 했나요?”

평석

어린아이들의 논리적인 사고방식이 매우 훌륭하다. 어린아이가 어른의 스승이 된다고도 하질 않았는가. 유식한 공자조차도 면구(面灸)스럽게 한 아이들의 재기가 현란(絢爛)하다. 모르는 것이 있으면 서슴없이 아랫사람에게 물어보아야 한다. 그래서 공자님도 불치하문(不恥下問)을 강조했다.

열자(列子)는 중국 전국시대(BC 475~221)의 사상가로서

중국 도가의 기본사상을 확립시킨 3명의 철학가 가운데 한 사람으로 꼽히고 있다. 〈열자〉의 저자로 전해진다. 노자나 장자와는 달리 인간의 미래는 운명이 아니라 주로 인과관계에 의해 결정된다고 가르쳤다. 열자에 나오는 '태양문답'이라는 이 이야기도 과학적이고 논리적임을 드러내고 있다.

漢字

제 22 강 인욕이대(忍辱而待)

尹淮少年有鄕里之行
暮投逆旅
主人不許止宿 坐於庭畔

主人兒持大眞珠出來
落於庭中 傍有白鵝 旣呑之

俄而 主人索珠不得
疑公竊取 縛之 朝將告官

公不與辨 只云 彼鵝亦繫吾傍
將朝 珠從鵝後出

主人慙謝 曰 昨何不言

公曰 昨日言之則 主必剖鵝覓珠
故忍辱而待

도움해설

1. 尹淮少年有鄕里之行(윤회소년유향리지행): 윤회가 젊었을 때 시골여행을 다니다가

* 淮: 회수회 * 鄕: 시골향 * 鄕里: 고향마을, 시골마을

2. 暮投逆旅(모투역여) : 해가 저물어 여관에 들었는데

* 暮: 저물모 * 投: 던질투 * 逆: 거스를 역, 맞이 할 역
* 旅: 나그네 려 逆旅: 나그네를 맞이함. 여관을 의미함.

3. 主人不許止宿 坐於庭畔(주인불허지숙 좌어정반): 주인이 머물러 자는 것을 허락지 아니하여 마당가에 앉아 있었다.

* 止: 그칠 지, * 宿: 잘 숙 * 坐: 앉을 좌
* 庭: 뜰 정 * 畔: 밭두둑 반, 가장자리 반

4. 主人兒 持大眞珠出來 落於庭中(주인아 지대진주출래 낙어정중): 주인집 아이가 커다란 진주를 가지고 나오다가 뜰 한 가운데 떨어 뜨렸다.

* 持: 가질 지 持參: 물건을 가지고 참석하는 것.
* 落: 떨어질 락

5. 傍有白鵝 旣呑之(방유백아 기탄지): 옆에 있던 거위가 그 진주를 집어삼켰다.

* 傍: 곁 방 * 鵝: 거위 아 * 旣: 이미 기
* 呑: 삼킬 탄, 감탄고토(甘呑苦吐): 달면 삼키고 쓰면 뱉는다.

6. 俄而 主人索珠不得(아이 주인색주부득): 잠시 후 주인이 진주를 찾았으나 찾을 수 없게 되자

* 俄: 잠시 아 * 索: 찾을 색 * 得: 얻을 득

7. 疑公竊取 縛之 朝將告官(의공절취 박지 조장고관): 공이 훔쳤다고 의심하여 결박하고는 아침에 관가에 고발하고자 하였다.

* 疑: 의심할 의 * 竊: 훔칠 절 * 取: 취할 취, 가질 취 * 縛: 묶을 박 * 朝: 아침 조,

조변석개(朝變夕改) 아침에 변경하고 저녁에 바꿈, 법령이나 방침이 수시로 바뀌는 것을 의미. 조령모개(朝令暮改)도 같은 의미. * 將: 장차 장 ,장수 장

8. 公不與辨 只云 彼鵝亦繫吾傍(공불여변 지운 피아역계오방): 공은 변명하지 않고 다만 이렇게 말할 뿐이었다, '저 거위도 내 곁에 매어놓으시오'

* 與: 더불 여 * 辨: 분별할 변, 與辨 함께 따지다
* 只: 다만 지 * 彼:저 피 * 繫: 묶을 계 * 傍: 곁방 ,옆 방

9. 將朝 珠從鵝後出(장조 주종아후출): 아침이 되자 진주가 거위의 뒤로부터 나왔다.

* 從: 따를 종, * 後: 뒤 후, 後出 뒤로부터 나왔다. 즉 똥과 함께 나왔다.

10. 主人慙謝 曰 昨何不言(주인참사 왈 작하불언): 주인이 부끄러워 사과하면서 말했다. '어제 왜 말하지 않았소?

* 慙: 부끄러워할 참 * 謝: 사례할 사, 사죄할 사
* 昨: 어제 작 * 何: 어찌 하

11. 公曰 昨日言之則 主必剖鵝覓珠(공왈 작일언지즉 주필부아멱주): 공이 대답하기를 '어제 그것을 말했더라면 주인께서는 반드시 거위의 배를 갈라 진주를 찾었을 겁니다'

* 剖: 쪼갤 부, 가를 부, 해부(解剖) * 覓: 찾을 멱

12. 故忍辱而待(고인욕이대): 그래서 치욕을 참고 기다린 것입니다.

* 故: 연고 고, 까닭 고 * 忍: 참을 인
* 辱: 치욕 욕 * 待: 기다릴 대

풀이

윤회가 소년시절 시골여행을 다니다가 해가 저물어 여관에 들었는데 주인이 머물러 자는 것을 허락지 아니하여 마당가에 앉아 있었다.

주인집 아이가 커다란 진주를 가지고 나오다가 뜰 한 가운데 떨어 뜨렸다. 옆에 있던 거위가 그 진주를 집어 삼켰다.

잠시 후 주인이 진주를 찾았으나 찾을 수 없게 되자, 공이(윤회가) 훔쳤다고 의심하여 결박하고는 아침에 관가에 고발하고자 하였다.

공은 변명하지 않고 다만 이렇게 말할 뿐이었다, '저 거위도 내 곁에 매어놓으시오'

아침이 되자 진주가 거위의 뒤로부터 나왔다. 주인이 부끄러워 사과하면서 말했다.'어제 왜 말하지 않았소? '

공이 대답하기를 '어제 그것을 말했더라면 주인께서는 반드시 거위의 배를 갈라 진주를 찾았을 겁니다. 그래서 치욕을 참고 기다린 것입니다.

평석

윤회는 진주를 거위가 집어삼킨 것을 목격해서 잘 알고 있었다. 그러나 이를 주인에게 실토(實吐)하면 거위의 배를 가를까 봐 자기가 절도의 누명을 쓰고 수모를 당하드라도 발설하지 않고, 거위의 목숨을 살려냈다. 생명존중의 마음 씀씀이가 감동적이다.

그리고 어린 소년으로서 신체가 결박되어 고통을 감수하면서도 아침에 거위 똥과 함께 나온 진주를 찾을 때까지 기다리는 그 인내심 역시 대단하다.

옛 말에 '될 성부른 나무는 떡잎부터 알아본다(蔬之將善 兩葉可辨)'고 했다. 이처럼 어려서부터 심성과 재주가 뛰어난 윤회(尹淮:1380~1436)는 조선조 태종과 세종의 총애를 받으며 병조판서를 거쳐 대제학에 오르게 된다.

'거위의 진주'라는 아주(鵝珠)는 생명존중의 대명사로 쓰이고 있다. 이와 더불어 초계(草繫)라는 말도 생명체 존중의 의미로 쓰인다.

초계라는 말이 생긴 연유는 다음과 같다. 옛날 나그네가 길을 가다가 도둑을 만나 자지고 있던 모든 것을 몽땅 털렸다. 심지어 입고 있던 옷가지 마져 빼앗겼다. 도둑은 발가벗은 나그네를 긴 풀로 묶어놓고 떠나버렸다. 다음날 아침에 만난 행인들이 묶은 풀을 풀어주어 나그네는 몸이 풀렸다. 행인들이 나그네에게 '풀을 끊으면 묶인 몸이 자유롭게 될 터인데 왜 밤새 그 자리에서 고생을 했냐'고 물었다 그러자 나그네는 '내가 일어서서 묶은 풀을 끊으면 풀들이 아플가 봐 차마 일어서질 못했다'고 대답했다. 그래서 초계(草繫: 풀에 묶이다)라는 말이 생겨났다.

살아서 움직이는 동물의 목숨은 존중한다 하드라도 풀까지 그럴 필요가 있는 가 하는 생각이 들기도 한다. 그러나 '천지만물은 모두 한 뿌리(천지동근天地同根)'라는 견지에서 보면, 동물이든 식물이든 모두 그 생명은 귀중하고 보호할 대상인 것이다.

윤회는 인내심 역시 대단한 인물이었다. 불가에서도 부처에 이르는 여섯가지 닦음 중에 忍辱(인욕)을 꼽고 있다. 무릇 모든 것을 참고 인내하는 곳에 화평과 복락이 있는 법이다. 그래서 '백번 참는 집에 큰 화평스러움이 있다' (百忍堂中有泰和 백인당중유태화)고 한다.

漢字

제 23 강 구용구사(九容九思: 李栗谷)

율곡 이이(李珥)선생은 이렇다할 스승 없이 오로지 신사임당 밑에서 독자적으로 수학하여 海東의 大賢으로 되었다.

이율곡 선생은 "국왕의 통치권은 인정하되, 그 통치는 백성의 복지를 위주로 해야 한다는 민본주의자(民本主義者)였다. 이른바 이기이원적 기일원론(理氣二元的 氣一元論)의 입장에 섰던 것이다. 오늘날 민주주의에서 복지국가론을 주장한 것과 같다.

절대왕조에서 민본주의를 주장한 율곡선생을 평생을 청빈생활로 수범을 보였다. 백성의 아픔과 굶주림을 자기의 질곡(桎梏)으로 받아들였던 것이다. 그는 판돈영부사(判敦寧府事)라는 종1품(從1品)의 높은 벼슬에 있을때 49세의 나이로 사망했는데, 사망 당시 시신(屍身)에 입힐 염습(殮襲)이 없어 친구의 것을 빌려야 했고, 또한 그에게는 서울에 집한 채도 없어서 셋집에 살았다고 한다. 오천원짜리 지폐에 새겨진 이율곡선생의 단아한 모습이 새롭게 보인다.

율곡 선생이 쓴 "격몽요결(擊蒙要訣)"중 '지신장(持身章)'에 나오는 '九容九思'를 음미해 본다.

Ⅰ. 九容(구용)

1. 足容重(족용중: 발은 무겁게 놀려야한다)

不輕擧也 若趨于尊 長之前則 不可拘此

(불경거야 약추우존 장지전즉 불가구차)

: 경솔하게 움직이지 말라.

그러나 만일 어른 앞으로 불려나갈 때에는 여기에 구애받아서는 아니된다.

2. 手容恭(수용공: 손은 공손히 가져야 한다)

手無慢弛無事 則當端拱不妄動(수무만이무사 즉당단공불망동)

: 손을 아무렇게나 내버려두지 말라.

만일 아무 할 일이 없을 때에는 마땅히 두 손을 모으고 있을 것이며, 쓸데 없이 움직이지 말아야 한다.

* 拱: 두손 맞잡을 공

3. 目容端(목용단: 눈은 단정하게 가져야 한다)

定其眼睫 視瞻當正 不可流眄邪睇(정기안첩 시첨당정 불가유면사제)

: 눈을 정당하게 가지라는 말이다.

무엇을 쳐다볼 때는 동자를 바르게 뜨고 보아야 한다. 결코 옆으로 흘겨보거나 곁눈질을 하지 말라.

* 睫: 속 눈썹 첩 * 瞻: 볼 첨 * 眄: 곁눈질 할 면 * 睇: 훔쳐볼 제

4. 口容止(구용지: 입은 다물고 있어야 한다)

非言語飮食之時 則口常不動(비언어음식지시 즉구상부동)

: 말을 할 때나 음식을 먹을 때 이외에는 입을 항상 다물고 있어야 한다.

5. 聲容靜(성용정: 목소리는 조용히 내야 한다)

當整攝形氣 不可出噦咳等雜聲(당정섭형기 불가출얼해등잡성)

: 언제나 목소리를 가다듬어 말하고, 기침이나 하품 등의 잡된 소리를 내서는 아니된다.

6. 頭容直(두용직: 머리는 곧게 가져야한다)

當正頭直身 不可傾回偏倚(당정두직신 불가경회편의)

: 머리는 바르게 갖고 몸은 꼿꼿하게 가진다.

한쪽으로 기울어지거나 돌리고 있지 말아야 한다.
* 椅: 기댈 의

7. **氣容肅(기용숙: 기운은 엄숙하게 가져야 한다)**
當調和鼻息 不可使有聲氣(당조화비식 불가사유성기)
: 숨 쉬는 것을 조화해서 부드럽게 한다. 호흡소리를 밖으로 내어서는 아니된다.

8. **立容德(입용덕: 서 있는 모습이 덕 있게 보여야 한다)**
中立不倚 儼然有德之氣像(중립불의 엄연유덕지기상)
: 가운데 서 있고 어디에 의지하지 않아 엄연히 덕이 있는 기상을 나타내어야 한다.

9. **色容莊(색용장: 얼굴 빛은 씩씩하게 가져야 한다)**
顔色整齊 無怠慢之氣(안색정재 무태만지기)
: 얼굴 빛을 항상 정제하고 게으르거나 거만한 기색을 나타내서는 안된다.

Ⅱ. 九思(구사)

1. **視思明(시사명: 사물을 밝게 본다)**
視無所蔽 則明無不見(시무소폐 즉명무불견)
: 보는데 있어서 은폐함이 없으면 보지 못하는 것이 없게 된다.

2. **聽思聰(청사총: 들을 때는 총명하게 듣는다)**
聽無所壅 則聰無不聞(청무소옹 즉총무불문)
: 소리를 듣는 데 있어서 아무것도 막히는 것이 없으면 들리지 않는 소리가 없게 된다.
* 壅: 막힐 옹

3. **色思溫(색사온: 얼굴빛은 온화할 것을 생각하라)**

容色和舒 無忿厲之氣(용색화서 무분려지기)

: 얼굴 빛을 화평하게 갖고 조금도 화를 내거나 사나운 기색을 갖지 말아야 한다.

4. **貌思恭(모사공: 몸모양은 공손할 것을 생각하라)**

一身儀形 無不端莊(일신의형 무불단장)

: 일신의 모습은 항상 단정하고 장중해야 한다.

5. **言思忠(언사충: 말을 할 때는 항상 충실함을 생각하라)**

一言之發 無不忠信(일언지발 무불충신)

: 한마디 말도 충성되지 못하고 신용 없는 것이 없도록 하라.

6. **事思敬(사사경: 일을 할 때는 공경함을 생각하라)**

一事之作 無不敬愼(일사지작 무불경신)

: 한 가지 일을 할 때에도 무엇에나 공경하고 삼가지 않는 것이 없도록 하라.

7. **疑思問(의사문: 의심나는 일이 있으면 물을 것을 생각하라)**

有疑于心 必就先覺審問 不知不措(유의우심 필취선각심문 부지부조)

: 의심이 나면 반드시 선각자를 찾아서 자기가 알지 못하는 것을 물어보고 아무런 부끄러움도 갖지 말아야 한다.

8. **忿思難(분사난: 분이 날 때는 어지러울 것을 생각하라)**

有忿必懲 以理自勝(유분필징 이리자승)

: 마음을 스스로 경계해서 이치로 타일러 이겨 참도록 하라

9. **見得思義(견득사의: 이득을 볼때는 의리를 생각하라)**

臨財必明義利之辨 合義然後取之(임재필명의리지변 합의연후취지)

: 재물 앞에서는 반드시 정의로운 것인가를 분명히 따지고, 정의에 합당한 연후에만 그 재물을 취해야 한다.

감상

대현 율곡선생은 1536년 강릉 오죽헌 몽룡실에서 어머니 신사임당이 용꿈을 꾼 후 탄생하였다. 그래서 아명을 현룡이라고 하였다. 3세 때 말과 글을 배웠으며 7세 때에는 집복창전을, 8세 때에는 화석정시를 지었으며 10세 때 장문의 경포대부를 쓴 신동으로 세상사람들을 경탄시켰다.

13세에 어린나이로 팔을 찔러 아버지의 중병을 회복케 한 효자이기도 했다. 13세에 진사초시에 장원급제한 것을 비롯하여 아홉 번이나 대소과거에 장원급제하여 구도장원공으로 유명했다.

4조판서(이. 호. 병. 형)를 역임한 선생은 학문과 입신의 도를 배움에 어머니 사임당 외에는 사사를 받은 바 없고, 독학과 수도로써 심오한 학문의 경지에 이르렀으며, 저서에 있어서도 정치 경제 교육 등 애국 애족의 방향을 제시했다.

여기에 소개한 구용구사는 모두 38권으로 되어 있는 율곡전서중 격몽요결에 나오는 글귀이다. 율곡은 구용구사를 스스로 실천했던 인물이다.

예가 아니면 눈으로 보지도 않았고(非禮勿視), 예가 아니면 귀로 듣지도 아니하였다.(非禮勿聽) 예가 아니면 입으로 말하지도 않았고(非禮勿言), 예가 아니면 움직이지도 않았다(非禮勿動).

이것을 구체화시킨 것이 九容九思라고 할 수 있다. 그래서 자기 몸과 마음을 가다듬고 수습하는 데는 구용보다 더 중요한 것은 없고(收斂身心 莫切於九容), 학문을 진보시키고 지혜를 더함에는 구사보다 더 소중한 것은 없다(進學益智 莫切於九思)라고 역설하고 있다.

漢字

제 24 강 춘향전(春香傳)

춘향전은 너무나 유명해서 한국인이면 춘향전에 나오는 주인공 이름이 이몽룡(李夢龍)과 성춘향(成春香)임을 누구나 알 정도이다.

꿈꾸는 듯한 '몽룡'이라는 이름도 그럴듯하지만 '춘향'이라는 이름 역시 봄 냄새가 싱그럽게 풍기는 향기로운 이름이다.

신분을 초월한 사랑이 신선하고, 탐관오리 변학도를 응징하는 장면은 민초(民草)들의 욕구를 충족시킨다.

조선후기 서민문학의 백미(白眉)인 '춘향전'중 이몽룡이 암행어사가 되어 신분을 감춘 채 춘향모(春香母) '월매'를 만나는 장면과, 옥에 갇힌 춘향을 면담하는 장면을 한문으로 감상해 보기로 한다.

Ⅰ. 鷄鳴後 往春香之家 墻垣頹圮 屋宇荒凉而但有 烏跡 亂雜於塵埃堆積之間

中有一老媼 搔白首 向黃葉而獨坐 扣而問之 乃香娘之母月梅也.
月梅曰,"客從何處來乎" 客曰,"老媼不知我乎 我是李道令也"
月梅驚起把袖 垂淚而言曰, "李郎 李郎, 何其行色之草草而其來也?,
亦何遲遲也? 吾女 香娘 若非李郎之故 胡爲乎獄中?
幸望顯貴而來 心祝口呼者久矣 反爲乞人而至 嗟乎春香 誰依誰恃?"

도움해설

1. 鷄鳴後(계명후): 닭이 운 뒤

2. 墻垣(장원): 담
3. 頹圮(퇴비): 무너져서 헐다
4. 屋宇(옥우): 집
5. 塵埃(진애): 먼지와 티끌
6. 堆積(퇴적): 쌓임
7. 老媼(노온): 늙은 할미, 노파
8. 搔(소): 긁다.
9. 白首(백수): 흰머리
10. 從何處來乎(종하처래호): 어느 곳으로부터 왔는가? '從'은 '~으로부터'
11. 把袖(파수): 소매를 붙잡음
12. 垂淚(수루): 눈물을 흘림
13. 行色(행색): 행동하는 태도, 차림새
14. 草草(초초): 바빠서 지친 모양
15. 遲遲(지지): 더딘 모양
16. 若非李郎之故 胡爲乎獄中(약비이랑지고 호위호옥중): '이도령 때문이 아니면 어찌 옥중에 있겠소? '若'은 가정형에 쓰이고 '故'는 '때문에' 胡(호)는'어찌하여'를 나타내며, '乎'는 의문문에 쓰인다.
17. 幸望(행망): 바라고 바라다
18. 顯貴(현귀): 출세하여 귀하게 됨
19. 嗟乎(차호): '슬프다!' 감탄사. 嗚呼(오호) 痛哉(통재) 모두 유사한 감탄사이다.
20. 誰依誰恃(수의수시): 누구를 의지하고 누구를 믿으랴?

풀이

닭이 운 뒤에 춘향의 집으로 가니, 담장은 무너져서 헐렸고, 집은 황량한데, 다만 새의 발자국만이 먼지와 티끌이 쌓인 사이로 어지러이 섞여 있었다. 그 가운데 한 노파가 있어 흰 머리를 긁으면서 누런 나뭇잎을 바라보며 홀로 앉아 있었다.

문을 두드려 그에게 물어보니, 이는 춘향의 어미 월매였다.

월매가, 말하기를, "손님은 어느 곳에서 오셨소?"라고 하자,
나그네가, "노파는 나를 모르겠소? 내가 바로 이 도령이오."라고 했다.

월매가 놀라서 일어나 소매를 잡고 눈물을 흘리며 말했다.
"이 도령, 이 도령, 어찌 그 행색이 초라해져 왔소? 또 어찌 더디 왔소? 내 딸 춘향이 만약 이 도령 때문이 아니면 어찌 감옥 안에 있겠소? 출세하여 귀하게 되어서 오길 바라고 바라서 마음으로 빌고 입으로 외친 것이 오래 되었건만 도리어 거지가 이르렀으니, 슬프다! 춘향아, 누구를 의지하고 누구를 믿으랴?"

II. 御史潸然出涕而悲曰 "其勢誠急而 其情誠感也 救己之不暇 況爲人憂乎?"

月梅因與李郎 同至獄門 呼春香謂曰,"來矣來矣"
春娘 驚起而問,"何人 來乎?" 春母曰, "李道令來矣"
春香 愁中帶喜而語曰,"其夢耶 其眞耶 自天而降乎 從地而出乎"
香母曰 "今者李道令 非前日之李道令也.
形容憔悴 衣服襤褸 乃一乞人也. 如天所望 都是虛事"
香娘曰,"不聞聖人之言乎? 富貴不能淫 貧賤不能移
豈可使富貴而交之 貧賤而疎之

도움해설

1. 潸然(산연): 눈물을 줄줄 흘리는 모양
2. 出涕(출체): 눈물을 흘림
3. 誠感(성감): 참으로 슬퍼함
4. 帶喜(대희): 기쁜 빛을 띰
5. 其夢耶 其眞耶(기몽야 기진야): 이것이 꿈이냐 ,이것이 생시냐?
6. 憔悴(초췌): 몸이 야위고 파리함
7. 襤褸(남루): 헌누더기, 옷 따위가 낡고 너절함
8. 如天所望(여천소망): 마치 하늘이 바라던 것 같이

9. 都是(도시): 도무지
10. 富貴不能淫(부귀불능음): 부귀로도 어지럽힐 수 없다.
11. 貧賤不能移(빈천불능이): 빈천으로 그 뜻을 바꾸게 할 수 없다.
12. 豈(기): '어찌' 반어형 문장에 쓰이는 조사.
예) 豈可忘其恩乎(기가망기은호: 어찌 그 은혜를 잊을 수 있겠는가!)

풀이

어사가 눈물을 흘리며 슬퍼하여 말했다. "그 형세가 참으로 급하고 그 정경이 참으로 슬프나 자신을 구할 겨를이 없는데 하물며 남을 위해 걱정을 하겠는가?" 라고 했다.

월매가 인하여 이도령과 감옥 문에 이르러서 춘향을 불러 이르길, "왔다, 왔어" 라고 하니,

춘향이 놀라 일어나면서 묻기를 "누가 왔습니까?"라고 해서 춘향어미가 말하기를, "이도령이 왔다" 라고 하니, 춘향이 근심 중에도 기쁜 빛을 띠며 말하기를," 이것이 꿈이냐? 이것이 생시냐? 하늘에서 내려왔는가? 땅에서 솟았는가?"라고 하니,

춘향어미가 말하기를 "지금의 이도령은 전날의 이도령이 아니다. 몰골이 야위고 파리하고 옷이 낡고 헤져서 너절하니, 곧 하나의 거지이다. 하늘같이 바라던 것이 도무지 헛일이 되었다"라고 했다.

춘향이 말하기를 "성인의 말을 듣지 못했습니까? 부귀함으로도 어지럽힐 수 없고, 빈천함으로도 바꾸게 할 수 없다 했으니 어찌 부귀하다고 그를 사귈 수 있으며, 빈천하다고 그를 소원시하겠습니까?"라 했다.

후기

변학도 생일잔치에 어사출도를 외치며,
이몽룡이 읊은 칠언절구(七言絶句) 역시 유명하다.

> 金樽美酒千人血(금준미주천인혈)
> 玉盤佳肴萬姓膏(옥반가효만성고)
> 燭淚落時民淚落(촉루낙시민루락)
> 歌聲高處怨聲高(가성고처민성고)

금항아리에 담긴 향기로운 술은 천 사람의 피를 뽑아 만들었고,
옥쟁반에 담긴 맛있는 안주는 만 백성의 기름을 짜서 만들었다.
촛대에 흐르는 촛물은 백성들의 눈물이요
노래소리 높은 곳에 백성들의 원망소리 높더라.

漢字

제 25 강 귀거래사(歸去來辭)

귀거래사(歸去來辭)는 동진(東晋)시대 도연명(陶淵明 365~427)의 대표적인 산문 작품이다.

이 작품은 도연명이 41세때 진나라 심양도 팽택 현령으로 재직하면서 상급 기관의 관리들에게 굽신거려야 하는 현실을 깨닫고, “내 어찌 쌀 다섯 말의 봉급을 위하여 허리를 굽히겠는가!”하고 사직하고 전원생활로 돌아가면서 지은 작품이다.

낙향한 도연명은 20여년 간 은둔생활을 하고 자연을 즐기다가, 62세에 세상을 떠나게 된다. ‘인생칠십 고래희(人生七十古來稀)’에 비추어 요즘 나이로 환산하면 팔십정도에 세상인연을 다한 것 같다.

도연명의 시문으로 현재 남아 있는 것은 4언시(四言詩) 9수, 5언시 115수, 산문 11편이 있다. 〈귀거래사〉는 도연명의 대표작으로 서예작품이나 병풍글씨에 자주 등장한다. 잘 익혀서 전시회 같은 곳에서 의젓하게 귀거래사의 내용을 사람들에게 해설하면 한 품격은 올라가게 될 것이다.

歸去來辭

歸去來兮 田園將蕪胡不歸, 旣自以心爲形役 奚惆悵而獨悲
悟已往之不諫 知來者之可追 實迷途其未遠 覺今是而昨非
舟搖搖以輕颺 風飄飄而吹衣, 問征夫以前路 恨晨光之熹微
乃瞻衡宇 載欣載奔 僮僕歡迎 稚子候門. 三徑就荒 松菊猶存
攜幼入室 有酒盈罇 引壺觴以自酌 眄庭柯以怡顏 .

倚南窗以寄傲 審容膝之易安 園日涉以成趣 門雖設而常關
策扶老以流憩 時矯首而遐觀 雲無心以出岫 鳥倦飛而知還
影翳翳以將入 撫孤松而盤桓　歸去來兮 請息交以絶游
世與我而相違 復駕言兮焉求 悅親戚之情話 樂琴書以消憂
農人告余以春及 將有事於西疇

다섯 단락으로 구분하여 해설을 시도해 본다.

1. 歸去來兮(귀거래혜) 田園將蕪胡不歸(전원장무호불귀), 旣自以心爲形役(기자이심위형역) 奚惆悵而獨悲(해추창이독비) 悟已往之不諫(오이왕지불간) 知來者之可追(지래자지가추) 實迷途其未遠(실미도기미원) 覺今是而昨非(각금시이작비)

도움해설

1. 歸去來兮(귀거래혜)

'귀거래'는 '돌아가다'의 뜻. 여기서 '來'는 조사. '兮'는 감탄형에 주로 쓰인다. '兮' 외에 재(哉) 호(乎) 등도 감탄어귀에 등장한다. 귀거래혜: 돌아가자꾸나!

2. 장(將): 장차 ~하려 한다.

3. 무(蕪): 황폐하다. 황무지(荒蕪地) 개간(開墾)

4. 호불귀(胡不歸): 어찌 돌아가지 않겠는가. '胡'는 반문을 나타낸다. 예) 吾女春娘, 若非李郞之故 胡爲乎獄中(나의 딸 춘향이가 만일 이도령 때문이 아니라면 어찌 감옥 안에 있게 되었겠는가?) 여기서 월매는 이도령을 원망하면서 '胡'를 써서 이유를 곱씹는다.

5. 기자이심위형역(旣自以心爲形役): 이미 스스로 마음을 형체의 사역으로 삼았다. '以A 爲B'는 A로써 B로 삼는다는 뜻. '형역'은 마음이 육체적 생활의 노예가 되어 사역당하는 일. 즉 정신적인 안락을 구하는 일 없이 먹고 사는데 급급함을 뜻

함. 그래서 이 문장은 "지금까지 고귀한 정신을 육신의 노예로 만들어 버렸다"로 해석된다.

6. 해추창이독비(奚惆悵而獨悲): 어찌 혼자 슬퍼하고 서러워만 할 것인가? '해(奚)'는 의문문에 쓰이는 조사. 예) '奚不去也': 어찌하여 떠나지 않는가? 추창(惆悵)은 실망하여 탄식하는 것. 도연명이 1600년 전 옛날 사람이라 고어가 자주 등장한다.

7. 래자(來者): 올 것

8. 가추(可追): 따를 수 있다.

9. 각금시이작비(覺今是而昨非): 지금은 옳고 어제는 잘못이었음을 깨닫다.

풀이

돌아가자꾸나! 전원이 장차 황폐해지려하니 어찌 돌아가지 않겠는가! 지금까지는 고귀한 정신을 육신의 노예로 만들어 버렸다. 어찌 슬퍼하여 서러워만 할 것인가? 이미 지난 일을 탓해야 소용없음을 깨달았다. 앞으로 바른길을 좇는 것이 옳다는 것을 깨달았다. 내가 인생 길을 잘못들어 헤맨 것은 사실이나, 아직 그리 멀지 않았다. 이제는 깨달아 바른길을 찾았고 지난날의 일들이 그릇된 것임을 알았다.

II. 舟搖搖以輕颺(주요요이경양) 風飄飄而吹衣(풍표표이취의), 問征夫以前路(문정부이전로) 恨晨光之熹微(한신광지희미) 乃瞻衡宇(내첨형우) 載欣載奔(재흔재분) 僮僕歡迎(동복환영) 稚子候門(치자후문).

도움해설

1. 요요(搖搖): 흔들리는 모습, '遙遙'라고 되어 있기도 함
2. 양(颺): 나부끼다.
3. 표표(飄飄): 바람이 살랑살랑 불어 나부끼는 모양
4. 정부(征夫): 여행하는 사람, 나그네,
5. 신광지희미(晨光之熹微): 새벽빛의 희미함

6. 형우(衡宇): 누추한 집
7. 재(載): 곧
8. 재흔재분(載欣載奔): 기뻐서 달려감
9. 동복(僮僕): 하인, 종
10. 치자(稚子): 어린아이
11. 후문(候門): 문에서 기다린다. '候'는 안부를 묻는다는 뜻이 아니라 기다린다는 뜻

풀이

배는 흔들흔들 가볍게 흔들리고 바람은 한들한들 가볍게 나붓긴다. 길손에게 고향이 예서 얼마나 머냐 물어보며, 새벽빛이 희미한 것을 한스러워한다. 마침내 저 멀리 우리 집 대문과 처마가 보이자, 기쁜 마음에 급히 뛰어갔다. 머슴아이 길에 나와 나를 반기고 어린 것들이 대문에서 나를 맞는다.

Ⅲ. 三徑就荒(삼경취황) 松菊猶存(송국유존) 攜幼入室(휴유입실) 有酒盈罇(유주영준) 引壺觴以自酌(인호상이자작) 眄庭柯以怡顔(면정가이이안) 倚南窗以寄傲(의남창이기오) 審容膝之易安(심용슬지이안).

도움해설

1. 삼경(三經): 은둔지사의 대문 안의 뜰, 문정(門庭), 한나라의 은둔지사 '장후'가 대나무 숲으로 이루어진 정원에 좁은 길이 세 개가 있었던 고사에서 나온 말
2. 유존(猶存): 오히려 그대로 있다.
3. 휴(攜): 끌다.
4. 유주영준(有酒盈罇): 술이 술동이에 가득 있다.
5. 인호상이자작(引壺觴以自酌): 술병과 술잔을 이끌어 스스로 따라 마시다.
6. 면(眄): 보다
7. 가(柯): 가지

8. 이안(怡顔): 안색을 부드럽게 함.

9. 심용슬지이안(審容膝之易安): 무릎을 받아들일만한 곳이 편안하기 쉬움을 깨닫다.

풀이

뜰 안의 세 갈래 작은 길에 잡초가 무성하지만, 소나무와 국화는 아직도 꿋꿋하다. 어린놈 손잡고 방에 들어오니 항아리에 술이 가득하다. 술 단지를 끌어당겨 나 스스로 잔에 따라 마시며 뜰의 나뭇가지를 바라보며 웃음 짓는다. 남쪽 창가에 기대어 마냥 의기 양양해하니, 무릎하나 들일만한 작은 집이지만 이 얼마나 편한가.

Ⅳ. 園日涉以成趣(원일섭이성취) 門雖設而常關(문수설이상관) 策扶老以流憩(책부노이류게) 時矯首而遐觀(시교수이하관) 雲無心以出岫(운무심이출수) 鳥倦飛而知還(조권비이지환) 影翳翳以將入(영예예이장입) 撫孤松而盤桓(무고송이반환)

도움해설

1. 문수설이상관(門雖設而常關): 문은 비록 설치되어있지만 항상 닫혀 있다.
2. 책(策): 짚다.
3. 부로(扶老): 노인의 지팡이. 대나무의 한 가지로 지팡이를 만듬.
4. 게(憩): 쉬다.
5. 시교수이하관(時矯首而遐觀): 때로는 머리를 들어 멀리 바라본다.
6. 수(岫): 산봉우리
7. 예예(翳翳): 환하지 않은 모양, 해가 질 무렵의 어스레한 모양
8. 반환(盤桓): 머뭇거리며 멀리 떠나지 않은 모양.

풀이

날마다 동산을 거닐며 즐거운 마음으로 바라본다. 문이야 달아 놓았지만 찾아오는 이 없어 항상 닫혀있다. 지팡이에 늙은 몸 의지하며 발길 멎는 대로 쉬다가, 때때로 머리들어 먼 하늘을 바라본다. 구름은 무심히 산골짜기를 돌아 나오고 날기에 지친 새들은 둥지로 돌아 올 줄 안다. 저녁 빛이 어두워지며 서산에 해가 지려하는데, 나는 외로운 소나무를 어루만지며 서성이고 있다.

Ⅴ. 歸去來兮(귀거래혜) 請息交以絕遊(청식교이절유) 世與我而相違(세여아이상위) 復駕言兮焉求(복가언혜언구) 悅親戚之情話(열친척지정화) 樂琴書以消憂(낙금서이소우) 農人告余以春及(농인고여이춘급) 將有事於西疇(장유사어서주)

도움해설

1. 청식교이절유(請息交以絕遊): 세상과 사귀지 않고 속세와 단절된 생활을 하겠다.

2. 복가(復駕): 벼슬길에 다시 오르다.

3. 농인여이춘급(農人告余以春及): 농부가 나에게 봄이 왔다고 일러준다.

여(余): 1인칭에 해당하는 글자로는 〈我, 吾, 予, 余, 己, 愚〉등이 있다.

2인칭대명사로는 〈汝, 爾, 君, 子, 公〉등이 쓰인다.

3인을 나타내는 글자로는 〈彼, 他, 夫, 其, 或〉등이 쓰인다.

복수를 나타낼 때에는 '等, 輩'등을 같이 쓴다. 예) 吾等(우리들은), 汝輩(너희들), 市井雜輩(시정잡배)등

4. 장유사어서주(將有事於西疇): 앞으로는 서쪽 밭에 나가 밭을 갈련다.

풀이

세상과 사귀지 않고 속세와 단절된 생활을 하련다. 세상과 나는 인연을 끊었으니, 다시 벼슬길에 올라 무엇을 구할 것이 있겠는가? 친척들과 정담을 나누며 즐거워하고 거문고를 타고 책을 읽으며 시름을 달랜다. 농부가 내게 찾아와 봄이 왔다고 일러주니 앞으로 서쪽 밭에 나가 밭을 갈련다.

감상

돌아가자꾸나! 전원이 장차 황폐해지려하니 어찌 돌아가지 않겠는가! 지금까지는 고귀한 정신을 육신의 노예로 만들어 버렸다. 어찌 슬퍼하여 서러워만 할 것인가? 이미 지난 일을 탓해야 소용없음을 깨달았다. 앞으로 바른길을 쫓는 것이 옳다는 것을 깨달았다. 내가 인생길을 잘못 들어 헤맨 것은 사실이나, 아직 그리 멀지 않았다. 이제는 깨달아 바른 길을 찾았고 지난 날의 일들이 그릇된 것임을 알았다.

배는 흔들흔들 가볍게 흔들리고 바람은 한들한들 가볍게 나붓낀다. 길손에게 고향이 예서 얼마나 머냐 물어보며, 새벽빛이 희미한 것을 한스러워한다. 마침내 저 멀리 우리 집 대문과 처마가 보이자, 기쁜 마음에 급히 뛰어갔다. 머슴아이 길에 나와 나를 반기고 어린 것들이 대문에서 나를 맞는다.

뜰 안의 세갈래 작은 길에 잡초가 무성하지만, 소나무와 국화는 아직도 꿋꿋하다. 어린놈 손잡고 방에 들어오니 항아리에 술이 가득하다. 술 단지를 끌어당겨 나 스스로 잔에 따라 마시며 뜰의 나뭇가지를 바라보며 웃음 짓는다. 남쪽 창가에 기대어 마냥 의기 양양해하니, 무릎하나 들일만한 작은 집이지만 이 얼마나 편한가.

날마다 동산을 거닐며 즐거운 마음으로 바라본다. 문이야 달아 놓았지만 찾아오는 이 없어 항상 닫혀있다. 지팡이에 늙은 몸 의지하며 발길 멎는 대로 쉬다가, 때때로 머리 들어 먼 하늘을 바라본다. 구름은 무심히 산골짜기를 돌아 나오고 날기에 지친 새들은 둥지로 돌아 올 줄 안다. 저녁 빛이 어두워지며 서산에 해가 지려 하는데, 나는 외로운 소나무를 어루만지며 서성이고 있다.

세상과 사귀지 않고 속세와 단절된 생활을 하련다. 세상과 나는 인연을 끊었으니, 다시 벼슬길에 올라 무엇을 구할 것이 있겠는가? 친척들과 정담을 나누며 즐거워하고 거문고를 타고 책을 읽으며 시름을 달랜다. 농부가 내게 찾아와 봄이 왔다고 일러주니 앞으로 서쪽 밭에 나가 밭을 갈련다.

평석

귀거래사는 본문 이외에도 은둔생활을 보다 자세하게 묘사한 부분들이 이어진다. 그 내용은 어쩌면 老莊思想과 흡사한 면을 느끼게 된다. 전반부문이 보다 의미가 있다고 생각된다.

제 26 강 장진주(將進酒: 李白)

술하면 이태백이 연상된다. 이태백은 시선(詩仙)이자 주선(酒仙)이다. 장진주(將進酒)는 이백의 유명한 권주가(勸酒歌)다.

한문에 접해 본 사람은 반드시 이 명문을 감상하게 된다.

이백(李白: 701~762)은 달과 술을 무던히 사랑했다. 그러기에 종내 술이 취한 상태에서 물 속에 빠진 달을 건지려다가 결국 생을 마감했다고 전해지기도 한다.

인간이 자연의 일부에 불과할 진대, 이백은 환상적으로 자연에 귀의한 셈이다.

사람은 누구나 한(恨)을 하나 둘 가지고 살아가게 마련이다. 그 한을 달래주는 적절한 방법의 하나가 술을 마시는 것이다.

술을 잘 먹는 사람치고 악한 사람이 드물다고 한다. 아마도 술이 인간의 응어리를 풀어주기 때문일 지도 모른다.

동산에 떠오른 달이 바라보면서 술잔을 기울이는 것은 풍류다.

"술을 들어 명월에게 권하노니(擧酒勸明月),
부디 내 노랫소리를 들으시라((聽我歌聲發)."

장진주(將進酒: 李白)를 편의상 4단락으로 나누어 감상한다.

Ⅰ.

君不見黃河之水天上來(군불견 황하지수천상래)
奔流到海不復廻(분류도해불부회)
又不見高堂明鏡悲白髮(우불견 고당명경비백발)
朝如靑絲暮如雪(조여청사모여설)
人生得意須盡懽(인생득의수진환)
莫使金樽空對月(막사금준공대월)

* 천상(天上): 하늘 위, 즉 높은 곳의 "황하"의 상류는 고원(高原)이고 그 근원은 곤륜산(崑崙山)이어서 이렇게 말한 것임.
* 분류(奔流): 굉장한 형세로 흐르는 물
* 고당(高堂): 좋은 집
* 청사(靑絲): 푸른 실, 즉 검은 머리
* 득의(得意): 자기 뜻대로 되는 것
* 금준(金樽): 금, 또는 동으로 만든 술 단지.

풀이

그대는 보지 못하였는가?
하늘에서 내린 황하의 물이 굉장한 형세로 흘러 바다에 이르러 다시 돌아오지 못함을.
또한 보지 못하였는가?
귀인이 명경속의 백발을 슬퍼함을. 아침에 검푸렀던 머리가 저녁에는 눈같이 희였네.
인생이 뜻을 얻었을 때는 즐거움을 다 할지니,
금빛 술 단지로 하여금 공연히 달을 대하게 하지 말라.
달밤에는 마땅히 술을 흠뻑 마시면서 즐거워 해야 할 것이다.

Ⅱ.

天生我材必有用(천생아재필유용)
千金散盡還復來(천금산진환부래)
烹羔宰牛且爲樂(팽고재우차위락)
會須一飮三百杯(회수일음삼백배)

* 아재(我材): 나의 재능
* 팽고(烹羔): 양을 삶다. 고(羔)는 양의 새끼를 지칭. 고(羔)대신 양(羊)자를 쓰기도 함.
* 재우(宰牛): 소를 잡아 요리를 만드는 것.

풀이

하늘이 나에게 재능을 준 것은 반드시 그 재주를 쓸 데가 있었음이라.
돈도 쓰라고 만든 것이니, 천금을 써도 또 돈이 생기게 마련이다.
양고기를 삶고 소를 잡아 얼마동안 낙을 즐기리다.
술을 들 적에는 모름지기 한 번에 삼백잔은 마셔야한다.

Ⅲ.

岑夫子丹丘生(잠부자단구생)
將進酒君莫停(장진주군막정)
與君歌一曲(여군가일곡)
請君爲我側耳聽(청군위아측이청)
鐘鼎玉帛不足貴(종정옥백부족귀)
但願長醉不願醒(단원장취불원성)
古來賢達皆寂寞(고래현달개적막)
惟有飮者留其名(유유음자유기명)

* 잠부자(岑夫子): 잠삼(岑參)을 지칭. 부자(夫子)는 선생이라는 뜻.

* 단구생(丹丘生): 원단구(元丹丘)를 지칭. 생(生) 또한 선생이라는 뜻.

* 정(停): 술잔을 멈추는 것 혹은 “배막정(杯莫停)”이라고도 함.

* 종정옥백(鐘鼎玉帛): 종을 쳐서 사람을 모으고, 솥을 나란히 걸어 식사하는 대가(大家)의 식사와, 또 구슬이나 비단과 같은 재보(財寶).

* 현달(賢達): 현인달사(賢人達士), 성현(聖賢)이라고도 함

풀이

잠선생, 단구선생이시여,

지금 곧 술을 권하려하니, 그대여, 잔을 멈추지 말고 그대로 쭈욱 마시도록 하라.

그대들을 위해 내 한곡조를 부를 것인즉, 청컨대 그대는 나를 위해 귀 기울여 주오.

종을 울려 사람들을 모으고 여러 솥으로 많은 사람을 먹이는 대가의 식사와 재보 같은 것은 귀하다고 할 것이 못된다.

나는 다만 언제나 깊이 취해 있기를 바랄 뿐 술이 깨기를 원치 않는다.

왜냐하면 자고로 현인 달사는 죽은 다음에는 소리도 형체도 남지 않아 후세에 전해지는 것이 없지만, 술을 잘 마신 자는 그 이름이 후세에 까지 남아있기 때문이다.

Ⅳ.

陣王昔日宴平樂(진왕석일연평락)
斗酒十千恣歡謔(두주십천자환학)
主人何爲言少錢(주인하위언소전)
且須沽酒對君酌(차수고주대군작)
五花馬 千金裘(오화마 천금구)
呼兒將出換美酒(호아장출환미주)
與爾同銷萬古愁(여이동소만고수)

* 진왕(陳王): 위(魏)나라의 조식(曹植)
* 평락(平樂): 평락관(平樂觀), 관은 높은 전각(殿閣)을 뜻함. 지금의 하남성 낙양현의 낙양성 서쪽에 있음.
* 두주십천(斗酒十千): 한 말에 1만 금이나 하는 비싼 술.
* 환학(歡謔): 유쾌하게 농담하는 것.
* 주인(主人): 이백 자신을 가리킴.
* 차(且): 혹은, 경(徑)이라고도 함.
* 고주(沽酒): 술을 산다는 뜻. 고취(沽取) 라고도 함.
* 오화마(五花馬): 말의 털빛이 청백 등 오색(五色)인 것.
* 천금구(千金裘): 맹상군(孟嘗君)의 호백구(孤白裘)와 같은 값비싼 모피로 만든 옷.
* 소(銷): 없앤다는 뜻. 소(消)와 같은 뜻.
* 만고수(萬古愁): 다함이 없는 인생무상의 슬픔.

풀이

진왕 조식은 옛날 평락관의 높은 전각에서 잔치를 벌이고 만금을 주는 비싼 술을 마시면서 환락과 해학을 마음껏 누렸다.

주인되는 내가 어찌 돈이 없다고 하겠는가?

우선 술을 사다가 그대와 함께 대작할 것이다.

그러기 위해서는 오색으로 얼룩진 말이나 천금짜리 비싼 모피옷을 처분하더라도 상관 없다.

아이들을 불러 그 물건들을 미주(美酒)와 바꾸도록 일러 그대들과 함께 마시면서, 영원히 다 할 길 없는 무상한 인생에 대한 깊은 슬픔을 삭혀 버리려는 것이다.

감상

이 시는 인생의 무상함을 개탄하여 술을 마시면서 시름을 잊으려 하는 이태백의 인품을 잘 나타낸 글이다.

시상(詩想)의 유동함이 황하의 분류와도 같이 웅대하다. 술을 한번 마셔도 300잔을 마셔야한다. 마시기도 전에 취하는 것만 같다.

그야말로 천마(天馬)가 하늘을 달리는 것과 같은 시풍이다. 이토록 종횡으로 구사한 화려한 시구 중에 누를 길 없는 인생의 비애가 넘쳐 흐르고 있다.

도연명의 시에도 인생관과 술이 불가분한 관계를 맺고 있다. 문장가들은 술과 인연이 많은 편이다.

이백의 술은 낭만주의에 흠뻑 젖어있다.

그의 춘야연도리원서(春夜宴桃李園序)나 월하독작(月下獨酌)역시 같은 맥락이다.

* 一陰三百杯(일음삼백배)란 후한말(後漢末) 정현(鄭玹)의 고사(故事)에서 나온 말이다. 원소(袁紹)가 정현을 전별할 때 모인 사람이 300명이나 되었다. 그들이 각각 한 잔씩 이별주를 올렸는데 아침부터 저녁까지 정현은 300잔을 마셨으나 그의 자세가 조금도 흐트러지지 않았다고 한다. 한 사람이 300잔의 술을 마시기도 어렵거니와 그렇게 마셨더라면 아마도 생명에 지장이 있었을 것이다. 중국사람들은 이렇게 과장과 허풍이 많은 것 같다.

漢字

제 27 강 해하지전(垓下之戰: 司馬遷)

흰 눈이 하염 없이 날리면 어느덧 한해가 지나가게 마련이다.
저물어가는 길녁에서 〈역발산 기개세〉를 읊었던
초패왕 항우의 심정을 사기(史記)를 통하여 감상 해보기로 한다.

한 때 천하를 호령하던 항우는 해하전투에서 쫓기는 신세가 된다.
결국 항우는 어쩔 수 없이 自刎(자문: 자살)을 하게 된다.

중국인들은 패왕별희(霸王別姬)라는 경극(京劇)을 통하여
당시의 애절한 사연을 재연하고 있다.
이 글은 대화체로서 비교적 쉬운 편에 속한다.
그리고 우리 귀에 익은 단어인 〈四面楚歌〉라든지
〈力拔山〉 같은 어구가 등장한다.

Ⅰ. 四面楚歌

項王軍壁垓下, 兵少食盡(항왕군벽해하, 병소식진),
漢軍及諸侯兵圍之數重(한군급제후병위지수중).
夜, 聞漢軍四面皆楚歌(야, 문한군사면개초가).

項王乃大驚, 曰(항왕내대경, 왈)

漢皆已得楚乎?(한개이득초호?)
是何楚人之多也!(시하초인지다야!)

項王則夜起飮帳中(항왕즉야기음장중),
有美人名虞 常幸從(유미인명우 상행종)
駿馬名騅 常騎之(준마명추 상기지).

於是項王乃悲歌慷慨(어시항왕내비가강개),
自爲詩曰(자위시왈)

力拔山兮氣蓋世!(역발산혜기개세!)
時不利兮騅不逝!(시불리혜추불서!)
騅不逝兮可奈何!(추불서혜가내하!)
虞兮虞兮奈若何!(우혜우혜내약하!)

歌數闋, 美人和之(가수결, 미인화지),
項王泣數行下(항왕읍수항하),
左右皆泣, 莫能仰視(좌우개읍, 막능앙시).

도움풀이

① 項王(항왕): 항우(項羽), 초패왕이라고도 한다.
② 壁(벽): 주둔하다. 벽은 원래 '군루(軍壘)'이나, 여기서는 군루를 만들어 그 안에 주둔하는 것을 뜻함.
③ 垓下(해하): 지명, 지금의 안휘성 영벽현(靈壁縣) 동남쪽에 위치.
④ 漢軍(한군): 劉邦의 漢나라 軍隊
⑤ 楚歌(초가): 楚調歌曲, 항왕을 포위한 漢軍이 모두 초나라 노래를 불렀다는 것은 많은 楚軍이 이미 한나라에 投降한 것을 의미하기도 한다.

⑥ 乃(내): 이에, 그래서
⑦ 虞(우): 우미인, 항우의 총애를 받은 美姬,
〈虞〉가 姓인지 이름인지는 확실치 않음.
양귀비같은 뛰어난 미모를 지닌 여인.

杜甫는 哀江頭에서
'눈이 맑고, 이가 흰 미인'(明眸皓齒: 명모호치)으로 표현하고 있다.

曾鞏(증공)이라는 시인 역시 '우미인초'에서
우미인의 아름답고 애절한 모습을 묘사하고 있다.
항우는 한군의 추격을 받다가 오강(烏江)에서 패망했다.

그의 愛姬 우미인은 그 전날 밤에 자살을 했는데,
우미인의 무덤위에서 나온 풀을
우미인초(虞美人草)라고 한다.

영웅의 말로와 애희의 殉死(순사)가
한 폭의 그림처럼 애절하다.

⑧ 幸從(행종): 총애를 받아 따라다니다.
⑨ 駿馬名騅(준마명추): 하루에 천리를 달린다는 뛰어난 명마인 烏騅馬(오추마).
⑩ 兮(혜): 語氣의 일시적 정지를 나타낼 때 쓰는 말.
⑪ 逝(서): 가다. 예) 逝去.
불서(不逝): 달리지 않다. 항우가 포위되어 자유롭게 달리지 못함을 의미.
⑫ 可奈何(가내하): 정말 어찌할까,
'可'는 강조의 뜻을 나타내는 부사 '정말로' '奈何'는 '어찌할까'의 뜻.
⑬ 奈若何(내약화): 너를 어찌할까.
〈奈~何〉는 〈~에 대해 어찌할까〉.
奈若何의 '若'은 2인칭 대명사로서 '너'의 뜻.
⑭ 歌數闋(가수결): 몇차례 노래하다.

曲이 한번 끝나는 것을 '一闋'이라고 한다.
'결'이란 끝나다. '쉬다'라는 뜻

⑮ 和之(화지): 화답하여 부르다.
⑯ 泣數行下(읍수항하): 눈물이 여러 줄기 흘러 내리다.
'泣'은 '눈물', '行'은 '줄기, 발음은 '항'으로 읽음.
⑰ 莫能仰視(막능앙시): 쳐다볼 수가 없었다.

풀이

항왕의 군대는 해하에 주둔했는데
병사는 적고 식량은 떨어졌으며,
한군과 제후들의 군사가 여러 겹으로 포위하였다.

밤에, 한군이 사면에서
모두 초나라 노래를 부르고 있음을 들었다.
항왕은 그래서 크게 놀라,
"한나라가 이미 초나라 땅을 다 얻었단 말인가?
어찌하여 楚人이 이렇게 많은가? 라고 말했다.

항왕은 곧 밤에 일어나서 장막 안에서 술을 마셨는데,
그에게는 虞라고 불리우는 미인이 있어
언제나 총애를 받으면서 따라 다녔고,
騅라고 불리우는 명마가 있어 언제나 그것을 타고 다녔다.

이에 항왕은 곧 비장하게 노래부르고
강개해져서 스스로 시를 지었다.

"힘은 산을 뽑고 기개는 세상을 덮었건만,

시세가 불리하니 騅가 달리지 않는구나!
騅가 달리지 않으니, 어찌하리!
虞미인아, 虞미인아, 너를 어찌하나!"

몇 차례 노래하고, 우미인이 화창하니,
항왕의 눈물이 수 줄기 흘러 내렸다.
좌우의 신하들은 모두 울었고 아무도 쳐다볼 수가 없었다.

감상

사면초가의 절박한 상황을 너무나 잘 묘사하고 있다.

'楚漢春秋'에는 우미인이

"한나라의 군대가 이미 땅을 공략하여
사방에서 楚歌의 노래소리가 들리는데
대왕께서는 의기가 다 꺾이셨으니
천첩이 어찌 살 수 있겠습니까?
(漢兵已略地 四方楚歌聲, 大王意氣盡, 賤妾何聊生!")
이라는 노래로 화창했다고 전해지고 있다.

우미인의 아름다운 얼굴에 맺혀지는 눈물방울이
처절하게 가슴에 저려오는 것 같다.

Ⅱ. 勢窮力盡

於是項王乃上馬騎(어시항왕내상마기)
麾下壯士騎從者八百餘人(휘하장사기종자팔백여인)
直夜 潰圍 南出馳走(치야 궤위 남출치주)

平明漢軍乃覺之(평명한군내각지)
令騎將灌嬰以五千騎追之(영기장관영이오천기추지)

項王渡淮(항왕도회)
騎能屬者百餘人耳(기능속자백여인이)

項王至陰陵(항왕지음릉)
迷失道, 問一田父(미실도,문일전부)

田父紿曰: 〈左!〉. (전부태왈: 〈좌!〉)
左乃陷大澤中(좌내함대택중),
以故漢追及之(이고한추급지)

項王乃復引兵而東(항왕내복인병이동)
至東城. 乃有二十八騎(지동성. 내유이십팔기)
漢騎追者數千人(한기추자수천인),
項王自度不得脫(항왕자탁부득탈)

謂其騎曰(위기기왈)
"吾起兵,至今八歲矣(오기병, 지금팔세의)
身七十餘戰,所當者破(신칠십여전, 소당자파)
所擊者服,未嘗敗北(소격자복, 미상패배)
遂霸有天下(수패유천하)

然今卒困於此(연금졸곤어차),
此天之亡我,非戰之罪也!(차천지망아, 비전지죄야!)

今日固決死(금일고결사),

願爲諸君快戰(원위제군쾌전)
必三勝之(필삼승지),
爲諸君潰圍斬將刈旗(위제군궤위참장예기),
令諸君知天亡我(영제군지천망아),
非戰之罪也! 비전지죄야!)

도움풀이

① 直夜(치야): 그날 밤에, 그날 밤을 타서
'直'는 '値'와 같음. 음은 '치'.
일설에는 '直夜'를 '中夜', '半夜'
즉 '한밤중'의 뜻으로 풀이하기도 함.

② 潰圍(궤위): 포위 망을 돌파하다.

③ 馳走(치주): 말을 몰아 도주하다.

④ 平明(평명): 해가 뜰 때,
새벽녘. 天明이라고도 함

⑤ 灌嬰(관영): 유방을 도와 전공을 많이 세운
睢陽(휴양) 출신의 장수 이름

⑥ 渡淮(도회): 淮河(회하)를 건너다.
'淮'는 하남성 동백산에서 발원하여
안휘성, 강소성을 거쳐 황하로 흘러들어가는 강.

⑦ 屬者(속자): 따르는 사람

⑧ 陰陵(음릉): 지금의 안휘성
안원현 서북 60리 되는 곳에 있음.

⑨ 迷失道(미실도): 갈림길에서 길을 잃었음을 말함.

⑩ 田父(전부): 농부

⑪ 紿曰(태왈): 속여서 말하다.
'紿'는 속이다. 기만하다의 뜻.

⑫ 陷大澤中(함중택중): 큰 늪 속에 빠지다.

⑬ 以故(이고): 때문에

⑭ 乃有二十八騎(내유이십팔기): 겨우 28기병만이 남았다.
'乃'는 '겨우'의 뜻.

⑮ 自度(자탁): 스스로 헤아리다.
'度'는 여기서는 '탁'으로 읽어야 한다.

⑯ 身七十餘戰(신칠십여전): 몸소 70여차례나 싸우다.
여기서 '身'은 '몸소'의 뜻

⑰ 所當者(소당자): 맞닥뜨린 자. 대적한 자.

⑱ 卒困於此(졸곤어차): 끝내는 여기서 포위되어 곤경을 당하다.

⑲ 非戰之罪也(비전지죄야): 전쟁을 잘못한 죄가 아니다.

⑳ 固決死(고결사): 정말로 죽기로 결심하다.
'固'는 확실히, 정말로

㉑ 刈旗(예기): 적자의 旗를 잘라버리다.

㉒ 令諸君知天亡我(영제군지천망아): 제군들로 하여금
하늘이 나를 망친 것임을 알게 해 주리라.
'令'은 '~하여금 ~하게 하다'하는 사역동사.

풀이

이에 항왕이 곧 혼자 말을 타고 가니,
부하 장사 중 말을 타고 따르는 자는 800여 명이었는데,
그날 밤에 포위망을 뚫고 남으로 빠져 나와 말을 몰아 도주했다.

날이 밝은 뒤 한군은 비로소 이 일을 깨닫고,
기병장수 '관영'에게 명하여 5,000 騎로 그를 추격하게 했다.
항왕은 회하를 건넜는데 따를 수 있었던 자는 100여 명 뿐이었다.

항왕이 음릉에 이르러서는 길을 잃어 한 농부에게 물었다.

농부는 “왼쪽으로 가시오!”라고 속여 말했다.

 왼쪽으로 가다가 큰 늪에 빠져 버렸는데,
이 때문에 한군이 그를 추격해왔다.

항왕은 다시 병사를 이끌고 동쪽으로 가서
동성에 이르렀는데, 단지 28騎만 남아있고,
한나라의 기병으로 추격해 온 자는 수천명이었다.

항왕은 빠져 나갈 수 없다는 것을 스스로 알고서
그의 기병들에게 말하였다.

“내가 起兵한 지도 지금까지 8년이 되었다.
몸소 70여차례나 싸워서 대적하는 자를 모두 격파했고
공격한 적은 모두 항복시켜 여태껏 패배한 적이 없었으며,
마침내 천하를 제패했다.

그러나 지금 마침내 여기에서 곤욕을 당하니,
이것은 하늘이 나를 망친 것이지 전쟁을 잘못한 죄가 아니다.
오늘 정말로 죽기를 결심하였으니
바라건대 제군들을 위해서 통쾌하게 싸워 반드시 세차례 이기고,
제군들을 위해서 포위를 뚫고 적장을 참살하고
적기를 베어서 제군들로 하여금 하늘이 나를 망친 것이지
전쟁을 잘못한 죄가 아니었음을 알게 하여 주리라.”

감상

秦漢이 교체되는 시기에 劉邦과 천하를 놓고 爭鬪하던 당시,
실제 천하를 호령한 정권은 사실상 項羽였었다.

그러나 垓下의 싸움에서 천하를 풍미하던
용장이 땅이 꺼져가는 비운을 직면한다.
마치 상처입은 호랑이가 사냥꾼들에게 쫓기듯이
項羽의 도주하는 모습이 처절하다.

項羽 휘하의 수만 장졸 중 따르는 군병은 고작 28騎에 불과하다.
보기에 너무나 쓸쓸하다.
項羽는 하늘이 자기를 버렸다고 탄식하고 있다.

인간에게는 누구나 '시절인연(時節因緣)'이라는 '時運'이 있는 법일까?
쫓기는 영웅의 상황이 너무나 잘 묘사되어 있다.

Ⅲ. 所當者破

乃分其騎以爲四隊, 四嚮(내분기기이위사대, 사향)
漢軍圍之數重(한군위지수중)

項王謂其騎曰(항왕위기기왈)
吾爲公取彼一將(오위공취피일장)

令四面騎馳下(영사면기치하),
期山東爲三處(기산동위삼처)

於是項王大呼馳下(어시항왕대호치하),
漢軍皆披靡 遂斬漢一將(한군개피미 수참한일장)

是時赤泉候爲騎將 追項王(시시적천후위기장 추항왕)
項王瞋目叱之(항왕진목질지),

赤泉候人馬俱驚, 辟易數里(적천후인마구경, 벽역수리)

與其騎會爲三處(여기기회위삼처),
漢軍不知項王所在(한군부지항왕소재)
乃分軍爲三,復圍之(내분군위삼, 복위지)

項王乃馳(항왕내치),
復斬漢一都尉(복참한일도위)
殺數十百人(살수십백인),
復聚其騎亡其兩騎耳(복취기기망기양기이)

乃謂其騎日 何如?(내위기기왈하여?)
騎皆伏日 如大王言(기개복왈 여대왕언)

도움풀이

① 四嚮(사향): 사방으로 향하다.
4분대로 하여금 각기 한 방향씩 맡아서 방어하는 것을 말함.

② 爲公(위공): 公들을 위해서.

③ 馳下(치하): 내달리다. 여기서는 힘껏 달려서 포위를 뚫고 달아나는 것을 뜻함.

④ 期山東爲三處(기산동위삼처): 산의 동쪽 세 곳에서 나누어 모이기로 약속했다. 여기서 '期'는 약정하다의 뜻.

⑤ 披靡(피미): 원래는 초목이 바람에 의해 어지러히 쓰러지는 것을 뜻하나, 여기서는 군사들이 어지러이 흩어지는 것을 말한다.

⑥ 赤泉候(적천후): 한나라장수 楊喜, 항우를 격파하는데 공을 세웠다고하여 후에 '적천후'로 封해짐.

⑦ 瞋目叱之(진목질지): 눈을 부릅뜨고 큰소리로 꾸짖다.

⑧ 辟易(벽역): 두려워하여 후퇴하다.

'이 경우 '易'은 '역'으로 발음함.

⑨ 會爲三處(해위삼처): 세곳에 나누어 모였다는 뜻.

⑩ 都尉(도위) 秦漢때 各郡에서 軍警을 담당하던 벼슬

⑪ 數十百人(수십백인): 거의 백명에 가까운 수십명. 근 백명. 또는 '수백사람' 이라고 풀이하기도 한다.

⑫ 亡其兩騎耳(망기양기이):항우의 기병 중에서는 단지 두 명만 죽었다는 뜻.

어조사 '耳'자는 주로 말끝에서 한정의 뜻을 나타낸다. 이 경우 '耳'자는 '而已'의 합음사라고 보면 된다. 같은 기능을 하는 것으로 '爾'도 있다.

⑬ 前言戲之耳(좀전에 말한 것은 농담으로 했을 뿐이다: 논어 陽貨)

풀이

곧 그의 기병을 4대로 나누어서 사방으로 향하게 했다.
한군이 그들을 여러 겹 포위했다.

항왕이 그의 기병들에게
"내가 그대들을 위해서 저들의 장수 한 사람을
斬하겠노라"라고 말했다.
사면의 기병들에게 내달리게 하고
산의 동쪽 세 곳에서 나누어 모이기로 약속했다.

그리고서 항왕이 크게 소리치며 달려가니
한군은 모두 흩어졌다.
드디어 한군의 한 장수를 참살했다.
이때에 '적천후'가 한나라 기병대 대장이었는데
항왕을 추격해 왔다.
항왕이 눈을 부릅뜨고 그를 꾸짖으니,
적천후는 사람도 말도 놀래서 몇리를 후퇴했다.

그의 기병들과 세 곳에서 모이니
한군은 항왕이 있는 곳을 알지못하여
그래서 군대를 셋으로 나누어 다시 그들을 포위했다.

항왕은 이에 말을 달려 또 한군의 도위 한사람을 참살하고
근 백명의 병사들을 죽이고서
다시 그의 기병들을 모아보니
단지 두 기병만을 잃었을 뿐이었다.
이에 항왕이 그의 기병들에게 "어떠하냐?"고 말했다.
기병들이 모두 엎드려 절하면서
"대왕의 말씀대로입니다"라고 말했다.

감상

불과 20여명의 초나라 기병을 가지고
5,000명의 한나라 군사들에 대항하는
항우의 당찬 기백과 절륜한 공력이 찬탄을 자아낸다.
그의 말대로
'力拔山 兮 氣蓋世이다.

Ⅳ. 英雄本色

於是項王乃欲東渡烏江(어시항왕내욕동도오강)
烏江亭長檥船待(오강정장의선대)

謂項王曰 江東雖小, 地方千里,(위항왕왈 강동수소, 지방천리)
衆數十萬人, 亦足王也(중수십만인, 역족왕야)
願大王急渡, 今獨臣有船(원대왕급도, 금독신유선)
漢軍至, 無以渡.(한군지, 무이도.)

項王笑曰(항왕소왈)
天之亡我, 我何渡爲?(천지망아, 아하도위?)
且籍與江東子弟(차적여강동자제)
八千人渡江以西(팔천인도강이서)
今無一人還(금무일인환)
縱江東父兄憐而王我(종강동부형련이왕아)
我何面目見之?(아하면목견지?)

乃謂亭長曰(내위정장왈)
吾知公長者(오지공장자)
吾騎此馬五歲(오기차마5세)
所當無敵, 嘗一日行千里,(소당무적, 상일일행천리)
不忍殺之, 以賜公(불인살지, 이사공)

乃令騎皆下馬步行(내령기개하마보행)
持短兵接戰(지단병접전)
獨籍所殺漢軍數百人(독적소살한군수백인)
項王身亦被十餘創(항왕신역피십여창)

顧見漢騎司馬呂馬童, 曰(고견한기사마여마동, 왈)
若非吾故人乎(약비오고인호)
馬童面之(마동면지)
指王翳曰: "此項王也"(지왕예왈: "차항왕야")

項王乃曰(항왕내왈)
吾聞漢購我頭千金(오문한구아두천금)
邑萬戶, 吾爲若德(읍만호, 오위약덕)
乃自刎而死(내자문이사)

도움풀이

① 烏江(오강): 지금의 안휘성 화현 동북쪽 40리 떨어진 강.

② 亭長(정장): 진(秦)대에는 10리마다 1정(亭)을 설치하고 정장(亭長) 한 사람을 두어 관리했다.

③ 檥船待(의선대): 배를 강안에 대고 기다리다.

④ 亦足王也(역족왕야): 역시 왕노릇 할 만하다. 王은 동사화 되어 '왕노릇하다, 다스리다'의 뜻으로 쓰이고 있다.

⑤ 何渡爲(하도위): 건너서 무엇하랴. 무엇하러 건너랴.

* 籍(적): 항우의 이름

⑥ 縱(종): 설령 ~한다하더라도. 가정형에서 양보의 뜻을 나타낸다.

⑦ 吾騎此馬五歲(오기차마5세): 내가 이 말을 탄지 5년이 되었다.

⑧ 所當無敵(소당무적): 적과 싸울 때 마다 무적이었다는 뜻.

⑨ 持短兵接戰(지단병접전): 단병을 가지고 붙어 싸우다. 短兵은 짧은 병기 즉 刀, 劍 등을 가리킨다.

⑩ 被十餘創(피십여창): 십여군데 상처를 입다. 被는 受의 뜻. 創은 傷 즉 상처의 뜻.

⑪ 顧見(고견): 머리를 돌려보다.

⑫ 騎司馬(기사마): 騎將의 관직명

⑬ 呂馬童(여마동): 사람이름. 원래 항우의 부하였으나 초나라를 배신하고 한나라에 투신했음. 그래서 항우가 '故人'이라고 한 것임.

⑭ 面之(면지): 그를 외면하다. 얼굴을 돌리다. 항왕의 말을 듣고 부끄러워 감히 그를 마주보지 못하고 외면하였음을 뜻함. 여기서 '面'자는 원뜻과 상반되는 '背'자의 뜻으로 풀이함.

⑮ 吾聞漢購我頭千金(오문한구아두천금): 나는 한왕이 내 머리를 천금에 산다는 말을 들었다.

⑯ 乃自刎而死(내자문이사): 곧 자살하여 죽었다.

풀이

이 때에 항왕은 바로 동으로 오강을 건너려고 했다.

오강의 정장이 배를 강안에 대두고 기다리다가
항왕에게 말했다.

"강동이 비록 작다고 하나
 땅이 사방천리요 인구가 수십만이니
또한 족히 왕 노릇 할 수 있습니다.
바라건대 대왕께서는 급히 건너십시오.
지금 유독 신에게만 배가 있으니 ,
한군은 이르러도 건널 수가 없습니다"

"하늘이 나를 망치는데 내가 무엇하러 건너겠는가?
게다가 내가 강동의 자제 8000명과 장강을 건너서
서쪽으로 갔다가 이제 한사람도 돌아오지 못했다.

설령 강동의 부형들이 나를 불쌍히 여겨
왕으로 삼는다고 하더라도
내가 무슨 면목으로 그들을 보겠는가? "

"나는 그대가 덕망있는 장자임을 안다.
내가 이 말을 탄지 5년이 되었는데
마주친 자에 상대가 없었고
일찍이 하루에 천리를 달렸다.
차마 이 말을 죽일 수 없어 그대에게 주노라"

그리고는 곧 기병들에게 말에서 내려 걸어가면서
짧은 병기를 들고 접전하게 했다.

항왕은 혼자서 한군 수백명을 죽였고,
항왕 자신도 또한 십여군데 상처를 입었다.

한군의 기병장수인 여마동을 돌아보고는
“너는 나의 옛 친구가 아닌가?”라고 말했다.
여마동은 항왕을 외면하고
왕예에게 지적하여 주면서 “이 자가 항왕이오”라고 말했다.

“나는 한왕이 내 머리를 천금에 사고,
만호후에 봉해 주겠다고 하는 말을 들었다.
내가 너에게 덕을 베풀어주마”

그리고 항왕은 곧 자살하여 죽었다.

감상

소금이 짠맛을 잃으면
그것은 소금이라고 할 수 없다.
영웅이 영웅다운 기개를 잃어버리면
영웅이라고 할 수 없다.
시정잡배나 하등 다를 바 없다.
죽음에 직면한 항우의 기개와 처신은
과연 영웅다운 기풍이 넘치고 자세가 당당하다

漢字

제 28 강 적벽부(赤壁賦: 蘇軾)

이렇게 달 밝은 밤에
위(魏)나라의 80만 대군을 이끌고 보무도 당당히 진군하던 조조(曹操)는
자기 흥에 겨워 다음과 같은 시를 지으면서 일세간웅(一世奸雄)의 호탕함을 과시한다.

> 달빛은 밝디밝아 별 빛 드문데(月明星稀 월명성희)
> 까막까치 남녘으로 날아들 가네(烏鵲南飛 오작남비)
> 나무주위 두르며 세 번을 도니(繞樹三匝 요수삼잡)
> 어느 가지에 편안히 깃들려는가?(何枝可依 하지가의)

* 繞(요): 둘러쌀 요, 요대(繞帶): 띠를 두름. 匝(잡): 두루 잡

조조는 이 시를 지은 뒤 자못 의기양양하여 곁에 있던 악사에게 어떠냐고 물었다.

그러자 악사는 곧이곧대로
"시의 내용이 심히 불길합니다. 까막까치가 의지할 곳을 찾지 못하고
주위를 헤멘다고 하였으니 장차 승상에게 좋지 않은 일이 생길까
걱정입니다"라고 대답하고 말았다.

이 말을 들은 조조는 분기탱천(憤氣撐天)하여

"너 이놈! 감히 나의 흥을 깨다니!"하고
그 악사를 불귀의 객으로 만들어 버렸다.

위의 시는 악사의 말대로 불길하게 작용하였다.
조조는 적벽대전에서 대함대를 함몰당하고
휘하장졸들이 모두 수장(水葬)되는 참패를 맛본다.

적벽대전 후 팔백년이 지난 어느 달 밝은 밤에
송나라의 소동파(蘇東坡)라는 시인이
역사의 덧없음을 탄식하며 적벽부(赤壁賦)를 읊었다.

하긴 세상사 따지고 보면 모두 허망한 것..
잘난 사람도 없고 또 못난 사람도 없는 법이다.

기러기 날아가는 가을 밤에 적벽부를 읽으며
인생을 음미해 보는 것도 의미 있는 일이다.

편의상 적벽부를 3단락으로 나누어 감상해 보기로 한다.
원래 부(賦)는 감상을 느낀 그대로 적는 한시체의 종류를 말한다.
적벽부 역시 적벽강에서의 느낌을 서술한 글이다.

赤 壁 賦

Ⅰ. 壬戌之秋七月旣望 蘇子與客泛舟 遊於赤壁之下 清風徐來 水波不興 擧酒屬客 誦明月之詩 歌窈窕之章 少焉 月出於東山之上 徘徊於斗牛之間 白露橫江 水光接天 縱一葦之所如 淩萬頃 之茫然 浩浩乎如憑虛御風而不知其所止 飄飄乎如遺世獨立 羽化而登仙 於是

飮酒樂甚 扣舷 而歌之 歌曰, 桂棹兮蘭槳 擊空明兮泝流光 渺渺兮 了懷 望美人兮天一方

도움해설

① 임술지추(壬戌之秋): 송나라 신종(神宗)때인 원풍(元豊)5년. 추(秋)는 年과 같다. * 一日如三秋(일일여삼추): 하루가 삼년같이 애타도록 기다려지다.

② 기망(旣望): 이미 망(望)이 지났다. '望'은 음력 15일을 뜻하므로 음력 16일을 가리킴

③ 소자(蘇子): 蘇軾 (蘇東坡)을 가리킴

④ 범주(泛舟): 배를 띄우다

⑤ 거주속객(擧酒屬客): 술을 들어 손님에게 권함

⑥ 요조지장(窈窕之章): 시경(詩經)시

⑦ 소언(少焉) 잠시후에

⑧ 두우지간(斗牛之間): 남두성(南斗星)과 견우성(牽牛星)사이

⑨ 종(縱): 내버려두다

⑩ 일위(一葦): 하나의 갈대. 갈대묶음을 배대신 사용했다는 데서 작은 배를 비유함

⑪ 호호(浩浩): 넓고 큰 모양

⑫ 어풍(御風): 바람을 타다

⑬ 표표(飄飄): 바람에 가볍게 나부끼는 모양

⑭ 유세(遺世): 세속의 일을 잊다

⑮ 우화이등선(羽化而登仙): 날개가 생겨 하늘로 올라가 신선이 됨

⑯ 구현(扣舷): 뱃전을 두드리다

⑰ 격공명(擊空明): 맑은 물에 비친 달그림자

⑱ 유광(流光): 흐르는 물에 비치는 달빛

⑲ 묘(渺): 아득하다

⑳ 망미인(望美人): 님

풀이

임술년 가을 7월 음력 16일에 소식이 손님과 더불어 적벽아래에 배를 띄우고 놀 때, 맑은 바람은 천천히 불어오고 물결은 일지 않았다. 술잔을 들어 손님에게 권하고 〈명월〉시를 암송하고 〈요조〉장을 노래하니 잠시 후 달이 동산위로 떠올라 남두성과 견우성 사이에서 배회했다. 흰 이슬은 강위에 내리고 물빛은 하늘과 닿았다.

작은 배가 떠내려가는 대로 맡겨 넓고 아득히 넓은 물위를 지나가니, 끝없이 허공에 기대 바람을 타고 그칠 바를 모르는 것과 같고 훨훨 속세를 잊고 홀로 날개가 돋쳐 신선이 되어 하늘로 올라가는 것과 같다.

이에 술을 마시며 몹시 즐거워 뱃전을 두드리고 노래하니 그 노래에 이르기를 "계수나무 노와 목란 상앗대로 물속에 비치는 달그림자를 치며 흐르는 강물을 거슬러 올라간다. 아득하고 아득한 내 마음이여! 내 진정 사모하는 이를 하늘 한쪽에서 바라본다" 하였다.

감상

소동파가 이 글을 지을 때의 나이는 47세때였다. 이보다 앞서 3년전 소동파는 시화(詩禍)를 당하여 어사대에 하옥되어 사형 당할 뻔 했으나 아우인 소자유(蘇子由)의 상소로 구명이 되었다. 달이 뜨고 소슬한 가을밤에 적벽강에 배를 띄우고 회고의 정감을 낭만적으로 읊었다. 이 단락에서는 소동파가 달빛이 비치는 강물을 거슬러 올라가는 도중 그 황홀한 경치에 취하여 강남의 선녀(仙女)의 전설에 말려든 형언할 수 없는 기분을 묘사하고 있다.

Ⅱ. 客有吹洞簫者 倚歌而和之 其聲嗚嗚然 如怨如慕 如泣如訴 餘音嫋嫋 不絶如縷 舞幽壑之潛蛟 泣孤舟之嫠婦 蘇子愀然整襟危坐而問客曰 何爲其然也 客曰 月明星稀 烏鵲南飛 此非曹孟德之詩乎 西望夏口 東望武昌 山川相繆 鬱乎蒼蒼 此非孟德之困於周郎者乎 方其破荊州 下江陵 順流而東也 舳艫千里 旌旗蔽空 釃酒臨江 橫槊賦詩 固一世之雄也 而今安在哉 況吾與子 漁樵於江渚之上 侶魚蝦而友麋鹿 駕一葉之扁舟 擧匏樽以相屬 寄蜉蝣於天地 渺滄海之一粟 哀吾生須臾 羨長江之無窮 挾飛仙而遨遊 抱明月而長終 知不可乎驟得 託遺響於悲風

도움해설

① 오오(嗚嗚): 슬픈 소리의 형용

② 여원여모(如怨如慕): 원망하는 듯 사모하는 듯, 여인이 길 떠난 사내를 그리워 하듯.

③ 여읍여소(如泣如訴): 우는 듯 하소연하는 듯,

④ 여음뇨뇨(餘音嫋嫋): 여운이 가늘게 흐르는 것

⑤ 불절여루(不絶如縷): 실처럼 끊이지를 않는다.

⑥ 유학(幽壑): 깊은 골짜기

⑦ 리부(嫠婦): 과부

⑧ 초연(愀然): 근심하는 모습

⑨ 정금위좌(整襟危坐): 옷깃을 여미고 무릎을 꿇고 바르게 앉음

⑩ 오작(烏鵲): 까마귀와 까치

⑪ 조맹덕(曹孟德): 조조를 뜻함. "맹덕"은 조조의 자(字)

⑫ 상무(相繆): 서로 얽히다.

⑬ 주랑(周郎): 주유. 삼국시대 손권의 무장으로 적벽대전에서 조조를 참패케 한 장수.

⑭ 축로천리(舳艫千里): 선두와 선미가 이어진 대함대를 뜻함

⑮ 정기폐공(旌旗蔽空): 깃발이 하늘을 뒤덮다.

⑯ 횡삭부시(橫槊賦詩): 창을 눕혀놓고 시를 짓는다는 뜻.

⑰ 여어하이루미록(侶魚蝦而友麋鹿): 물고기와 새우가 친구가 되고 고라니와 사슴을 벗삼다.

⑱ 묘창해지일속(渺滄海之一粟): 망망한 넓은 바다에 떠있는 좁쌀 한 알과 같은 미미한 존재

⑲ 협비선이오유(挾飛仙而遨遊): 하늘을 나는 신선과 함께 마음대로 노니는 것

⑳ 포명월이장종(抱明月而長終): 명월을 안고 그것과 함께 언제까지나 살아감.

풀이

객중에 퉁소를 부는 자가 있어 노래에 맞추어 화답하니, 그 소리가 오열하는 듯 원망하는 듯, 사모 하는 듯 우는 듯, 하소연 하는 듯하고, 여운이 가냘프고 실처럼 끊이지를 않으니, 그윽한 골짜기의 잠겨있는 교룡을 춤추게 하고 외로운 배의 과부를 울게 한다.

내가 슬픈 모습으로 옷깃을 여미고 무릎 꿇고 앉아 객에게 묻기를 "어찌하여 그렇게 슬프게 부는가?" 하자,

객이 말한다."달이 밝고 별이 드문데 오작이 남쪽으로 날아간다는 것은 조맹덕의 시가 아닌가? 서쪽으로 하구를 바라보고 동쪽으로 무창을 바라보니, 산천이 서로 엉켜 울창하니 이를 조맹덕이 주랑에게 곤욕을 당하던 곳이 아닌가?

그가 형주를 격파하고 강릉으로 내려와 물결을 따라 동쪽으로 진출할 때에 전함은 천리로 이어지고 깃발이 하늘을 가리웠다. 술을 걸러 강에 임하고 창을 비껴들고 시를 읊으니, 진실로 한 세상의 영웅이었는데 지금은 어디에 있는가?

하물며 나와 그대는 강가에서 고기 잡고 나무하면서 물고기와 새우들과 짝하고

고라니와 사슴들과 벗하고 있다. 일엽의 작은 배를 타고서 술 바가지와 술동이를 들고 서로 권하니 천지에 하루살이가 붙어있는 것이요, 창해에 좁쌀 한 알이다.

우리 인생이 짧음을 슬퍼하고 장강의 무궁함을 부러워하여, 날아다니는 신선을 옆에 끼고 한가로이 놀며 명월을 끌어안고 오래 살고자 하나 이도 갑자기 이루어 질 수 없음을 알기에 여운을 퉁소에 담아 슬픈 바람에 날리는 것이다"

감상

옛 전쟁터인 적벽에서 삼국시대의 영웅을 회상하면서, 일세의 영웅도 한번 죽으면 공허할 뿐임을 탄식하고 있다. 조조에 비하여 미미하기 짝이 없는 자기신세를 슬퍼하면서 장강의 영원함을 부러워하고, 그 비통한 심정을 퉁소소리에 담아 멀리 은은하게 퍼지게 하고 있다.

Ⅲ. 蘇子曰 客亦知夫水與月乎 逝者如斯 而未嘗往也 盈虛者如彼 而卒莫消長也 蓋將自其變者而觀之 則天地曾不能以一瞬 自其不變者而觀之 則物與我皆無盡也 而又何羨乎 且夫天地之間 物各有主 苟非吾之所有 雖一毫而莫取 惟江上之淸風 與山間之明月 耳得之而爲聲 目遇之而成色 取之無禁 用之不竭 是 造物者之無盡藏也 而吾與子之所共適 客 喜而笑 洗盞更酌 肴核旣盡 盃盤狼藉 相與枕籍乎舟中 不知東方之旣白

도움해설

① 서자여사(逝者如斯): 논어 '자한편'에 나오는 말. '흐르는 물은 이와 같이 밤낮 가리지 않고 흐른다(逝者如斯夫 不舍晝夜)

② 영허(盈虛): 달이 찼다 이지러졌다 하는 것.

③ 소장(消長): 스러져 없어지는 것과 늘어나 커지는 것.
④ 증불능이일순(曾不能以一瞬): 일순간이라고 결코 원상태대로 있을 수 없다는 뜻
⑤ 물각유주(物各有主): 물건은 각기 주인이 있다.
⑥ 조물자(造物者): 조물주.
⑦ 효핵(肴核): 어육을 효(肴)라하고 과실을 핵(核)이라 한다.
⑧ 배반낭자(盃盤狼藉): 잔과 접시가 어지러히 흩어 졌다.
⑨ 침자(枕籍): 서로를 베개 삼아 베고 잠.
⑩ 백(白): 동이 훤히 틈. 날이 샘

풀이

내가 말했다.

"그대는 저 물과 달을 아는가. 흐르는 물은 밤낮의 구별 없이 흘러가지만, 지금까지 물이 다 흘러가 버린 적은 없으며, 장강은 언제나 변함없이 유유히 흐르고 있다. 또 찼다 이지러졌다 하는 달은 저와 같이 늘 변하지만 달의 본체는 소멸하지도 늘어나지도 않는다.

생각건대 그 변화를 현상의 편에서 보면 천지도 또한 현상이므로 일순간일 지라도 원상태대로는 있을 수 없다. 그러나 변화하지 않은 측면에서 관찰할 때는 타물(他物)도 자기도 다 같이 무한한 생명에 근거하여 다함이 없는 것이다. 그러니 우리가 무엇을 부러워할 것인가. 장강의 무궁함을 부러워할 필요는 없다.

우리들 각자 그렇게 생각하면 결코 덧없는 존재가 아니며 상당한 가치를 갖고 있으니 적어도 자기의 소유가 아니면 한 터럭도 취해서는 안되지만, 이 장강 위의 서늘한 바람이나, 산간의 명월만은 귀가 이 바람을 들으면 기분 좋은 소리로 듣고, 눈이 이 달을 보면 아름다운 빛으로 바라보아 이것을 취한다 해도 누구 하나 시비하는 자가 없고 또 아무리 사용해도 없어지는 법이 없다.

그러니 이것이야 말로 조물주가 지은 물건이 끊임없이 나오는 창고이다. 그런데

그 무소유(無所有), 무진장의 양풍명월(凉風明月), 즉 자연의 미는 나도 그대도 다 함께 좋아하는 것이니 이것들을 마음대로 즐기면서 스스로 위로함이 좋지 않겠는가."

손님은 이 말을 듣고 기뻐 웃으면서 술잔을 씻고 다시 권하니, 그러는 동안에 안주가 다 없어졌고, 술잔과 접시가 어지러이 흩어졌다. 서로 더불어 배 가운데에서 베개를 삼고 동녘이 터오는 것조차 알지 못했다.

감상

장자의 생명관처럼 만물은 일체이며, 모든 존재의 가치는 평등하다는 관점에서 강상청풍(江上淸風)과 산간명월(山間明月)을 유유자적하게 즐기고자 하는 소동파의 심정이 잘 묘사되어 있다. 원래 소동파는 이태백처럼 달과 술을 좋아하는 낙천적인 성격의 소유자라고 전한다.

제7편

고사성어(故事成語)

漢字

제 29 강 기본고사성어(基本故事成語)

성어(成語)는 고사(故事) 뿐만 아니라 무궁한 한자의 조어력(造語力)으로 인해 다양한 의미를 지니고 있다 .

이러한 고사성어는 각종 문헌(文獻)에 기본적으로 사용되었을 뿐만 아니라 우리의 언어생활에서도 빈번하게 사용되어 왔다.

따라서 기초적인 성어(成語)들을 중심으로 간략한 정리를 해보는 것도 한문문장 이해에 도움이 된다.

◉ 家家戶戶(가가호호)

집집마다 또는 가정마다의 뜻.

◉ 街談巷說(가담항설)

거리에서 주고받는 말이나 떠도는 이야기.

◉ 苛斂誅求(가렴주구)

가혹하게 세금을 거두어 들이고 백성을 못살게 구는 일. 세금을 악랄하게 거두는 혹독한 정치.(=苛政猛於虎 가정맹어호)

◉ 佳人薄命(가인박명)

재주가 있는 사람(혹은 미인)은 목숨이 짧다. 이 말은 송나라의 문인인 소식(소동파)이 지방장관으로 있을 때, 절에서 나이 삼십을 넘었다는 예쁜 여승을 보고 그녀의 아름다웠을 소녀시절을 생각하며 "역사적으로 미인은 운명이 기박하였음"을 '박명가인시(薄命佳人詩)'로 쓴 데서 비롯되었다.

◉ 刻骨難忘(각골난망)

각골(刻骨)이란 '뼈에 깊이 새긴다'는 뜻이고, 난망(難忘)은 '잊기 어렵다'는 뜻으로 은혜나 고마움을 뼈에 깊이 새겨서 잊지 않는다는 말이다.

◉ 刻舟求劍(각주구검)

각주(刻舟)란 '배에 새긴다'라는 뜻이고, 구검(求劍)은 '칼을 찾는다'는 뜻이다. 융통성없이 낡은 생각만을 고집하는 어리석음을 말한다. 초나라의 한 젊은이가 강을 건너려고 배를 타고 강 복판에 이르렀을 때, 그만 실수하여 칼을 강물에 빠뜨리고 말았다. 한 동안 궁리하던 젊은이는 뱃전에 떨어뜨린 곳을 표시했다. 이윽고 배가 나루터에 닿자 그는 옷을 벗어던지고 배에 표시된 곳의 강물에 뛰어 들어 잃어버린 칼을 찾고자 했다는 데서 비롯 되었다. 수주대토(守株待兎), 교주고슬(膠柱鼓瑟), 미생지신(尾生之信)이 모두 유사한 말이다.

◉ 肝膽相照(간담상조)

간과 쓸게를 서로 꺼내어 보이듯이, 서로 간에 진심을 터놓고 지내며 마음이 잘 맞는 절친한 사이를 말한다.

◉ 甘言利說(감언이설)

달콤한 말이나 이로운 이야기로 남을 꼬드기는 것.

◉ 甘呑苦吐(감탄고토)

달면 삼키고 쓰면 뱉는다. 자신에게 이로운 대로만 한다.

◉ 甲男乙女(갑남을녀)

갑이나 을은 이름이 확실하지 않을 때 이름을 대신하여 쓰는 말이다. 따라서 갑남을녀는 평범한 보통사람들을 이를 때 쓰인다. 장삼이사(張三李四)도 유사한 말이다.

◉ 改過遷善(개과천선)

허물을 고쳐 착한 일로 돌아가다. 마음을 바로 잡다.

◉ 改過自新(개과자신)

스스로 지난 잘못을 뉘우치고 마음을 바로잡아 새 사람이 되는 것을 가리키는 말이다. 춘추 전국시대,진(晉)나라에 주처(周處)라는 사람이 있었다. 주처는 어렸을 때는 못된 짓을 많이 해서 사람들의 미움을 많이 받았다. 그러던 주처가 철이 들면서 자신의 잘못을 깨달아 새사람이 되겠다고 결심했다. 그러나 주처의 옛날 모습을 기억하고 있는 마을사람들은 별로 달갑게 생각하지 않았다. 주처는 육운(陸雲)이라는 학자를 찾아가 솔직하게 자기 심정을 털어놓았다."저는 과거에 잘못을 하도 많이 저질러 이제 와서 착한 사람이 되고자 하나 너무 늦은 것 같습니다" 그러자 육운이 말했다."자네가 지난 허물을 고치고 새사람이 된다면(改過自新) 자네의 앞길은 무한할 걸세"이러한 육운의 격려에서 이 말은 비롯되었다. 개과천선(改過遷善)과 동의어이다.

◉ 去頭截尾(거두절미)

머리와 꼬리를 없애다. 즉, 곧바로 본론으로 들어가다.

◉ 乾坤一擲(건곤일척)

천지를 두고 한판 내기를 걸다. 모든 것을 걸고 마지막 승부를 겨루다.

BC202년 한(漢)나라와 초(楚)나라가 천하를 두고 해하(垓下)의 싸움을 벌이다가 드디어 유방이 항우를 이겨서 한나라가 천하를 차지하게 된다. 뒷날 당나라의 유명한 시인 한유가 이를 시에서 읊은 데서 비롯된 말이다.

◉ 隔世之感(격세지감)

세상이 많이 변하여 딴 세상으로 여겨지는 느낌을 뜻할 때 쓰이는 말이다.

◉ 犬馬之勞(견마지로)

윗사람에게 충성을 다하려는 자신의 노력을 겸손하게 낮추어 이르는 말이다.

◉ **見物生心(견물생심)**

물건을 보면 가지고 싶은 욕심이 생기게된다.

◉ **結者解之(결자해지)**

묶은 자가 그것을 풀어야 한다. 일을 벌인 사람이 마무리 짓는다.

◉ **結草報恩(결초보은)**

풀을 묶어 은혜에 보답함. 죽어서도 잊지 않고 은혜를 갚다.

◉ **兼人之勇(겸인지용)**

겸인이란 '여러 사람을 당해내다'라는 뜻이고 용이란 '용기'를 뜻한다. 즉 혼자서 능히 여러 사람을 당해낼 수 있는 용기를 말한다.

◉ **輕擧妄動(경거망동)**

경솔하고 망령된 행동. 버릇 없고 교양 없는 행동.

◉ **經國濟世(경국제세)**

나라를 다스리고 백성을 구제한다는 뜻이다.

◉ **敬而遠之(경이원지)**

존경하나 멀리한다. 오늘날에는 뜻이 변하여 꺼리어 피한다는 뜻으로 쓰이고 있다. 흔히 경원(敬遠)이라고 줄여서 쓰기도 한다.

◉ **鷄群一鶴(계군일학)**

여러 평범한 사람들 중에서 뛰어난 한 사람을 가리킬 때 쓰인다.

◉ **鷄卵有骨(계란유골)**

계란에도 뼈가 있다(계란이 곪았다)는 뜻으로, 일이 항상 잘되지 않는 사람이 모처럼 좋은 기회를 만났으나 뜻밖의 어려움이 생겨 역시 일이 잘되지 않음을 비유한 말이다.

◉ **孤立無援(고립무원)**

외로이 떨어져 외부로부터 아무런 도움을 받을 수 없는 상황을 이르는 말이다.

◉ **古色蒼然(고색창연)**

고색(古色)이란 '오랜 세월을 지나 예스러운 모습과 빛깔을 지닌 것'을 뜻하고, 창연(蒼然)은 '물건이 오래되어 낡은 빛깔을 띤 모양'을 의미한다. 따라서 옛날의 건물이나 물건 등이 그윽하고 예스러운 모습을 띠고 있음을 나타내는 말이다.

◉ **孤掌難鳴(고장난명)**

한 손바닥으로는 소리가 나지 않는다. 맞서는 사람이 없으면 싸움이 되지 않는다는 뜻이다.

◉ **苦盡甘來(고진감래)**

괴로움이 다하면 즐거움이 온다. 고생 끝에 낙이 온다.

◉ **骨肉相殘(골육상잔)**

혈육 또는 민족끼리 헐뜯고 싸움. 骨肉相爭(골육상쟁)이라고도 한다.

◉ **空中樓閣(공중누각)**

허공에 누각 짓기. 허황되고 이루어 질 수 없는 일.

◉ **過恭非禮(과공비례)**

지나친 겸손은 예의가 아니다.

◉ **刮目相對(괄목상대)**

눈을 비비고 서로 마주 대함. 학식이나 어떤 능력이 몰라보게 좋아지다. 오나라 손권에게 여몽(呂蒙)이라는 무식한 장수가 있었다. 손권으로부터 공부하라는 충고를 받자, 여몽은 쉬지 않고 열심히 노력했다. 얼마후 오나라 재상 노숙이 여몽을 만나 이야기를 나누다가 여몽이 너무 아는 것이 많아 노숙이 놀랐다. 이에 여몽이 말하기를 "선비는 헤어진 지 사흘이 지나서 만났을 때 눈을 비벼야 할 정도로 달라져야 하는 법이라네"라고 말한 데서 비롯된다.

◉ 九死一生(구사일생)

죽을 고비를 수없이 넘기고 간신히 살아남았다는 뜻으로, 온갖 어려움을 간신히 이겨 냈음을 비유하여 쓰는 말이다.

◉ 口尙乳臭(구상유취)

입에서 항상 젖비린내가 난다. 하는 짓이 유치하다.

◉ 九十春光(구십춘광)

나이 먹은 노인의 마음이 청년같이 젊다는 뜻이다.

◉ 群鷄一鶴(군계일학)

닭의 무리 중 한 마리 학. 무리 중에 낀 뛰어난 하나. 앞의 鷄群一鶴(계군일학)과 같은 말이다.

◉ 群雄割據(군웅할거)

영웅들이 각기 자리를 잡고 서로 겨룸.

◉ 捲土重來(권토중래)

흙을 말아 {말을 달려 흙 먼지를 일으킴} 다시 오다. 한번 실패한 후 다시 도전하여 성공하다.

◉ 克己復禮(극기복례)

자신의 욕망과 감정을 억제하고 예의범절을 따른다는 의미이다.

◉ **金科玉條(금과옥조)**

금 같은 과목과 옥 같은 조목. 훌륭하고 좋은 제도.

◉ **錦上添花(금상첨화)**

비단 위에 꽃을 더함. 비단옷에 어사화. 아름다움에 좋은 것이 겹침. 겹경사.

◉ **金石之交(금석지교)**

쇠나 돌처럼 굳고 변함없는 친구간의 우정을 가리키는 말이다. 金蘭之契(금란지계), 斷金之契(단금지계)등도 유사한 말이다.

◉ **錦衣夜行(금의야행)**

비단옷 입고 밤길 거닐기. 알아주지 않는 헛수고.

부귀를 이루고도 고향으로 돌아가지 않는 것은 비단옷을 입고 밤길을 걷는 것과 같다. 누가 이것을 알쏘냐(富貴不歸故鄕 如衣錦夜行 誰知之者)

◉ **錦衣還鄕(금의환향)**

비단옷을 입고 고향에 돌아감. 타향에서 성공하여 고향으로 돌아오다.

◉ **金枝玉葉(금지옥엽)**

금 같은 가지와 옥 같은 잎사귀. 임금의 자손 또는 그에 버금할만한 귀한 자손.

◉ **起死回生(기사회생)**

죽은 사람이 살아 돌아온다라는 뜻으로 매우 어려운 처지에서 벗어나 상황이나 일이 순조로워짐을 뜻한다.

◉ **起承轉結(기승전결)**

한시의 구성법으로 기(起)란 '첫 구에서 시의 뜻을 밝힌다'는 말이고, 승(承)이란 '둘째 구에서 뜻을 이어 받는다'는 말이고, 전(轉)이란 '셋째 구에서 뜻을 다른 방향으로 돌리거나 다른 장면으로 변화시킴을 말하며, 결(結)은 '글 전체를 마무리 한다'라는 뜻이다.

◉ 落木寒天(낙목한천)

나뭇잎이 다 떨어진 겨울의 춥고 쓸쓸한 풍경을 나타내는 말로서, 어려움이나 시련에 처해 있음을 비유적으로 나타내기도 한다.

◉ 洛陽紙價(낙양지가)

낙양의 종이 값이라는 뜻으로, 훌륭한 문장이나 글이 나오면 사람들은 종이를 많이 썼으므로 값이 오른다는 것을 의미하거나 탁월한 문장을 칭송하는 말로 쓰인다.

◉ 難兄難弟(난형난제)

형과 아우를 분간할 수 없다. 즉,우열을 가릴 수 없다.

◉ 男負女戴(남부여대)

남자는 지고 여자는 이다. 떠돌아 다녀야 하는 가난한 행색. 또는 비참한 피난 행렬.

◉ 狼狽不堪(낭패불감)

낭패는 이리의 이름으로 낭(狼)은 앞다리가 길고 뒷다리가 짧으며, 패(狽)는 앞다리가 짧고 뒷다리가 길다. 낭은 패가 없으면 서지 못하고, 패는 낭이 없으면 다니지 못하므로 반드시 함께 행동해야만 한다. 불감(不堪)이라 함은 견디어내지 못함을 의미한다. 따라서 낭패불감이란 어떤 상황에 닥쳐 이러지도 저러지도 못하는 난처한 경우를 가리키는 말이다.

◉ 內憂外患(내우외환)

내부의 근심과 외부에 대한 걱정. 나라 안팎의 여러 가지 어려움을 가리킬 때 쓰는 말이다.

◉ 勞心焦思(노심초사)

노심(勞心)은 마음으로 애를 씀을 뜻하고, 초사(焦思)는 애를 태우며 생각하는 것을 의미한다. 그러므로 몹시 마음을 쓰며 애를 태움을 나타내는 말이다.

◉ **論功行賞(논공행상)**

공적의 크고 작음을 따져서 그에 알맞는 상을 주는 것을 말한다.

◉ **累卵之危(누란지위)**

계란을 쌓아 올린 듯 매우 위험하고 조급한 형세.

◉ **多多益善(다다익선)**

많으면 많을수록 좋다. 또는 능력의 무한함을 과시.

◉ **單刀直入(단도직입)**

단도로 곧장 찌름. 구차한 것은 떼어 버리고 곧바로 핵심을 들고 나오다.

◉ **大器晩成(대기만성)**

큰 그릇은 만드는데 오래 걸린다. 큰 일을 할 사람은 능력을 발휘하기 위해 오랜 시간이 걸린다.

◉ **大言壯語(대언장어)**

큰소리와 의기양양한 말을 뜻하는 것으로서, 자기 분수에 맞지 않게 허세를 부리며 말할 때 쓰는 말이다.

◉ **大義滅親(대의멸친)**

국가와 사회의 큰 정의를 위해서 부모형제의 관계도 돌아보지 않는다는 말.

◉ **徒勞無益(도로무익)**

헛되이 애만 쓰고 아무런 이로움이 없음을 가리키는 말이다. 순간의 실수로 애쓴 일이 아무 소용이 없게 될 때도 흔히 쓰인다. 옛날 어떤 중이 아리따운 처녀를 보고 반해서 결혼하자고 했다. 처녀는 10년간 한 방에서 함께 지내되 손목도 잡지 않고 친구처럼 지내면 10년후에는 아내가 되겠다고 약속했다. 중은 처녀와 함께 지낸지 10년이 되는 전날밤 그만 하루를 못 참고 처녀의 손을 잡고 말았다, 깜짝 놀란 처녀는 파랑새가 되어 날아가 버렸다. 이리하여 10년 노력이 물거품이 되고 말았다. 그래서 '10년공부 도로아미타불'이라는 속담이 생겨났다고 한다.

◉ 道聽塗說(도청도설)

길가의 들리는 이야기. 항간에 떠도는 여러 가지 잡다한 이야기. 가담항설(街談巷說)과 같다.

◉ 塗炭之苦(도탄지고)

도탄(塗炭)은 '진구렁에 빠지고 숯불에 타다'라는 뜻이다. 따라서 진흙에 빠지고 숯불에 타는 듯한 매우 심한 고생을 가리키는 말이다.

◉ 獨不將軍(독불장군)

혼자서는 어떤 일을 도모할 수 없다.

◉ 棟梁之材(동량지재)

동량(棟梁)은 '기둥과 들보'를 말한다. 그러므로 집안이나 한 나라를 떠받치는 중대한 일을 맡을 만한 인재를 가리키는 말이다.

◉ 東問西答(동문서답)

동으로 묻고 서로 대답함. 물음과는 상관없는 엉뚱한 대답.

◉ 同病相憐(동병상련)

같은 병자끼리 서로 불쌍하게 여기다. 같은 처지인 사람끼리 서로 이해할 수 있다. 같은 병은 서로 불쌍하게 여기고(同病相憐), 같은 근심은 서로 구원한다((同憂相救).

◉ **同床異夢(동상이몽)**

같은 침상에서 서로 다른 꿈을 꿈. 서로 다른 꿍꿍이를 품다.

◉ **杜門不出(두문불출)**

두문(杜門)이란 '밖으로 출입을 아니 하려고 방문을 닫고 있는 것'을 뜻한다. 따라서 집에만 박혀있고 바깥출입을 아니 할 때 쓰는 말이다.

◉ **燈火可親(등화가친)**

등불을 가까이 두고 밤늦도록 책읽기에 좋은 시기. 독서의 계절 가을.

◉ **燈下不明(등하불명)**

등잔 밑이 어둡다. 가까운 곳을 살피지 못하다.

◉ **莫上莫下(막상막하)**

위도 없고 아래도 없다. 우열을 가릴 수 없다.

◉ **萬古風霜(만고풍상)**

살면서 겪는 여러 가지 고생.

◉ **孟母斷機(맹모단기)**

학문을 중도에 그만두는 것은 짜고 있던 베틀의 줄을 끊어버리는 것과 같다는 말.

◉ **孟母三遷(맹모삼천)**

자녀교육을 위하여 세 번 이사하여 좋은 환경을 만들어 주는 것을 말함.

◉ **明鏡止水(명경지수)**

맑은 거울과 그쳐있는 물. 거울처럼 맑고 물처럼 지극한 상태. 고요하고 침착한 아름다움이나 마음씨.

◉ **明若觀火(명약관화)**

밝기가 불을 보는 것과 같다. 불을 보듯 결과가 뻔하다.

◉ **命在頃刻(명재경각)**

목숨이 아주 위태로워 곧 죽을 듯 하다.

◉ **目不識丁(목불식정)**

눈이 정자를 알지 못함. 낫 놓고 기역자도 모른다. 아주 무식하다.

◉ **目不忍見(목불인견)**

딱하고 가엾기가 차마 눈으로 참고 보지 못하도록 처참한 광경.

◉ **聞一知十(문일지십)**

하나를 들으면 열을 안다. 아주 똑똑하다.

◉ **美辭麗句(미사여구)**

아름답고 훌륭한 문장. 화려한 문장 수사.

◉ **尾生之信(미생지신)**

약속의 굳게 지킴을 비유. 또는 고지식하여 융통성이 없음을 비유

◉ **傍若無人(방약무인)**

곁에 사람이 없는 것 같이 함. 눈에 보이는 것이 없는 것처럼 무례한 행동거지.

◉ **背水之陣(배수지진)**

목숨을 걸고 어떤 일에 대처하는 것을 비유.

◉ **背恩忘德(배은망덕)**

은혜를 저버리고 덕을 잊어버리다.

◉ **白骨難忘(백골난망)**

뼈가 가루가 되도록 잊지 않음. 죽어서도 은혜를 잊지 않다.

◉ **百年河淸(백년하청)**

오랜 시간이 흐르더라도 황하의 물이 맑아지겠는가? 매우 오랜 시간이 걸려 이루기 어려운 일.

◉ **百戰老將(백전노장)**

아주 경험이 많아 노련한 사람을 일컬음.

◉ **伯仲之間(백중지간)**

우열을 가릴 수 없도록 비슷하다.

◉ **百尺竿頭(백척간두)**

백 척 장대 위에 매달린 머리. 매우 위태롭고 급박한 상황.(=風前燈火)

◉ **父傳子傳(부전자전)**

그 아버지에 그 아들. 아버지에게서 아들로 이어지다.

◉ **夫唱婦隨(부창부수)**

남편의 부름에 아내는 따라야 한다. 부부의 도리.

◉ **附和雷同(부화뇌동)**

주관 없이 이리 붙고 저리 붙다.

◉ **粉骨碎身(분골쇄신)**

뼈가 부서지도록 노력하다.

◉ **焚書坑儒(분서갱유)**

서책을 불사르고 유생들을 땅속에 파 묻듯이 진시황제의 가혹한 법과 혹독한 정치를 이르는 말.

◉ **不問可知(불문가지)**
묻지 않아도 짐작하여 알 수 있다.

◉ **不問曲直(불문곡직)**
일의 잘잘못을 묻지 않음.

◉ **不遠千里(불원천리)**
천리를 멀다 않고 달려가다.

◉ **四面楚歌(사면초가)**
사방에서 초나라 노래가 들린다. 궁지에 몰려 뚫고 나갈 방법이 없다.

◉ **四通八達(사통팔달)**
길이 여러 방면으로 막힘 없이 통하다.

◉ **事必歸正(사필귀정)**
모든 일은 반드시 바른 대로 돌아온다.

◉ **山紫水明(산자수명)**
산은 단풍 들어 붉고 물은 맑다. 아름다운 자연.

◉ **山戰水戰(산전수전)**
여러 가지 일을 겪어 경험이 풍부하다.

◉ **殺身成仁(살신성인)**
몸을 죽여 인(仁)을 이루다. 대의를 위해 자기를 희생.

◉ **三省吾身(삼성오신)**

자신에 대해 스스로 하루 세 가지로 반성하다.

◉ **桑田碧海(상전벽해)**

뽕나무 밭이 푸른 바다가 됨. 세월이 흘러 세상이 몰라보게 변하다.

◉ **先見之明(선견지명)**

앞을 먼저 볼 줄 아는 지혜.

◉ **雪上加霜(설상가상)**

눈 위에 서리를 더함. 나쁜 일에 또 어려운 일이 더해지다. 엎친 데 덮친 격

◉ **束手無策(속수무책)**

손을 묶어 놓은 듯이 일에 손을 못대고 쩔쩔 매다.

◉ **送舊迎新(송구영신)**

묵은 해를 보내고 새해를 맞다.

◉ **袖手傍觀(수수방관)**

손을 소매에 넣고 곁에서 구경함. 모른 척 쳐다보다.

◉ **誰怨誰咎(수원수구)**

누구를 원망하고 누구를 탓하리오.

◉ **識者憂患(식자우환)**

아는 것이 많으면 걱정도 많다.

◉ **信賞必罰(신상필벌)**

상과 벌은 반드시 옳고 정당하게 한다.

◉ **身言書判(신언서판)**

수려한 용모, 재치 있는 말주변, 뛰어난 글 솜씨, 냉철한 판단력으로 사람이 갖추어야 할 네 가지.

◉ **我田引水(아전인수)**

자기 논에 물대기. 자기만 이롭게 일을 취하다.

◉ **弱肉强食(약육강식)**

약한 자는 강한 자에게 먹힌다.

◉ **良藥苦口(양약고구)**

양약은 입에는 쓰다. 그러나 병에는 이롭다(良藥苦口, 利於病)

◉ **漁父之利(어부지리)**

어부의 이익. 둘의 경쟁에 상관없는 제3자가 이익을 보다.

◉ **言中有骨(언중유골)**

말 속에 뼈가 있다. 단순한 듯 하나 핵심을 찌르는 말.

◉ **與民同樂(여민동락)**

임금이 백성과 더불어 즐거움을 누리다.

◉ **女必從夫(여필종부)**

여자는 반드시 남자를 따라야 한다.

◉ **易地思之(역지사지)**

입장을 바꾸어 생각하여 다른 이의 마음을 헤아리다.

◉ **緣木求魚(연목구어)**

나무에 올라 고기를 구하다. 되지도 않는 일을 억지로 하려 들다.

◉ **五里霧中(오리무중)**

사방 5리 이내가 안개 속이다. 사건의 실마리를 찾지 못하고 해메다.

◉ **烏飛梨落(오비이락)**

까마귀 날자 배 떨어진다. 쓸데 없는 의심을 받음.

◉ **烏合之卒(오합지졸)**

보잘 것 없는 조무래기.

◉ **溫故知新(온고지신)**

선현의 옛 문물을 잘 익혀 새로운 문물을 안다는 뜻. 논어에 "옛것을 되새기어 새것을 살필 줄 알면 능히 남의 스승이 됨직하다(溫故而知新 可以爲師矣)"

◉ **外柔內剛(외유내강)**

겉으로는 부드러우나 속으론 곧고 강하다.

◉ **龍頭蛇尾(용두사미)**

용 머리에 뱀 꼬리. 시작은 거창하나 흐지부지 끝나 버리다.

◉ **牛耳讀經(우이독경)**

쇠귀에 경 읽기. 아무리 충고를 해도 받아들이지 않는다.

◉ **雨後竹筍(우후죽순)**

비온 뒤 나는 죽순. 어떤 일들이 때를 맞추어 한꺼번에 일어나는 모양.

◉ **遠交近攻(원교근공)**

먼 곳과 교류하고, 가까운 곳은 친다.

◉ **月態花容(월태화용)**

달처럼 날씬한 몸매와 꽃같이 어여쁜 얼굴. 곱고 아름다운 모습.

◉ **危機一髮(위기일발)**

매우 위험하고 위급한 상태.

◉ **有口無言(유구무언)**

입은 있으되 할 말이 없다. 변명의 여지가 없다.

◉ **類萬不同(유만부동)**

수 만가지 어떤 것도 같은 것이 없다.

◉ **類類相從(유유상종)**

모든 것은 어울리는 대로 사귄다.

◉ **有終之美(유종지미)**

마무리하는 아름다움. 깨끗한 마무리.

◉ **以心傳心(이심전심)**

마음과 마음이 통하다. (=敎外別傳, 心心相印)

◉ **人面獸心(인면수심)**

사람의 탈을 쓴 짐승. 인륜을 모르는 짐승 같은 사람.

◉ **人山人海(인산인해)**

사람들이 매우 많아 북적거리다.

◉ **一網打盡(일망타진)**

한 그물로 다 때려 잡음. 어떤 일을 완벽하게 잡아내다.

◉ **一瀉千里(일사천리)**

일의 처리가 막힘이 없이 술술 이루어지다.

◉ **一石二鳥(일석이조)**

돌 하나로 두 마리 새를 잡다. 투자한 것보다 큰 이익을 보다.

◉ **一魚濁水(일어탁수)**

한 마리 물고기가 온 물을 흐린다. 한 개인이나 소수가 전체의 분위기를 흐리다.

◉ **臨機應變(임기응변)**

일의 변화에 맞추어 지혜롭게 처신을 행하다.

◉ **自家撞着(자가당착)**

자기가 친 것이 자기에게 맞는다. 자기 모순에 빠지다.

◉ **自繩自縛(자승자박)**

자기가 자기를 묶음. 자신이 저지른 잘못으로 자신이 고통을 받다.

◉ **自業自得(자업자득)**

자신이 행한 일에 대해 스스로 응분의 대가를 치르다.

◉ **自中之亂(자중지란)**

자신의 한 동아리 내에서 벌어지는 싸움.

◉ **自初至終(자초지종)**

처음부터 끝까지 일의 전개 내용.

◉ **自暴自棄(자포자기)**

자기를 포기함. 스스로 체념하여 만사에 돌아서다. 자포(自暴)는 스스로 해친다는 뜻이고, 자기(自棄)는 스스로 버린다는 뜻으로 자신을 체념한다는 말.

◉ **作心三日(작심삼일)**

마음먹고 시작한 일을 3일도 못넘기다.

◉ **賊反荷杖(적반하장)**

도적이 도리어 몽둥이를 든다. 해를 가하고도 미안해 하기는 커녕 무례하게 굴다.

◉ **赤手空拳(적수공권)**

빈손 빈주먹. 아무 것도 없는 맨처음 상태.

◉ **電光石火(전광석화)**

번갯불이나 부싯돌 불똥같이 빠른 시간.

◉ **戰戰兢兢(전전긍긍)**

몹시 두려워서 벌벌 떨면서 조심함. 전전은 겁을 먹고 벌벌 떠는 모습을 말하고, 긍긍은 조심하여 몸을 움츠리는 모습을 뜻한다.

◉ **轉禍爲福(전화위복)**

화가 변하여 복이 되다.

◉ **切磋琢磨(절차탁마)**

학문을 힘써 갈고 딱음을 의미함.

◉ **切齒腐心(절치부심)**

몹시 분하여 이를 갈고 속을 썩이다.

◉ **糟糠之妻(조강지처)**

곤궁하고 어려울 때 함께 한 아내. 본처.

가난하고 천했을 때 친구를 잊어서는 안되고(貧賤之交 不可忘), 어려움을 함께 한 아내를 내쫓아서는 안된다(糟糠之妻 不下堂).

◉ **朝令暮改(조령모개)**

아침에 포고한 규칙을 저녁에 고치다. 일관성 없는 행정.

◉ **走馬加鞭(주마가편)**

달리는 말에 채찍질을 더함. 잘되어 가는 일에 더욱 분발하다. 성실히 노력하는 사람을 더 격려하다.

◉ **走馬看山(주마간산)**

달리는 말에서 산을 봄. 대충 일을 넘어가다. 수박 겉 핥기.

◉ **酒池肉林(주지육림)**

술로 연못을 이루고 고기로 숲을 이루다. 퇴폐와 향락.

◉ **衆寡不足(중과부족)**

적은 수효로 많은 수효를 대적하지 못함.

◉ **衆口難防(중구난방)**

여러 사람이 각기 다른 의견을 내어 수렴하기가 어렵다.

◉ **指鹿爲馬(지록위마)**

윗사람을 농락하여 마음대로 휘두름을 비유

◉ **進退維谷(진퇴유곡)**

나가고 도망 갈 길이 끊어져 궁지에 몰리다.

◉ **千慮一失(천려일실)**

아무리 지혜로운 사람이라도 천 가지 생각 중에 한 가지 해로움이 있다. 아무리

우둔한 사람일지라도 여러번 거듭 생각하면 한번쯤은 얻는 것이 있다(千慮一得).

◉ **千載一遇(천재일우)**

천년에 한번 만남. 절호의 좋은 기회.

◉ **徹天之寃(철천지원)**

하늘에 사무치도록 깊은 원한.

◉ **聽而不聞(청이불문)**

듣고도 못들은 체 하다.

◉ **春秋筆法(춘추필법)**

대의 명분을 밝혀 세우는 준엄한 논법.

◉ **出嫁外人(출가외인)**

시집간 딸은 친정 사람이 아니고 남이나 다름 없다.

◉ **醉生夢死(취생몽사)**

취하여 살다가 꿈속에 죽다. 일생을 흐리멍덩하게 살다.

◉ **他山之石(타산지석)**

다른 산의 돌도 나의 옥을 가는데 소용이 된다. 이 세상 무엇이든 나의 품성과 지덕을 수양하는데 도움이 된다. 돌을 소인(小人), 옥을 군자(君子)에 비유하여, 군자도 소인의 행동을 보고 자기수양과 학덕을 쌓을 수 있다.

◉ **泰然自若(태연자약)**

마음에 충동을 받아도 흔들림이 없이 천연스럽다.

◉ **破竹之勢(파죽지세)**

대나무가 쪼개어 지듯 막힘 없이 나가는 기세.

◉ **敗家亡身(패가망신)**

가문을 욕되게 하고 신세를 망쳐 망신 당하다.

◉ **鶴首苦待(학수고대)**

학의 목처럼 길게 빼고 간절히 기다리다.

◉ **狐假虎威(호가호위)**

남의 권세를 빌어 위세를 나타냄. 여우가 호랑이의 위엄을 빌어 제 위업으로 삼듯이 남을 가탁하여 권세를 부림.

◉ **糊口之策(호구지책)**

입에 풀칠하는 계책. 가난한 살림에 간신히 먹고 사는 방법.

◉ **好事多魔(호사다마)**

좋은 일에는 장애물이 많다.

◉ **虎視眈眈(호시탐탐)**

호랑이가 눈을 부릅뜨고 먹이를 노리듯 야심을 가지고 기회를 엿보다.

◉ **畵中之餠(화중지병)**

그림의 떡. 멋은 있으나 내게 득이 될 건 하나도 없다.

◉ **後生可畏(후생가외)**

후배가 선배보다 기량이 우수하여 두려울 만 하다.

◉ **興盡悲來(흥진비래)**

즐거움이 다하면 슬픔이 온다.

漢字

제 30 강 심화고사성어(深化故事成語)

◉ **肝腦塗地(간뇌도지)**

참살(慘殺)을 당하여 간(肝)과 뇌(腦)가 땅바닥에 으깨어진다는 뜻으로, 국사(國事)에 목숨을 돌보지 않고 힘을 다하는 것을 말함.

◉ **渴而穿井(갈이천정)**

목이 말라야 우물을 판다는 데서, 이미 때가 늦은 것을 일컬음. 임갈굴정(臨渴掘井).

◉ **康衢煙月(강구연월)**

번화한 거리의 안개낀 흐릿한 달이란 뜻으로, 태평한 시대의 평화로운 풍경을 말함.

◉ **剛柔兼全(강유겸전)**

굳셈과 부드러움을 모두 갖춤. 곧, 성품이 굳세면서도 부드러움.

◉ **江湖煙波(강호연파)**

강이나 호수 위에 안개처럼 보얗게 이는 잔 물결. 곧, 대자연(大自然)의 풍경(風景).

◉ **居安思危(거안사위)**

편안히 살 때 위태로움을 생각함.

◉ **擧案齊眉(거안제미)**

양홍(梁鴻)의 아내가 밥상을 들어 눈썹과 나란히 하여 남편 앞에 놓았다는 후한서(後漢書)의 열전(列傳)에 나오는 고사에서 유래한 말로, 아내가 남편을 깍듯이 공경함을 말함.

◉ **去者日疎(거자일소)**

죽은 사람에 대해서는 날이 갈수록 점점 잊어버리게 된다는 데서, 서로 멀리 떨어져 있으면 사이가 멀어짐을 말함.

◉ **格物致知(격물치지)**

사물(事物)의 이치(理致)를 연구(硏究)하여 자기의 지식(知識)을 확고하게 함.

◉ **隔靴搔痒(격화소양)**

신을 신고 발바닥을 긁는다는 뜻으로, 일이 성에 차지 않는 것, 또는 일이 철저하지 못한 것을 가리킴.

◉ **牽强附會(견강부회)**

이치(理致)에 닿지 않는 것을 억지로 끌어다 붙임.

◉ **見利忘義(견리망의)**

이익을 보면 의리(義理)를 잊음. ↔ 견리사의(見利思義).

◉ **見利思義(견리사의)**

이익을 보면 의리(義理)를 생각함. ↔ 견리망의(見利忘義).

◉ **見蚊拔劍(견문발검)**

모기를 보고 칼을 뺀다는 뜻으로, 조그만 일에 허둥지둥 덤비는 것을 말함.

◉ **見危授命(견위수명)**

나라가 위급함을 보면 목숨을 바침. 견위치명(見危致命).

◉ **堅忍不拔(견인불발)**

굳게 참아 빠지지 않는다는 데서, 굳게 참고 버티어 마음을 빼앗기지 아니함을 말함.

◉ **犬免之爭(견토지쟁)**

양자(兩者)의 싸움에 제삼자가 이익을 보는 것을 말함. 옛날에 빠른 개가 날쌘 토끼를 잡으려고 산을 오르내리다가 다 지쳐서 죽자 나무꾼이 개와 토끼를 모두 얻었다는 고사에서 유래한 말.

* 방휼지쟁(蚌鷸之爭) 어부지리(漁父之利) 참고.

◉ **傾國之色(경국지색)**

한 나라의 형세(形勢)를 기울어지게 할 만한 뛰어나게 아름다운 미인.

◉ **耕當問奴(경당문노)**

농사(農事)는 마땅히 머슴에게 물어야 한다는 뜻으로, 모르는 일은 잘 아는 사람에게 물어야 한다는 말.

◉ **輕佻浮薄(경조부박)**

경조(輕佻)란 '가볍고 방정맞다'는 뜻이고 부박(浮薄)은 '가볍고 엷다'라는 뜻이다.말과 행동이 경솔하고 신중하지 못한 사람을 가리키는 말이다. 흔히 경박(輕薄)으로 쓰인다.

◉ **鏡中美人(경중미인)**

거울 속의 미인이란 뜻으로, 실속이 없는 일을 가리킴. 이는 경우 바르고 얌전한 서울·경기도(京畿道) 사람의 성격을 평하는 말이기도 함.

◉ **驚天動地(경천동지)**

하늘을 놀라게 하고 땅을 뒤흔든다는 뜻으로, 세상을 몹시 놀라게 함을 말함.

◉ **敬天愛人(경천애인)**

하늘을 공경하고 사람을 사랑함.

◉ **經天緯地(경천위지)**

하늘을 날로 하고 땅을 씨로 한다는 데서, 온 천하(天下)를 경륜(經綸)하여 다스림을 말함.

◉ **鷄口牛後(계구우후)**

영위계구 물위우후(寧爲鷄口 勿爲牛後: 차라리 닭의 주둥이가 될지언정 소의 궁둥이는 되지 말라)의 준말로, 큰 단체의 졸개가 되기보다는 작은 단체의 우두머리가 되라는 뜻. 계구(鷄口)는 닭의 주둥이로, 작은 단체의 우두머리를 말하고, 우후(牛後)는 소의 궁둥이로, 큰 단체의 졸개를 말함.

◉ **鷄鳴狗盜(계명구도)**

작은 재주가 뜻밖에 큰 구실을 함. 이 말은 사대부(士大夫)가 취하지 아니하는 천한 기예(技藝)를 가진 사람을 비유하기도 함. 전국시대 제(齊)나라의 맹상군(孟嘗君)이 개 흉내를 내는 식객(食客)의 도움으로 여우 가죽옷을 훔쳐서 위기를 모면하고, 닭 우는 소리를 흉내 내는 식객의 도움으로 관문(關門)을 무사히 통과한 고사에서 유래한 말.

◉ **季布一諾(계포일락)**

한번 약속한 것은 반드시 지키는 것을 말한다. 초나라 장수 계포는 의협심이 강하여 한번 약속하면 반드시 지키는 사람이었다. 그래서 초나라 사람들은 황금 백 근을 얻는 것보다 계포의 승낙 한마디를 받는 것이 낫다고 말하는데 유래했다.

◉ **股肱之臣(고굉지신)**

임금이 가장 믿고 중히 여기는 신하. 고굉(股肱)의 본뜻은 다리와 팔임.

◉ **鼓腹擊壤(고복격양)**

태평세월(太平歲月)을 의미함. 중국의 요(堯)임금 때, 한 노인이 배를 두드리고 땅을 치면서 요임금의 덕을 찬양하고 태평을 즐긴 고사에서 유래한 말.

◉ **孤城落日(고성낙일)**

외딴 성(城)에서 해마저 지려 함. 곧, 도움이 없는 고립된 상태를 말함.

◉ **姑息之計(고식지계)**

당장의 편안함 만을 꾀하는 일시적인 방편. 고식(姑息)의 본뜻은 부녀자와 어린 아이.

◉ **鵠白烏黑(곡백오흑)**

백조는 씻지 않아도 희고 까마귀는 먹칠하지 않아도 검다. 원래 흑백과 선악은 정해져 있기 때문에 천성이 아름다운 사람은 배우지 않고도 착하고 훌륭한 법이다.

◉ **曲學阿世(곡학아세)**

학문(學問)을 왜곡(歪曲)하여 세속(世俗)에 아부(阿附)함.

◉ **過猶不及(과유불급)**

정도를 지나침은 미치지 못한 것과 같음. 과여불급(過如不及).

◉ **瓜田李下(과전이하)**

과전불납리 이하부정관(瓜田不納履 李下不整冠: 오이 밭에서는 신을 고쳐 신지 않고, 오얏나무 밑에서는 갓을 고쳐 쓰지 않는다)의 준말. 의심받을 일은 하지 말라는 뜻의 비유.

◉ **管鮑之交(관포지교)**

춘추시대(春秋時代) 제(齊)나라의 관중(管仲)과 포숙(鮑叔)이 매우 사이좋게 교제(交際)하였다는 고사에서 비롯함. 친구 사이의 매우 다정하고 허물없는 교제를 이르는 말.

◉ **曠日持久(광일지구)**

헛되이 날을 보내며 오래 버팀.

◉ **矯角殺牛(교각살우)**

소의 뿔을 바로 잡으려다 소를 죽인다는 데서, 작은 일로 인해 큰 일을 그르침을 말함. 결점이나 흠을 고치려다가 수단이 지나쳐서 일을 그르치는 것을 비유함.

◉ **巧言令色(교언영색)**

남의 환심(歡心)을 사려고 아첨하는 교묘한 말과 보기좋게 꾸미는 얼굴빛.

◉ **教外別傳(교외별전)**

선종(禪宗)의 요체(要諦)를 나타내는 말의 하나로, 경전(經典) 등의 문자나 말에 의하지 않고 석존(釋尊)의 오도(悟道)를 마음에서 마음으로 전하는 것. 불립문자(不立文字). 심심상인(心心相印). 이심전심(以心傳心).

◉ **膠柱鼓瑟(교주고슬)**

기러기발[현악기(絃樂器)의 줄을 고르는 기구]에 아교풀을 바르고 거문고를 탄다는 데서, 고지식하여 조금도 변통성(變通性)이 없음을 말함.

◉ **狡兎三窟(교토삼굴)**

꾀많은 토끼는 굴을 세 개씩이나 파놓고 있기 때문에 위기에 처해서도 죽음을 면할 수 있다는 뜻. 즉 재난이 닥치기 전에 미리 그 위험에 대비해야 한다는 의미.

◉ **教學相長(교학상장)**

남을 가르치는 일과 스승에게서 배우는 일이 서로 도와서 자기의 학문(學問)을 길러 줌.

◉ **救國干城(구국간성)**

나라를 구원(救援)하는 방패(防牌)와 성(城)이란 뜻으로, 나라를 구하여 지키는 믿음직한 군인이나 인물을 비유함.

◉ **狗尾續貂(구미속초)**

담비의 꼬리가 모자라 개의 꼬리로 잇는다[초부족 구미속(貂不足 狗尾續)]는 데서, 훌륭한 것 뒤에 보잘것 없는 것이 잇따름을 말함. 진(晉)나라의 조왕륜(趙王倫)과 관련된 고사.

◉ **口蜜腹劍(구밀복검)**

입으로는 달콤한 소리를 하면서 마음 속에 칼을 품는다는 데서, 외면(外面)으로는 친절한 듯하나 내심(內心)으로는 해칠 생각을 품는 것을 말함. 구유밀 복유검(口有密 腹有劍)의 준말.

◉ **鳩首會議(구수회의)**

여럿이 머리를 맞대고 모여 의논을 함.

◉ **九牛一毛(구우일모)**

여러 마리의 소의 털 가운데서 한 가닥의 털. 곧, 아주 큰 물건 속에 있는 아주 작은 물건.

◉ **九折羊腸(구절양장)**

아홉 번 꺾인 양의 창자란 뜻에서, 꼬불꼬불하고 험한 산길을 말함.

◉ **君子三樂(군자삼락)**

맹자(孟子)가 말한 군자(君子)의 세 가지 즐거움. 곧, 부모가 모두 살아 계시고 형제가 무고(無故)한 것, 하늘과 사람에게 부끄러워할 것이 없는 것, 천하의 뛰어난 인재를 얻어 교육하는 것을 말한다.

◉ 貴鵠賤鷄(귀곡천계)

따오기를 귀하게 여기고 닭을 천하게 여긴다는 뜻에서, 먼 데 있는 것을 귀하게 여기고 가까운 데 있는 것을 천하게 여기는 것을 말함.

◉ 橘化爲枳(귤화위지)

회남(淮南)의 귤이 회수(淮水)를 건너 회북(淮北)으로 가면 변하여 탱자가 된다는 데서, 사람도 경우·처지에 따라 그 기질(氣質)이 변하는 것을 말함.

◉ 近墨者黑(근묵자흑)

먹을 가까이하는 사람은 검어진다는 데서, 나쁜 사람을 가까이 하면 그 버릇에 물들기 쉽다는 말. 근주자적(近朱者赤).

◉ 金蘭之契(금란지계)

다정한 친구 사이의 정의(情誼). 금란(金蘭)은 주역(周易)의 二人同心 其利斷金 同心之言 其臭如蘭(두 사람이 마음이 같으면 그 예리(銳利)함이 쇠를 끊고, 마음이 같은 말은 그 향기(香氣)가 난초(蘭草)와 같다) 에서 유래함.

쇠나 돌처럼 굳고 변함없는 교제(交際). 금석지계(金石之契).

◉ 金城湯池(금성탕지)

쇠 같은 성(城)과 끓는 해자(垓字). 곧, 방비(防備)가 완벽(完璧)함을 말함. 금성철벽(金城鐵壁).

◉ 琴瑟之樂(금슬지락)

부부 사이가 좋은 것. 금슬(琴瑟)은 거문고와 비파로, 부부(夫婦), 또는 부부 사이를 말함. 거문고와 비파가 조화를 이루어야 고운 곡조(曲調)의 음악이 연주된다는 데서 유래한다. 금슬상화(琴瑟相和)라고도 한다.

◉ **杞人之憂(기인지우)**

기(杞)나라 사람이 하늘이 무너져 내려앉지 않을까 걱정했다는 고사에서, 장래의 일에 대한 쓸데없는 걱정을 말함. 기우(杞憂).

◉ **騎虎之勢(기호지세)**

범을 타고 달리는 듯한 기세(氣勢). 곧, 중도(中途)에서 그만둘 수 없는 형세(形勢).

◉ **羅雀掘鼠(나작굴서)**

나작(羅雀)은 '그물을 쳐서 참새를 잡다'라는 뜻이고 굴서(掘鼠)는 땅을 파서 쥐를 잡음'을 뜻한다. 최악의 상태에서 어찌할 방법이 없음을 가리킨다. 당나라때 반란을 일으킨 안록산의 부하 윤자기는 관군인 장순의 군대를 성에 가두고 몇 달 동안 전투를 벌였다. 윤자기는 장순에게 항복을 권유했으나 장순은 이에 굴하지 아니했다. 얼마 후 성안의 식량이 줄어들자 병정들은 매일 한 수저의 쌀만 먹었다. 이에 장순은 먹을 것을 얻기 위해 병사에세 명령하여 그물을 쳐서 참새를 잡고, 심지어 땅을 파서 쥐를 잡아먹으며 굶주림을 달랬다는 데서 비롯되었다.

◉ **落井下石(낙정하석)**

우물아래에 돌을 떨어뜨린다는 뜻으로 어려운 일을 당한 사람을 도와 주기는커녕 오히려 더 힘들게 하는 것을 말한다.

◉ **卵上加卵 (난상가란)**

알 위에 알을 포갠다는 말이지만, 아무리 어려운 일이라도 정성이 지극하면 하늘이 감동한다는 뜻의 말이 되었다. 지성감천(至誠感天)과 같은 의미이다.

◉ **南柯一夢(남가일몽)**

한 때의 헛된 부귀. 남가지몽(南柯之夢). 한 사람이 홰나무 밑에서 낮잠을 자다가 꿈에 대괴안국(大槐安國) 왕의 사위가 되어 남가군(南柯郡)을 20년 동안 다스리면서 부귀영화를 누리다가 꿈을 깨었다는 내용을 담고 있는 당(唐)나라 때의 소설 남가기(南柯記)에서 유래한 말.

◉ **南橘北枳(남귤북지)**

강남의 귤을 강북에 옮겨 심으면 탱자로 변한다는 뜻으로, 사람은 환경에 따라 악하게도 되고 착하게도 됨을 이르는 말이다.

◉ **囊中之錐(낭중지추)**

주머니 속에 든 송곳은 끝이 뾰족하여 밖으로 나오는 것과 같이, 뛰어난 재주를 가진 사람은 숨기려 해도 저절로 드러난다는 뜻.

◉ **老馬之智(노마지지)**

경험에 의해 쌓인 지혜가 세상살이에서 겪는 어려움을 극복하는데 도움이 된다는 뜻이다. 춘추시대 제나라의 환공이 싸움터에서 돌아오다가 길을 잃게 되었다. 이때 관중은 "이런 경우에는 늙은 말의 지혜가 필요하다"며 맨 앞의 늙은 말을 풀어 놓고 전군이 그 뒤를 따라가 길을 찾았다고 한다.

◉ **綠衣紅裳(녹의홍상)**

연두 저고리에 다홍 치마. 곧, 젊은 여자의 곱게 치장(治粧)한 복색(服色).

◉ **弄假成眞(농가성진)**

장난삼아 한 것이 참으로 한 것 같이 됨.

◉ **弄瓦之慶(농와지경)**

질그릇을 가지고 노는 기쁨이란 뜻으로 딸을 낳은 즐거움을 뜻하는 말이다. 아들을 낳은 즐거움은 농장지경(弄璋之慶)이라고 한다. 옛날 중국에서 사내아이를 낳으면 남아로서 큰 인물이 되라는 의미에서 장(璋: 벼슬아치들이 조회 때 손에 쥐고 있는 홀의 반쪽)이란 장난감을 주며 놀게 했다는 데서 농장지경이 유래한다.

◉ **多岐亡羊(다기망양)**

학문(學問)의 길이 여러 갈래여서 진리(眞理)를 찾기 어려움. 방침(方針)이 많아서 도리어 갈 바를 모름. 달아난 양(羊)을 찾으려 할 때에 길이 여러 갈래여서 끝내 양을 잃었다는 열자(列子)에 나오는 비유에서 유래한 말.

◉ 斷金之契(단금지계)

무쇠를 자를 수 있을 정도의 두터운 우정을 뜻하는 말이다. 두사람이 마음을 합하면 그 날카로움은 쇠도 끊을 수 있고 두 사람이 마음을 합한 말은 그 향기가 난초와 같다는 주역(周易)에서 비롯된다. 단금지교(斷金之交), 금란지교(金蘭之交), 금석지교(金石之交)모두 유사한 말이다.

◉ 斷機之敎(단기지교)

맹자(孟子)가 수학(修學) 도중에 돌아왔을 때, 그 어머니가 칼로 베틀의 실을 끊어서 훈계(訓戒)하였다는 고사에서 유래한 말. 학문(學問)을 중도에서 그만두는 것은 짜던 베의 날을 끊는 것과 같다는 가르침. 단기지계(斷機之戒). 맹모단기(孟母斷機).

◉ 簞食瓢飮(단사표음)

대바구니의 밥과 표주박의 물이란 뜻으로, 변변치 못한 음식, 나아가서 소박한 생활을 비유하는 말. 논어(論語)에서 공자(孔子)가 안연(顔淵)의 청빈한 생활을 일단사 일표음(一簞食 一瓢飮)으로 격찬한 데서 유래함.

◉ 丹脣皓齒(단순호치)

붉은 입술과 하얀 이란 뜻에서, 여자의 아름다운 얼굴을 이르는 말. 주순호치(朱脣皓齒). 호치단순(皓齒丹脣).

◉ 堂狗風月(당구풍월)

당구삼년(堂狗三年)에 폐풍월(吠風月). 곧, 서당 개 삼 년에 풍월을 짓는다는 속담.

◉ 螳螂拒轍(당랑거철)

사마귀가 팔을 벌리고 수레바퀴를 막는다는 뜻으로, 제 분수도 모르고 강적(强敵)에게 반항(反抗)함을 말함.

◉ **對牛彈琴(대우탄금)**

소를 마주대하여 거문고를 연주하다는 뜻으로 어리석은 사람에게는 깊은 이치를 말해주어도 알아듣지 못하므로 아무 소용이 없음을 비유적으로 이르는 말이다. 우이독경(牛耳讀經)이나 마찬가지인 뜻이다.

◉ **道不拾遺(도불습유)**

길에 떨어진 물건이 있어도 줍지 않는다는 뜻으로 형벌을 엄격하게 시행하면 나라가 잘 다스려진다는 의미를 나타낸다.

◉ **桃三李四(도삼이사)**

'복숭아 나무는 3년, 자두나무는 4년'이라는 뜻으로 복숭아나무는 3년이 가야 열매를 맺는 데, 자두는 4년이 걸린다는 의미이다. 그러므로 어떤 것을 완성하거나 쓸만하게 만들기 위해서는 그만큼 긴 세월이 걸림을 가리키는 말이다. 무슨 일이든지 하루아침에 이루어지는 것은 아니다.

◉ **讀書亡羊(독서망양)**

양을 돌보며 책을 읽다가 양을 잃어버렸다는 뜻으로, 하는 일에는 뜻이 없고 다른 생각만 하다가 낭패를 당함을 의미한다.

◉ **讀書三到(독서삼도)**

독서의 법은 구도(口到)·안도(眼到)·심도(心到)에 있다는 뜻. 즉 입으로 다른 말을 아니하고, 눈으로는 딴 것을 보지 말고, 마음을 하나로 가다듬고 숙독하면 그 참 뜻을 깨닫게 된다는 말.

◉ **讀書三餘(독서삼여)**

책을 읽기 가장 좋을 때는 계절 중에서는 겨울, 하루 중에서는 밤, 날씨 중에서는 비가 올 때가 가장 알맞은 여가라는 뜻이다.

◉ **讀書尙友(독서상우)**

책을 읽음으로써 옛날의 현인(賢人)들과 벗이 될 수 있다는 뜻.

◉ **同工異曲(동공이곡)**

재주는 같으나 취미가 다름. 곧 모두 기교는 훌륭하나 그 내용이 다르다는 말. 동공이체(同工異體).

◉ **東頭西尾(동두서미)**

제사를 지내면서 제수(祭需)를 진설(陳設)할 때, 생선의 경우는 머리를 동쪽으로 놓고 꼬리를 서쪽으로 놓는 것을 말함.

◉ **凍足放尿(동족방뇨)**

'언발에 오줌누기' 잠시의 효과가 있을 뿐 그 효과는 금방 사라지고 마침내는 더 나쁘게 될 일을 할 때 쓰는 말이다. 결국 앞을 내다보지 못함을 비꼬는 말로도 쓰인다. 하석상대(下石上臺)와 같은 미봉책을 가리킨다.

◉ **得隴望蜀(득롱망촉)**

사람이 만족할 줄 모르고 계속 욕심을 부리는 경우를 비유하는 말이다. 이미 롱(隴)나라 땅을 얻었음에도 욕심을 부려 촉(蜀)나라 땅까지 바란다는 의미이다.

◉ **得魚忘筌(득어망전)**

물고기를 잡고나면 통발을 잊어버린다는 뜻으로, 목적을 이루면 그때까지 수단으로 삼았던 것을 잊어버린다는 것을 말한다. 장자가 "전(筌)은 고기를 잡기위한 것이지만 고기를 잡고나면 전은 잊어버린다(忘筌). 제(蹄)는 짐승을 잡기위한 것이지만 짐승을 잡고나면 제를 잊어버린다(忘蹄). 말(言)은 뜻을 나타내는 것이지만 뜻을 다 알게 되면 그 말은 잊어버린다(忘言)"라고 한 말에서 비롯되었다.

◉ **登高自卑(등고자비)**

높은 곳에 올라가려면 낮은 곳에서부터 오른다는 말로, 일을 하는 데는 반드시 순서를 밟아야 한다는 뜻. 이 말에는 지위(地位)가 높아질수록 스스로를 낮춘다는 뜻도 있음.

◉ **磨斧爲針(마부위침)**

도끼를 갈아 바늘을 만든다는 뜻으로 중단하지 않고 꾸준히 노력함을 가리키는 말이다. 이태백이 상의산에서 공부하다가 싫증이 나서 산을 내려오다 냇가에 이르렀을 때 한 할머니가 도끼를 바위에 갈고 있었다. 바늘을 만들기 위해서 도끼를 갈고 있다는 것이다. 할머니의 노력에 크게 감동한 이태백은 다시 입산하여 위대한 시인이 되었다.

◉ **馬耳東風(마이동풍)**

동풍(東風), 곧 봄바람이 말의 귀에 스쳐도 아무 감각이 없듯이, 남의 말을 귀담아 듣지 아니하고 지나쳐 흘려 버림을 말함. 우이독경(牛耳讀經).

◉ **麻中之蓬(마중지봉)**

삼밭에 나는 쑥(쑥은 곧게 자란다)이라는 뜻으로 선한 사람과 사귀면 그 영향을 받아 착해짐을 비유적으로 이르는 말이다. 삼은 하늘로 곧게 뻗으면서 크게 자란다. 쑥도 삼밭에 있으면 삼과 똑같이 자란다. 결국 좋은 환경에서 자란 사람은 주위의 영향을 받아 좋아지게 마련이다.

◉ **萬口成碑(만구성비)**

여러 사람들이 칭찬하는 것은 송덕비를 세우는 것과 같다는 뜻으로 많은 사람들이 칭찬하게 되면 명성이 알려지게 된다는 의미이다.

◉ **萬彙群象(만휘군상)**

우주의 수많은 현상. 세상 만물의 형상. 삼라만상(森羅萬象).

◉ **忘年之交(망년지교)**

나이를 잊은 교우(交友). 곧, 나이를 따지지 않고 교제하는 것. 망년교(忘年交). 망년지우(忘年之友). 망년우(忘年友).

◉ **望梅解渴(망매해갈)**

매실의 신맛을 상상해 입에 침이 고이게 하여 갈증을 푼다는 뜻으로, 연상을 통하여 일시적으로 욕망을 억제시킴을 가리키는 말이다. 조조가 한여름에 군대를 이끌고 행군하는데 물이 떨어져 군사들이 갈증이 심했다. 그러자 꾀 많은 조조가 소리쳤다."조금 더 가면 매화나무 숲이 나온다. 거기에 매실이 주렁주렁 열려있다." 그러자 병사들은 매실의 신맛을 생각하고 입안에 침이 고여 갈증을 면했다고 한다. 이처럼 '망매해갈'은 어려움이 처했을 때 일시적인 방편은 될 수는 있다. 그러나 근본적인 해결책이 되지는 못한다.

◉ **亡羊補牢(망양보뢰)**

양을 잃고 우리를 고친다는 말로, 속담 '소 잃고 외양간 고친다' 와 같은 뜻. 실마치구(失馬治廐).

◉ **亡羊之歎(망양지탄)**

갈림길에서 양을 잃고 탄식한다는 뜻에서, 학문의 길이 여러 갈래여서 잡기 어렵다는 말로 쓰임. * 다기망양(多岐亡羊) 참고.

◉ **望雲之情(망운지정)**

자식이 타향(他鄕)에서 부모를 그리워하는 정. 당(唐)나라의 적인걸(狄仁傑)이 타향에서 부모가 계신 쪽의 구름을 바라보고 부모를 그리워하였다는 고사에서 유래함. 망운지회(望雲之懷). 망운(望雲).

◉ **梅妻鶴子(매처학자)**

매화를 아내로 삼고 학을 아들로 삼아 살아간다는 뜻으로 세상일에서 벗어나 유유자적하게 생활하는 것을 비유하는 말이다.

◉ **麥秀之嘆(맥수지탄)**

나라를 잃은 것에 대한 탄식(歎息). 기자(箕子)가 은(殷)나라가 망한 뒤에 그 폐허(廢墟)에 보리만 자라는 것을 보고 맥수가(麥秀歌)를 지으며 한탄(恨歎)했다는 고사에서 유래한 말.

◉ **面從腹背(면종복배)**

얼굴 앞에서는 복종(服從)하고 마음 속으로는 배반(背叛)한다는 데서, 겉으로는 복종하는 체하면서 속으로는 배반하는 것을 말함. 양봉음위(陽奉陰違).

◉ 毛遂自薦(모수자천)

모수라는 사람이 스스로를 추천하다라는 뜻으로 자기가 자신을 추천하는 것을 가리키는 말이다.

◉ 木人石心(목인석심)

의지가 굳어 어떤 유혹에도 마음이 흔들리지 않는 사람을 가리키는 말이다. 진(晉)나라의 하통(夏統)은 학문이 깊고 심지가 굳어 아무리 권세와 재물로 유혹해도 흔들리지 않았다. 사람들은 그를 가리켜 '하통이야말로 나무로 만든 사람이고 돌로 만든 마음을 가진 이'라고 지칭했다.

◉ 猫項懸鈴(묘항현령)

고양이 목에 방울 달기라는 뜻으로 실행하지 못할 어려운 일에 대해 의논만 하는 것을 말한다. 묘두현령(猫頭縣鈴)이라고도 한다.

◉ 無所不爲(무소불위)

못하는 것이 없음. 이 말은 흔히 권세(權勢)를 마음대로 부리는 사람, 또는 그러한 경우에 씀.

◉ 墨翟之守(묵적지수)

묵적은 춘추시대의 사상가 이름이다. 묵적지수는 묵적(墨翟)처럼 자기의견이나 주장을 굽히지 않고 끝까지 지킴을 비유하는 말이다.

◉ 刎頸之交(문경지교)

목이 달아나는 한이 있어도 마음이 변치 않을 만큼 친한 교제(交際). 곧, 생사(生死)를 함께 하는 친한 사이.

◉ 門前成市(문전성시)

권세를 드날리거나 부자가 되어 집의 문앞이 방문객으로 저자를 이루다시피한다는 말. 문정약시(門庭若市).

◉ 門前雀羅(문전작라)

문 앞에 새그물을 친다는 뜻으로, 권세를 잃거나 가난해지면 문 앞에 새그물을 쳐 놓을 정도로 방문객의 발길이 끊어짐을 이르는 말이다.

◉ 博覽强記(박람강기)

동서고금(東西古今)의 책을 널리 읽고 사물을 잘 기억(記憶)함.

◉ 薄氷如履(박빙여리)

살얼음을 밟는 것과 같다는 뜻이니, 아주 위태로운 상황을 가리키는 말이다. 이 말은 시경에 나오는 데, 한 신하가 임금의 측근에 있으면서 임금이 옛 법을 무시하는 정치를 하고 있음을 개탄한 내용이다. 여리박빙(如履薄氷), 풍전등화(風前燈火), 백척간두(百尺竿頭)모두 유사한 내용의 말들이다.

◉ 盤磎曲徑(반계곡경)

길을 돌아서 굽은 길로 간다는 데서, 일을 순리(順理)대로 하지 않고 옳지 않은 방법을 써서 억지로 함을 말함. 방기곡경(旁岐曲徑).

◉ 伴食宰相(반식재상)

하는 일 없이 자리만 차지하고 있는 무능한 대신을 비꼬아 일컫는 말이다. 당나라 현종은 양귀비를 총애하다가 나라를 망친 황제로 잘 알려져 있다. 그러나 즉위 초에는 인재등용을 잘 하여 '개원의 치(治)'라고 불리울 정도로 업적을 이루기도 했다. 신하 요승의 공로가 컸다. 그런데 요승이 병이 들어 무능한 노회신이 중임을 맡게 되었는데 그는 능력부족으로 중요한 일을 할 때에는 요승을 찾아가 상의했다. 그때부터 노련하고 교활한 신하를 가리켜 무능한 대신이라는 뜻으로 반식재상(伴食宰相)이라고 부른 데서 비롯되었다.

◉ **斑衣之戲(반의지희)**

중국의 노래자(老萊子)란 사람이 늙은 부모를 위로하기 위해 반의(斑衣:색동저고리, 어린애들의 때때옷)를 입고 기어가는 놀이를 했다는 데서, 부모에 대한 지극한 효성(孝誠)을 말함.

◉ **反哺之孝(반포지효)**

반포(反哺: 까마귀 새끼가 자란 뒤에 늙은 어미에게 먹을 것을 물어다 주는 것)하는 효도. 자식이 자라서 부모를 정성으로 봉양(奉養)하는 것을 말한다. 반포지은(反哺報恩)이라고도 한다.

◉ **蚌鷸之爭(방휼지쟁)**

무명조개와 도요새의 다툼. 도요새가 무명조개를 먹으려고 껍질 안에 주둥이를 넣는 순간, 무명조개가 껍질을 닫는 바람에 서로 물려서 다투게 되었는데, 때마침 어부가 이를 보고 둘 다 잡게 되었다는 고사에서, 양자(兩者)가 싸우는 틈을 이용하여 제삼자가 이득을 보는 것을 말함. 방휼지세(蚌鷸之勢). *견토지쟁 · 어부지리 참고.

◉ **杯盤狼藉(배반낭자)**

술잔이 어지러이 널려 있다는 말로, 술 먹은 자리의 혼잡한 모양을 이름. 소식(蘇軾)의 전적벽부(前赤壁賦)에 나오는 말.

◉ **杯中蛇影(배중사영)**

술잔 속에 비친 뱀의 그림자란 뜻으로, 쓸데 없는 의심을 품고 스스로 고민함을 이르는 말이다. 진나라의 악광이 하남태수로 있을때 자주 오던 친구가 발을 딱 끊고 나타나질 않았다. 악광이 그를 찾아가 물어보니 악광 방에서 마신 술잔에 뱀 그림자가 보여 그후 몸이 좋질 않아 발을 끊었다고 했다. 알고 보니 악광 방의 벽에 걸려있던 활에 그려진 그림이 술잔에 비추어 뱀처럼 보였던 것이다. 그제야 쓸데 없는 걱정을 한 것임을 깨닫고 친구는 병이 씻은 듯이 나았다고 한다.

◉ **白駒過隙(백구과극)**

인생이 야속하게도 덧없이 짧음을 일컫는 말. 흰 망아지가 빨리 달리는 것을 문틈으로 보는 것과 같이 눈 깜짝할 사이에 세월이 지나가는 것을 말한다. 隙駒光陰(극구광음)도 같은 의미이다.

◉ 伯樂一顧(백락일고)

백락이라는 사람이 한번 돌아보았다는 뜻으로, 현명한 사람도 그를 알아주는 사람을 만나야 출세하기 쉬움을 비유하는 말이다. 준마를 팔려고 시장에 나간 지 사흘이 되었지만 누구하나 관심을 보이질 않았으나, 백락이 한번 말을 보고 감탄하자 명마의 가격이 열배나 뛰었다는 고사에서 유래된다.

◉ 白面書生(백면서생)

글만 읽고 세상 일에 경험이 없는 사람. 풋나기. 백면(白面)은 흰 얼굴이란 뜻, 나이가 어리고 경험이 없는 것, 또는 그런 사람을 말함.

◉ 伯牙絕絃(백아절현)

백아(伯牙)가 친구인 종자기(鐘子期)의 죽음을 슬퍼하여 거문고 줄을 끊었다는 고사에서, 참다운 벗의 죽음을 이르는 말.

◉ 白衣從軍(백의종군)

벼슬이 없는 사람으로 군대를 따라 전장(戰場)으로 감. 백의(白衣)는 포의(布衣)로, 벼슬이 없는 사람을 말함.

◉ 繁文縟禮(번문욕례)

번거롭고 까닭이 많은 예문(禮文). 관청의 까다로운 절차와 쓸데없는 문서 등을 가리킬 때 쓰이기도 한다.

◉ 北窓三友(북창삼우)

거문고와 술과 시(詩)를 일컬음.

◉ **不共戴天(불공대천)**

하늘을 같이 이지 못한다는 뜻으로, 이 세상에서는 같이 살 수 없을 정도로 큰 원한을 비유하여 일컫는 말. 불구대천(不俱戴天).

◉ **不立文字(불립문자)**

문자(文字)에 의해서 교(教)를 세우는 것이 아니라는 뜻으로, 이심전심(以心傳心)과 함께 선종(禪宗)의 입장을 나타내는 말. 오도(悟道)는 문자나 말로 전할 수 있는 것이 아니라 마음에서 마음으로 전하여진다는 말. 교외별전(教外別傳). 심심상인(心心相印). 이심전심(以心傳心).

◉ **不伐不德(불벌부덕)**

자기의 공적(功績)을 과시(誇示)하지 않음.

◉ **鵬程萬里(붕정만리)**

앞 길이 매우 멀고도 큼을 일컫는 말. 붕정(鵬程)은 붕새가 날아가는 길로, 먼 도정(道程)을 말함.

◉ **牝鷄之晨(빈계지신)**

암탉이 새벽을 알린다는 뜻으로, 여자가 남편을 업신여겨서 집안 일을 좌지우지하면서 자기마음대로 처리하는 것을 말한다.

◉ **憑公營私(빙공영사)**

공사(公事)를 빙자(憑藉)하여 사리(私利)를 도모(圖謀)함.

◉ **氷炭之間(빙탄지간)**

얼음과 숯의 사이처럼 서로 화합할 수 없는 사이를 말함. 빙탄(氷炭). 빙탄간(氷炭間).

◉ **事半功倍(사반공배)**

일은 반(半)만 하고도 공은 배(倍)나 된다는 데서, 들인 힘은 적고 성과(成果)는 많음을 말함.

◉ **三顧草廬(삼고초려)**

중국의 삼국시대(三國時代)에 촉한(蜀漢)의 유비(劉備)가 남양(南陽) 융중(隆中) 땅에 있는 제갈량(諸葛亮)의 초려(草廬: 草家)를 세 번이나 찾아가서 자신의 큰 뜻을 말하고 그를 초빙(招聘)하여 군사(軍師)로 삼은 일에서, 인재를 맞기 위해 참을성 있게 힘쓰는 것을 말함.

◉ **三旬九食(삼순구식)**

한 달에 아홉 끼를 먹을 정도로 매우 가난한 생활을 말함. 삼순(三旬)은 30일로 한 달, 구식(九食)은 아홉 끼.

◉ **三人成虎(삼인성호)**

세 사람이 범을 만들어 낸다는 말. 거리에 범이 나왔다고 여러 사람이 다 함께 말하면 거짓말이라도 참말로 듣는다는 말로, 근거 없는 말이라도 여러 사람이 말하면 곧이듣는다는 말.

◉ **三從之道(삼종지도)**

여자는 어렸을 때는 아버지를 따르고, 시집을 가서는 남편을 따르고, 남편이 죽으면 아들을 따라야 한다는 유교(儒敎)의 규범(規範). 삼종지덕(三從之德). 삼종지례(三從之禮). 삼종지의(三從之義). 삼종(三從).

◉ **傷弓之鳥(상궁지조)**

화살을 한 번 맞아 혼이 난 새처럼 항상 공포를 느끼며 경계하고 있는 것을 비유하여 일컫는 말. 경궁지조(驚弓之鳥).

◉ **上漏下濕(상루하습)**

위에서는 비가 새고 아래에서는 습기가 올라온다는 뜻으로, 가난한 집을 이르는 말.

◉ **上通下達(상통하달)**

상통천문 하달지리(上通天文 下達地理)의 준말. 위로는 천문을 통달하고 아래로는 지리를 통달함. 곧, 천지만물(天地萬物)의 이치(理致)를 환히 통달함을 말함.

◉ **塞翁之馬(새옹지마)**

인생의 길흉화복(吉凶禍福)이란 항상 바뀌어 예측할 수 없다는 말. 어떤 변방에 사는 노인이 기르는 말이 혹은 도망가고 혹은 준마(駿馬)를 데리고 돌아오고 하는데, 그 아들이 말을 타다가 떨어져 절름발이가 되어 그로 말미암아 출전(出戰)을 면하여, 다른 사람처럼 목숨을 빼앗기지 않고 살아났다는 회남자(淮南子)에 나오는 고사에서 유래.

◉ **西瓜皮舐(서과피지)**

서과란 수박을 말하고 피지란 혀로 겉을 핥는다 라는 뜻이다. '수박겉핥기'이다. 즉 일이나 내용도 모르면서 겉만 아는척 한다는 뜻, 또는 일을 충실하게 하지 아니하고 대충대충 건성으로 하여 실속이 없다는 뜻으로 쓰인다.

◉ **胥動浮言(서동부언)**

거짓말을 퍼뜨려 인심(人心)을 선동(煽動)함

◉ **西施矉目(서시빈목)**

서시(西施)는 월나라 미인이고, 빈목(矉目)은 눈을 찡그리는 것을 뜻한다. 눈살을 찌푸리는 것을 흉내 낸다는 뜻으로 필요없이 남을 흉내 내어 세상의 웃음거리가 됨을 가리킨다. 중국의 4대미인의 한 사람인 서시는 미모가 뛰어났으나 몸이 좋지 않아 얼굴을 찡그리고 다녔다. 그러나 워낙 미인이라 찡그린 그 모습마저 아름다웠다. 이것을 보고 여인들이 서시의 흉내를 내느라고 얼굴을 찡그리고 다녔다는 고사에서 유래한다.

◉ **善男善女(선남선녀)**

선량한 남녀. 곧, 보통 사람. 불법(佛法)에 귀의(歸依)한 남녀를 일컫기도 함. 전자(前者)의 의미로는 갑남을녀(甲男乙女), 장삼이사(張三李四), 초동급부(樵童汲婦),

필부필부(匹夫匹婦) 등과 유의어(類義語)가 됨.

◉ **舌芒於劍(설망어검)**

혀가 칼보다 날카롭다는 데서, 매서운 변설(辯舌)을 일컫는 말임. 설망우검(舌芒于劍)이라고도 함.

◉ **雪膚花容(설부화용)**

눈 같은 살결과 꽃 같은 얼굴. 미인(美人)을 말함.

◉ **世俗五戒(세속오계)**

신라(新羅) 진평왕(眞平王) 때의 승려 원광 법사(圓光法師)가 지은 화랑(花郞)의 다섯가지 계율(戒律). 곧, 사군이충(事君以忠) · 사친이효(事親以孝) · 교우이신(交友以信) · 임전무퇴(臨戰無退) · 살생유택(殺生有擇).

◉ **歲寒三友(세한삼우)**

세한(歲寒:겨울철)의 송죽매(松竹梅) 세 가지 나무. 이는 흔히 동양화(東洋畵)의 화제(畵題)가 됨.

◉ **騷人墨客(소인묵객)**

시문(詩文)과 서화(書畵)에 종사하는 사람. 소인(騷人)은 중국 초(楚)나라의 굴원(屈原)이 지은 이소부(離騷賦)에서 유래한 말로, 시인(詩人)이나 문인(文人)을 일컬음. 소객(騷客)이나 묵객(墨客)은 글씨를 쓰거나 그림을 그리는 사람을 말함. 서화가(書畵家).

◉ **宋襄之仁(송양지인)**

송양(宋襄)은 '송나라의 양공'을 말한다. 의미 없고 어리석은 대의명분을 내세우거나 불필요한 동정을 베풀다가 오히려 자기가 피해를 입는 것을 가리킨다. 양공이 초나라와 전쟁을 할 때 양공의 군대는 전투태세를 완벽하게 갖추고 있었으나 초나라 군대는 아직 물도 건너지 못한 상태였다. 이를 본 양공의 신하들이 지금 공격하면 어렵지 않게 승리할 수 있다고 충고했다. 그러나 양공은 '군자의 싸움은 같은 조건에서 해야 한다'라며 부하들의 건의를 묵살했다. 결국 적에게 쓸데없는 배려를 해주다가 양공의 군대는 초나라에게 처참하게 참패했다. 양공의 지나친 인정과 어리석음이 가져온 결과였다. 이로 인해 송양지인 이라는 말이 생겨났다.

◉ 首邱初心(수구초심)

여우가 죽을 때 머리를 자기가 살던 굴로 향한다는 말로서, 고향을 그리워하는 마음을 일컬음. 수구(首邱). 호사수구(狐死首丘).

◉ 手不釋卷(수불석권)

손에서 책을 놓지 않는다는 뜻으로, 늘 책을 가까이 하며 손에서 놓지 않는 것을 가리킨다.

◉ 首鼠兩端(수서양단)

머뭇거리며 진퇴(進退)·거취(去就)를 결정짓지 못하고 관망(觀望)하는 상태. 수서(首鼠)는 구멍에서 머리만 내밀고 엿보는 쥐를 말함.

◉ 水魚之交(수어지교)

물과 고기의 사이처럼 떨어질 수 없는 특별한 친분.

수어지친(水魚之親).

◉ 水滴穿石(수적천석)

물방울이 돌을 뚫는다는 말. 아무리 하찮은 것일지라도 이를 계속하면 결국 어떤 성과를 얻게 됨을 말함.

◉ 守株待兎(수주대토)

송(宋)나라의 한 농부가 나무 그루터기에 토끼가 부딪쳐 죽는 것을 보고 그루터기를 지키면서 토끼를 기다렸다는 고사에서 유래한 말로, 구습(舊習)을 고수(固守)한 채 변통할 줄 모르는 것을 비유함. 수주(守株). 주수(株守).

◉ **壽則多辱(수즉다욕)**

오래 살다보면 좋지않은 일도 많이 겪게 된다는 말.

◉ **宿虎衝鼻(숙호충비)**

잠자는 범의 코를 찌른다는 뜻으로, 불리(不利)함을 자초(自招)한다는 말.

◉ **脣亡齒寒(순망치한)**

입술이 없으면 이가 시리다는 뜻으로, 가까운 사람 가운데 한 사람이 없으면 다른 사람도 위험하게 됨을 말함.

◉ **食少事煩(식소사번)**

먹을 것은 적고 할 일은 많음.

◉ **心心相印(심심상인)**

마음과 마음이 서로 도장을 찍은 것과 같다는 데서, 말없는 가운데 마음에서 마음으로 뜻이 서로 통하는 것을 말함. 이심전심(以心傳心). 교외별전(敎外別傳). 불립문자(不立文字).

◉ **十伐之木(십벌지목)**

열 번 찍어서 안 넘어가는 나무가 없다는 말과 같다. 아무리 마음이 굳은 사람이라도 여러번 설득하면 결국 마음이 움직이게 된다는 뜻이다.

◉ **阿諛苟容(아유구용)**

아첨(阿諂)하며 구차스런 모습을 함.

◉ **眼高手卑(안고수비)**

눈은 높지만 손재주가 별 볼일 없음. 이상(理想)만 높고 실천(實踐)이 따르지 않는 것, 비평(批評)에는 능하지만 창작력(創作力)이 낮은 것을 말함. 안고수저(眼高手低).

◉ **安貧樂道(안빈낙도)**

가난함을 편안히 여기면서 도를 즐긴다는 데서, 구차하고 가난한 가운데서도 편한 마음으로 도를 즐기는 것을 말함.

◉ **眼中之釘(안중지정)**

눈 안의 못이라는 말로, 자신에게 해를 끼치는 간악(奸惡)한 사람을 비유함. 안중정(眼中釘). 안중지정(眼中之丁). 안중정(眼中丁). 눈 안의 가시와 같은 말.

◉ **殃及池魚(앙급지어)**

뜻하지 않은 곳까지 재난이 미친다는 뜻으로 이해 당사자들의 싸움으로 엉뚱한 제3자가 피해를 입는 경우를 말한다. 송나라때 사마환이라는 사람이 귀한 구슬을 가지고 있었다. 연못에 빠트렸다는 그 구슬을 찾기위해 연못의 물을 다 퍼내니 애꿎은 물고기들만이 죽게 되었다. 이렇게 예상치도 못한 곳까지 재앙이 미치게 된다는 데서 이 말이 생겨났다.

◉ **羊頭狗肉(양두구육)**

양의 머리를 내어놓고 실은 개고기를 판다는 데서, 겉으로는 그럴 듯하게 내세우나 속은 변변치 않음을 말함.

◉ **梁上君子(양상군자)**

들보 위의 군자(君子)라는 뜻으로, 도둑을 점잖게 일컫는 말. 후한(後漢) 사람 이식(李寔)이 밤에 들보 위에 있는 도둑을 발견하고 자손들을 불러 사람은 본래부터 악한 것이 아니라 나쁜 습관 때문에 악인이 되는 법이니, 저 들보 위의 군자가 곧 그러니라. 하며 들보 위의 도둑을 가리키니, 그 도둑이 크게 놀라 사죄했다는 고사에서 유래함.

◉ **養虎遺患(양호유환)**

범을 길러 근심을 남긴다는 데서, 화근(禍根)을 길러 근심을 산다는 말. 후환(後患)을 자초(自招)하는 것.

◉ **魚東肉西(어동육서)**

제사 음식을 차릴 때, 생선은 동쪽에 고기는 서쪽에 놓는 것.

◉ **魚頭肉尾(어두육미)**

물고기는 머리 쪽이 맛이 있고, 짐승의 고기는 꼬리 쪽이 맛이 있다는 말. 어두봉미(魚頭鳳尾).

◉ **魚魯不辨(어로불변)**

어(魚)자와 노(魯)자를 구별하지 못할 정도로 무식(無識)함.

◉ **言語道斷(언어도단)**

말문이 막힌다는 뜻으로, 어이가 없어 이루 말로 나타낼 수 없음을 이르는 말. 언어동단(言語同斷). 도단(道斷). 불교(佛敎) 용어로는 말로는 표현할 수 없는 심오(深奧)한 진리(眞理)라는 의미로도 쓰임.

◉ **掩耳盜鈴(엄이도령)**

귀를 가리고 방울을 훔친다는 뜻으로, 자기만 듣지않으면 남도 듣지 못한다고 생각하는 어리석음을 나타내는 말이다. 남이 넘어가지 않는 얕은 꾀로 타인을 속이려 하는 것을 말한다.

◉ **餘桃之罪(여도지죄)**

먹다 남은 복숭아를 드린 죄란 의미이며, 애정과 마음의 변화가 심한 것을 비유하는 말이다. 위나라의 미자하(彌子瑕)는 임금의 총애를 받는 신하였다. 어느날 모친이 위병하다는 소식을 듣고 미자하는 임금이 타는 수레를 타고 집에 갔다. 임금은 벌하지 아니하였다. 또 어느날 과수원을 걷던 미자하는 맛있게 생긴 복숭아를 한입 물어보고 임금에게 바쳤다. 임금은 기특하다고 하여 이를 탓하지 않았다. 그러나 세월이 흘러 임금의 총애가 사라지자 임금은 이렇게 말했다."언젠가 너는 내 수레를 몰래 탔고, 또 먹다남은 복숭아를 바친 일도 있다"이렇게 애정이 깊은 만큼 미움도 크다는 뜻에서 유래되었다.

◉ **如履薄氷(여리박빙)**

살얼음을 밟는 듯하다는 데서, 극히 위험한 일, 또는 매사(每事)에 조심하는 것을 일컫는 말. 이빙(履氷). 박빙여리(薄氷如履)라고도 한다.

◉ **與時俱進(여시구진)**

과거에 연연해 하지 말고 시대조류에 부응하여 전진하자는 뜻.

◉ **如坐針席(여좌침석)**

:바늘 방석에 앉아 있는 것 같다는 뜻. 몹시 불안한 상태를 말한다.

◉ **煙霞痼疾(연하고질)**

산수(山水)의 경치를 사랑하는 고질(痼疾)과 같은 성벽(性癖). 연하지벽(煙霞之癖). 연하(煙霞)는 안개와 놀로, 산수(山水)의 경치를 말함.

◉ **炎凉世態(염량세태)**

세력이 있을 때에는 아첨하여 좇고 세력이 사라지면 푸대접하는 세속의 형편. 염량(炎凉)은 더위와 서늘함으로, 세력의 성쇠(盛衰)를 말함.

◉ **拈華微笑(염화미소)**

영취산(靈鷲山)에서 설법(說法)한 석가(釋迦)가 연꽃을 들어 대중(大衆)에게 보였을 때 마하가섭(摩訶迦葉)만이 그 뜻을 깨닫고 미소를 짓자 석가는 그에게 불교의 진리를 전했다는 데서, 마음에서 마음으로 전하는 일을 말함. 염화시중(拈華示衆). 교외별전(教外別傳). 불립문자(不立文字). 심심상인(心心相印). 이심전심(以心傳心).

◉ **吾鼻三尺(오비삼척)**

내 코가 석 자라는 말로, 자신의 어려움이 심하여 남의 사정을 돌볼 겨를이 없음을 이름.

◉ **烏飛兎走(오비토주)**

세월(歲月)이 빠름을 이름. 오토(烏兎): 금오(金烏)와 옥토(玉兎). 해 속에는 세 발 달린 까마귀가 살고 달 속에는 토끼가 산다는 전설에서 나온 말로, 일월(日月), 곧 해와 달, 세월을 뜻함.

◉ **吳越同舟(오월동주)**

춘추전국 시대의 오왕(吳王) 부차(夫差)와 월왕(越王) 구천(句踐)이 항상 적의를 품고 싸웠다는 고사에서 유래. 서로 원수지간인 사람이 한 자리에 있는 것을 가리킴. 또, 서로 반목(反目)하면서도 공통의 곤란(困難)·이해(利害)에 대하여 협력하는 일을 비유하기도 함.

◉ **玉石俱焚(옥석구분)**

옥과 돌이 함께 탄다는 뜻으로, 착한 사람이나 악한 사람이 다 같이 재앙(災殃)을 당하는 것을 비유하여 일컫는 말임.

◉ **玉石混淆(옥석혼효)**

옥과 돌이 함께 섞여 있다는 뜻으로, 착한 것과 악한 것, 또는 좋은 것과 나쁜 것이 한데 섞여 있음을 비유하여 이르는 말. 옥석동궤(玉石同櫃)도 같은 의미이다.

◉ **蝸角之爭(와각지쟁)**

작은 나라끼리의 싸움. 하찮은 일로 승강이하는 짓. 와각(蝸角)은 달팽이의 촉각(觸角)으로, 매우 좁은 지경(地境)이나 지극히 작은 사물(事物)을 비유함.

◉ **臥薪嘗膽(와신상담)**

섶에 눕고 쓸개를 맛본다는 뜻으로, 원수를 갚으려고 고생을 참고 견디는 것을 말함. 춘추시대 오왕(吳王) 부차(夫差)가 월왕(越王) 구천(句踐)을 쳐서 부왕(父王) 원수를 갚고자 늘 섶에 누워서 신고(辛苦)를 하였고, 또 월왕 구천은 오나라를 쳐서 회계(會稽)에서의 치욕을 씻고자 쓸개를 핥으며 보복을 잊지 않았다는 고사에서 유래함.

◉ **龍尾鳳湯(용미봉탕)**

맛이 썩 좋은 음식을 가리키는 말.

◉ **龍盤虎踞(용반호거)**

용이 서리고 범이 걸터 앉은 듯한 웅장(雄壯)한 산세(山勢). 험준하여 적을 막아내기 용이한 지형을 이름. 호거용반(虎踞龍盤).

◉ **龍蛇飛騰(용사비등)**

용과 뱀이 나는 것과 같이 글씨가 힘참. ↔ 평사낙안(平沙落雁).

◉ **用錢如水(용전여수)**

돈을 쓰는 것이 물과 같다는 데서, 돈을 물쓰듯 하는 것을 말함.

◉ **愚公移山(우공이산)**

우공이란 노인이 산을 옮긴다는 뜻으로, 어떤 어려운 일이라도 끊임없이 노력하면 반드시 이루어진다는 의미를 나타낸다. 옛날 태행산과 왕옥산 사이의 좁은 땅에 우공이라는 노인이 살고 있었다. 산이 집의 앞뒤를 가로막고 있어 왕래가 자유롭지 못하자 우공은 산을 깎아 없애 버리고자 했다. 사람들이 노인이 망령이 났다고 수군거리자 우공은 이렇게 말했다."내가 하다가 죽으면 내 아들이 또 그아들이 저 산을 깎는다면 언젠가는 저 산은 없어질 것이다."우공의 말에 놀란 산신령이 자진해서 딴 곳으로 산을 이전했다고 한다. 이후부터 우공이산은 끈기를 가지고 노력하는 말의 대명사가 되었다.

◉ **雨順風調(우순풍조)**

비가 오고 바람이 부는 것이 때와 분량이 알맞음.

◉ **羽化登仙(우화등선)**

사람의 몸에 날개가 돋치어 신선이 되어 하늘로 올라감. 소식(蘇軾)의 전적벽부(前赤壁賦)에 나오는 말.

◉ **遠禍召福(원화소복)**

화를 멀리 하고 복을 불러 들임.

◉ **月下氷人(월하빙인)**

월하노인(月下老人)과 빙상인(氷上人). 모두 혼인(婚姻)을 중매(仲媒)하는 신(神). 혼인을 중매하는 사람. 중매장이.

◉ **韋編三絕(위편삼절)**

공자(孔子)가 주역(周易)을 애독(愛讀)하여 가죽으로 맨 책 끈이 세 번이나 끊어졌다는 데에서 유래한 말로, 독서(讀書)에 힘씀을 일컬음.

◉ **遺芳百世(유방백세)**

꽃다운 이름이 후세에 길이 전함.

◉ **有象無象(유상무상)**

우주간에 존재하는 모든 물체. 삼라만상(森羅萬象). 만상(萬象). 어중이 떠중이라는 뜻도 있음.

◉ **有始無終(유시무종)**

시작은 있으나 끝이 없음. ↔ 유시유종(有始有終).

◉ **唯我獨尊(유아독존)**

오직 자기만이 홀로 존귀하다는 데서, 이 세상에 자기 혼자만이 잘났다고 하는 일. *천상천하 유아독존(天上天下 唯我獨尊): 전등록(傳燈錄)에 있는 말로, 우주 가운데 자기보다 존귀(尊貴)한 것이 없다는 말. 석가(釋迦)가 태어났을 때에 한 손으로 하늘을, 또 한 손으로 땅을 가리켜 일곱 걸음을 걸으며 사방을 돌아보고 이른 말. 독존(獨尊).

◉ **殷鑑不遠(은감불원)**

은(殷)나라 주왕(紂王)이 거울로 삼아 경계하여야 할 일은 전대(前代)의 하(夏)

나라 걸왕(桀王)이 학정(虐政)을 하여 망한 일이라는 뜻으로, 자기가 거울로 삼아 경계하여야 할 선례(先例)는 멀지 않은 곳에 있다는 말.

◉ **乙丑甲子(을축갑자)**

갑자을축(甲子乙丑)이 바른 차례인데, 그 차례가 바뀌는 것과 같이 일이 제대로 안 되고 순서가 바뀌는 것을 비유하여 일컫는 말.

◉ **陰德陽報(음덕양보)**

남 모르게 덕을 쌓은 사람은 뒤에 남이 알게 보답을 받는다는 뜻.

◉ **吟風弄月(음풍농월)**

맑은 바람을 쐬며 시를 읊고 밝은 달을 바라보며 시를 지음. 풍류를 즐긴다는 뜻. 음풍영월(吟風詠月). 풍월(風月).

◉ **泣斬馬謖(읍참마속)**

촉(蜀)의 제갈량(諸葛亮)이, 마속(馬謖)이 군령(軍令)을 어기어 가정(街亭) 싸움에서 패하였을 때, 울면서 그를 참형(斬刑)에 처하였다는 고사에서 나온 말. 큰 목적을 위하여 자기가 아끼는 자를 버리는 것을 비유함.

◉ **以管窺天(이관규천)**

대롱을 통해 하늘을 봄. 우물안 개구리. 용관규천(用管窺天).
좌정관천(坐井觀天).

◉ **履薄臨深(이박임심)**

살얼음을 밟는 듯, 깊은 못에 다다른 듯 언행(言行)을 조심하는 것. 여리박빙여림심연(如履薄氷 如臨深淵)의 준말.

◉ **以夷制夷(이이제이)**

오랑캐를 이용하여 오랑캐를 제어(制御)함. 적[상대]을 이용하여 다른 적[상대]을 제어하는 것.

◉ **二人同心(이인동심)**

두 사람이 같은 마음임. 절친한 친구 사이.

◉ **泥田鬪狗(이전투구)**

진흙밭[진탕]에서 싸우는 개의 뜻으로, 저급(低級)한 싸움을 말함. 강인한 성격의 함경도(咸鏡道) 사람을 평하는 말이기도 함.

◉ **因果應報(인과응보)**

좋은 인연(因緣)에는 좋은 과보(果報)가 오고, 악한 인연에는 악한 과보가 온다는 불교 용어. 곧, 인(因)과 과(果)가 서로 응(應)함. 과보(果報). 종과득과 종두득두(種瓜得瓜 種豆得豆:오이 심으면 오이 나고, 콩 심으면 콩 난다).

◉ **人非木石(인비목석)**

사람은 나무나 돌처럼 감정이 없는 무정물(無情物)이 아니라는 말.

◉ **日居月諸(일거월저)**

쉼 없이 가는 세월(歲月). 일월(日月).

◉ **一望無際(일망무제)**

한 번 쳐다 보아도 끝이 없다는 데서, 아득하게 끝없이 멀어 눈을 가리는 것이 없음을 말함. 일망무애(一望無涯).

◉ **一鳴驚人(일명경인)**

한 마리의 새가 울어 사람을 놀라게 한다는 데서, 한 마디의 말로 사람을 놀라게 함을 말함. 한 번 시작하면 사람을 놀랠 정도의 대사업(大事業)을 이룩한다는 뜻. 전국시대(戰國時代)의 제(齊)나라 순우곤이 새를 빌어 위왕(威王)을 간(諫)한 고사에서 나온 말.

◉ **日暮途遠(일모도원)**

날은 저물고 갈 길은 멀다 라는 뜻으로, 해야 할 일이 많이 남았는데 시간이 얼마 없을 때 쓰는 말이다.

◉ 一毛不拔(일모불발)

세상을 구할 수 있다고 해도 나는 털 하나도 뽑지 않겠다는 뜻으로 극단적인 이기주의를 뜻한다. 애재여명(愛財如命: 재물 사랑하기를 목숨과 같이 한다)과도 통한다. 중국에서는 지금도 극히 인색한 사람을 '鐵公鷄 一毛不拔': 쇠로 만든 수탉의 털을 뽑을 수 없다고 하기도 한다.

◉ 一視同仁(일시동인)

모두를 평등하게 보아 똑같이 사랑함.

◉ 一字千金(일자천금)

한 글자마다 천금(千金)의 가치가 있음. 아주 훌륭한 글씨나 문장을 말함.

◉ 一敗塗地(일패도지)

싸움에 한 번 패하여 간(肝)과 뇌(腦)가 땅바닥에 으깨어진다는 뜻으로, 여지없이 패하여 다시 일어날 수 없게 됨을 말함. *간뇌도지(肝腦塗地)

◉ 臨渴掘井(임갈굴정)

목이 말라야 우물을 판다는 데서, 준비가 없이 갑자기 일을 당하고야 허둥지둥하는 태도를 말함. 갈이천정(渴而穿井).

◉ 立錐之地(입추지지)

송곳 하나 세울 만한 땅이란 뜻으로, 매우 좁아 조금도 여유가 없음을 가리키는 말. 흔히 입추(立錐)의 여지(餘地)가 없다는 말을 많이 씀.

◉ 刺股懸梁(자고현량)

열심히 공부하는 것. 중국 전국시대(戰國時代)의 소진(蘇秦)은 송곳으로 허벅다리를 찔러서 졸음을 쫓았고, 초(楚)나라의 손경(孫敬)은 머리를 새끼로 묶어 대들보에 매달아 졸음을 쫓았다는 고사에서 유래함.

◉ 煮豆燃萁(자두연기)

콩을 삶을 때 벗긴 콩깍지로 불을 지핀다는 뜻으로서, 형제는 같은 뿌리에서 나온 콩과 콩깍지로 비유하여 콩을 삶는 데 콩깍지로 태운다하여 사이가 나쁜 형제를 두고 하는 말이다. 조조가 죽자 그 아들 조비가 왕위에 올랐다. 조비에게는 조식이라는 총명한 아우가 있었는데 주위에서 조식이 왕위를 넘본다는 말이 떠돌자 조비는 아우를 불러 일곱걸음을 걷는 동안 시를 지을 것을 명했다. 그때 조식이 형제를 콩과 콩깍지에 비유하여 다음과 같은 시를 지어 바쳤다.

煮豆燃豆萁(자두연두기): 콩을 삶는데 콩대로 불을 지피니
豆在釜中泣(두재부중읍): 콩이 솥 가운데서 울고 있네
本是同根生(본시동근생): 콩과 콩대는 본래 한 뿌리에서 나왔거늘
相煎何太急(상전하태급): 서로 삶기를 어찌 이리 급하게 하는가

즉 형제란 같은 부모한테서 같은 핏줄로 태어났는데, 남의 말만 듣고 형제간에 의심하고 죽이려는 것은 너무 심한 일이라는 내용의 시였다.

◉ 自我作古(자아작고)

낡은 관습이나 옛 습관에 얽매이지 않고 새로운 방식이나 제도를 만들어 내는 것을 말한다.

◉ 張三李四(장삼이사)

장씨(張氏)의 삼남(三男)과 이씨(李氏)의 사남(四男)이라는 뜻에서, 성명(姓名)이나 신분(身分)이 뚜렷하지 않은 평범한 사람들을 말함. 갑남을녀(甲男乙女). 선남선녀(善男善女). 초동급부(樵童汲婦). 필부필부(匹夫匹婦).

◉ 赤子之心(적자지심)

적자(赤子)는 갓난 아이를 뜻하는 말이다. 즉 젖먹이의 마음으로, 타고난 그대로의 순수하고 거짓 없는 마음을 가리킨다. 이 말은 어른이 되어도 갓난 아이의

순수한 마음을 간직하도록 해야 한다는 뜻도 나타낸다. 또한 임금에게 충성을 다하는 마음을 뜻하기도 한다.

◉ **積塵成山(적진성산)**

티끌모아 태산. 작은 것도 쌓이면 크게 된다는 말. 적소성대(積小成大).

◉ **前途洋洋(전도양양)**

앞길이 드넓은 바다처럼 한이 없다는 데서, 앞길이 탁 트여 있음을 말함. 전도만리(前途萬里). 전정만리(前程萬里). 전도유망(前途有望).

◉ **輾轉反側(전전반측)**

누워서 이리저리 뒤척이며 잠을 이루지 못함.
전전불매(輾轉不寐). 전전(輾轉).

◉ **前程萬里(전정만리)**

앞길이 만 리라는 뜻으로, 전도가 매우 유망(有望)함을 이름. 나이가 젊어 장래가 유망함. 전도만리(前途萬里). 전도양양(前途洋洋). 전도유망(前途有望).

◉ **頂門一鍼(정문일침)**

정수리에 침을 놓는다는 뜻으로, 간절하고 따끔한 충고를 일컬음.

◉ **井底之蛙(정저지와)**

우물 안 개구리. 견문(見聞)이 좁고 세상 물정에 어두운 경우, 또는 그러한 사람을 이르는 말. 정저와(井底蛙). 정와(井蛙).

◉ **諸行無常(제행무상)**

불교 용어로, 우주 만물은 항상 돌고 변하여 한 모양으로 머물러 있지 않음을 말함. 제행(諸行)은 우주간의 만물.

◉ **朝聞夕死(조문석사)**

아침에 도를 들으면 저녁에 죽어도 유감이 없다는, 논어(論語)에 나오는 조문도 석사가(朝聞道 夕死可)라는 공자(孔子)의 말.

◉ **朝三暮四(조삼모사)**

눈 앞에 당장 보이는 차이만을 알고 결과가 똑같은 것을 모르거나, 간사한 꾀로 사람을 속여 농락함을 말함. 옛날 송(宋)나라 저공(狙公)이 여러 원숭이에게 상수리를 아침에 세 개, 저녁에 네 개씩 주겠다고 하자 원숭이들이 성을 내는 것을 보고 아침에 네 개, 저녁에 세 개씩 주겠다고 하니 원숭이들이 좋아했다는 고사에서 나온 말.

◉ **棗栗梨柿(조율이시)**

제사에 흔히 쓰는 대추·밤·배·감 등의 과실. 또, 제사의 제물을 진설할 때, 왼쪽부터 대추·밤·배·감의 차례로 차리는 격식.

◉ **左顧右眄(좌고우면)**

왼쪽으로 돌아보고 오른쪽으로 돌아본다는 데서, 이쪽 저쪽 돌아보는 것을 말함. 주위의 사람을 염려하여 결단(決斷)을 망설임. 좌고우시(左顧右視). 좌우고면(左右顧眄). 좌우고시(左右顧視).

◉ **坐食山空(좌식산공)**

좌식은 앉아서 먹는다는 뜻이고, 산공은 산이 없어진다는 뜻이다. 즉 아무리 재산이 많더라도 앉아서 놀고 먹기만 하면 끝내는 다 없어진다는 의미이다.

◉ **坐井觀天(좌정관천)**

우물에 앉아 하늘을 본다는 뜻으로, 견문(見聞)이 좁아 세상 물정을 너무 모름을 말함. 정중관천(井中觀天). 이관규천(以管窺天). 용관규천(用管窺天). * 정저지와(井底之蛙).

◉ **走獐落兎(주장낙토)**

"노루를 쫓다가 토끼를 잡았다"라는 뜻으로서, 생각지도 않았던 이익이 생길 때 쓰는 말이다.

◉ **中石沒鏃(중석몰촉)**

중석(中石)이란 돌에 맞는다는 뜻이고, 몰촉(沒鏃)이란 화살이 깊이 박힌다는 뜻이다. 돌에 화살이 깊이 박힐 정도로 정신을 집중한다는 뜻이다. 무슨 일이건 정신을 집중해서 몰두할 때 성취가 이루어지는 것이다.

전한(前漢)의 이광은 활을 잘 쏘는 장군이었다. 어느 날 저녁 무렵 초원을 지나다가 어둠속에 웅크리고 있는 호랑이를 발견하고 온 힘을 다하여 명중시켰다. 그런데 호랑이가 움직이지 않고 그대로 있는 것이 아닌가? 다가가 보니 그것은 호랑이가 아니고 큰 바위덩어리였다. 바위에 화살이 꽂혀 있었다. 다시 제자리에 와서 화살을 쏘았더니 화살은 돌을 맞고 튀어 올랐다. 정신을 하나로 모으지 않았기 때문이다.

◉ **曾參殺人(증삼살인)**

증삼은 공자의 제자로서 효행이 뛰어난 인물인데 이러한 사람이 살인을 했다는 뜻으로서, 아무도 믿지 않는 사실도 여러 사람이 되풀이하면 믿게 된다는 것을 비유하는 말이다. 삼인성호(三人成虎)가 유사한 말이다.

◉ **知己之友(지기지우)**

자기를 알아주는 벗이란 뜻에서, 서로 뜻이 통하는 친한 벗을 말함.

◉ **之東之西(지동지서)**

동으로 갔다 서로 갔다 함. 곧, 어떤 일에 주견(主見)이 없이 이리저리 갈팡질팡함을 이르는 말.

◉ **知足不辱(지족불욕)**

분수(分數)를 알면 욕되지 않는다는 데서, 분수를 지키는 이는 치욕적(恥辱的)인 일을 당하지 않음을 말함.

◉ **指呼之間(지호지간)**

손짓하여 부를 만한 가까운 거리(距離). 지호간(指呼間).

◉ **嫉逐排斥(질축배척)**

질시하여 내쫓고 물리쳐 내침.

◉ **滄海一粟(창해일속)**

큰 바다에 뜬 한 알의 좁쌀이란 뜻에서, 아주 큰 물건 속에 있는 아주 작은 물건을 말함. 대해일적(大海一滴).

◉ **千慮一得(천려일득)**

어리석은 사람도 많은 생각 가운데는 한 가지쯤 좋은 생각이 미칠 수 있다는 말. ↔ 천려일실(千慮一失).

◉ **天涯地角(천애지각)**

하늘의 끝과 땅의 귀퉁이라는 뜻에서, 아주 먼 곳을 이르거나 또는 아득하게 멀리 떨어져 있음을 말함.

◉ **天泣地哀(천읍지애)**

하늘도 울고 땅도 슬퍼함. 곧, 천지(天地)가 다 슬퍼함.

◉ **天衣無縫(천의무봉)**

천인(天人: 하늘의 선녀)이 짠 옷은 솔기가 없다는 데서, 문장이 훌륭하여 손댈 곳이 없을 만큼 잘 되었음을 말함.

◉ **淺學菲才(천학비재)**

얕은 학문과 변변찮은 재주. 자신의 학식(學識)에 대한 겸칭(謙稱). 천학단재(淺學短才).

◉ 轍鮒之急(철부지급)

수레바퀴자국에 고인 물속에 있는 붕어처럼 위급한 상태를 말함. 즉 곤궁한 처지나 다급한 위기에 처한 상황에서 쓰는 말이다. 장자는 집이 가난하여 친구에게 돈을 빌리려고 했다. 친구는 며칠 후에 마련해 주겠다고 말했다. 그러자 장자는 "내가 오는 길에 어디서 나를 애타게 부르는 소리가 나서 살펴보니 수레바퀴가 지나간 자리에 고인 물 속에 붕어 한 마리가 살려달라고 그러더군 그래서 며칠 후에 서강의 물을 잔뜩 갖다 주겠다고 하니 붕어가 그러더군. 몇 바가지의 물만 있으면 살 수 있는 데 당신은 그따위로 말하는 군요. 나중에 건어물 가게에서 아를 찾아보시오 라고 하더군" 이처럼 철부지급은 장자의 비유에서 유래된 말이다.

◉ 靑雲之志(청운지지)

입신출세(立身出世)하려는 대망(大望). 출세하고자 하는 뜻. * 청운(靑雲): 푸른 빛깔의 구름으로, 입신출세(立身出世)를 비유함.

◉ 靑出於藍(청출어람)

쪽에서 나온 푸른 물감이 쪽보다 더 푸르다는 뜻으로, 제자가 스승보다 나음을 말함. 청출우람(靑出于藍). 청어람(靑於藍). 청우람(靑于藍). 청람(靑藍).

◉ 樵童汲婦(초동급부)

땔나무를 하는 아이와 물을 긷는 아낙네. 곧, 보통 사람. 갑남을녀(甲男乙女). 선남선녀(善男善女). 장삼이사(張三李四). 필부필부(匹夫匹婦).

◉ 焦眉之急(초미지급)

눈썹이 타들어가는 것과 같은 위급함. 매우 위급한 상황을 일컫는 말. 초미(焦眉). 소미지급(燒眉之急). 소미(燒眉).

◉ 寸鐵殺人(촌철살인)

한 치의 쇠붙이로 사람을 죽인다는 데서, 짧은 말로 어떤 일의 급소(急所)를 찔러 사람을 크게 감동시키는 것을 말함.

◉ **春蛙秋蟬(춘와추선)**

봄의 개구리와 가을의 매미로, 제 구실을 못하는 언론(言論)을 말함.

◉ **春雉自鳴(춘치자명)**

봄철의 꿩이 스스로 운다는 뜻으로, 시키거나 요구하지 않아도 제 스스로 하는 것을 가리키는 말.

◉ **出將入相(출장입상)**

나가서는 장수(將帥)가 되고 들어와서는 재상(宰相)이 됨. 곧, 문무(文武)를 다 갖추어 장상(將相)의 벼슬을 모두 지낸다는 뜻.

◉ **痴人說夢(치인설몽)**

어리석은 자가 꿈을 말한다는 데서, 종작없이 지껄이는 것을 말함.

◉ **七縱七擒(칠종칠금)**

제갈량(諸葛亮)이 맹획(孟獲)을 일곱 번 놓아주고 일곱 번 사로잡은 고사에서, 마음대로 잡았다 놓아 주었다 하는 것을 말함.

◉ **快刀亂麻(쾌도난마)**

어지럽게 뒤얽힌 삼의 가닥을 썩 잘 드는 칼로 베어 버린다는 데서, 무질서(無秩序)한 상황(狀況)을 통쾌하게 풀어 놓는 것을 말함. 남북조시대에 선비족 고환이라는 사람은 아들을 여럿 두었다. 어느 날 아들의 재주를 시험해보려고 헝클어진 삼줄을 한 뭉치씩 주고 풀어 내도록했다. 모두 한 올 한 올 뽑느라고 진땀을 빼고 있었는 데, 양이란 아들은 날카로운 칼 하나를 들고 와서는 삼실을 싹둑 싹둑 잘라버리는 것이 아닌가? 어이없는 행동에 아버지가 그 이유를 묻자, "어지러운 것은 베어버려야 합니다."라고 말했다.

◉ **唾面自乾(타면자건)**

타면(唾面)이란 얼굴에 침을 뱉는다는 말이고 자건(自乾)은 저절로 마른다는 뜻이다. 즉, 다른 사람이 내 얼굴에 침을 뱉으면 그 침이 스스로 마를 때 까지 기다린다는 뜻으로 인내심이 필요할 때 쓰이는 말이다. 다른 사람이 얼굴에 침을 뱉었다면 그가 화가 났기 때문이다. 그런데 내가 그침을 닦는다면 침뱉은 사람의 기분을 상하게 할 것인즉, "침은 닦지 않고 그냥 두면 말라버리지 웃으며 침을 받아 두는 게 좋다"라고 당나라 시절의 누사덕이라는 사람이 얘기한 데서 비롯된다.

◉ 泰山北斗(태산북두)

태산(泰山)과 북두성(北斗星)이란 뜻에서, 남에게 존경을 받는 뛰어난 인물을 말함. 태두(泰斗). 산두(山斗).

◉ 兎死狗烹(토사구팽)

토끼가 잡히면 사냥개는 삶아 먹힌다는 데서, 필요할 때는 이용하고 이용 가치가 없을 때는 홀대(忽待)하거나 제거(除去)하는 것을 말함. "날랜 토끼가 죽으면 좋은 개가 삼기고 높이 나는 새가 없어지면 좋은 활이 들어간다."(狡兎死良狗烹, 飛鳥盡良弓藏)

◉ 兎死狐悲(토사호비)

토끼가 죽자 여우가 슬퍼한다는 뜻으로, 같은 무리의 불행을 슬퍼한다는 말. 호사토읍(狐死兎泣).

◉ 吐哺握髮(토포악발)

주공(周公)이 자기를 찾는 이가 있으면 밥을 먹다가도 먹던 것을 뱉고, 머리를 감다가고 머리를 거머쥐고 영접(迎接)하였다는 고사에서 유래한 말. 이는 위정자(爲政者)가 정무(政務)에 힘쓰는 것, 또는 훌륭한 인재를 잃지 않으려고 애쓰는 것을 비유함. 토악(吐握).

◉ 統籌兼顧(통주겸고)

통주(統籌)는 일의 여러 측면을 고려해서 대책을 세우는 것을 말하고, 겸(兼)은 동시에 진행하는 것을 뜻하며, 고(顧)는 고려한다는 것을 의미하는 것이니, 결국 다방면으로 통일적으로 고려한다는 의미이다. 외교도 그렇고 행정도 그러하며 복지문제 역시 다방면을 고려하여 펼쳐나가야 할 것이다.

◉ **波瀾曲折(파란곡절)**

크고 작은 물결의 굴곡(屈曲). 곧, 사람의 생활 또는 일의 진행에 있어서 일어나는 많은 변화(變化)와 곤란(困難).

◉ **烹頭耳熟(팽두이숙)**

머리를 삶으면 귀까지 삶아진다는 데서, 중요한 것만 해결하면 나머지는 따라서 해결됨을 말함. 망거목수(網擧目隨).

◉ **平沙落雁(평사낙안)**

평평한 모래톱에 내려 앉은 기러기처럼 글씨나 문장이 단아(端雅)한 것을 말함. 한편 소상팔경(蘇湘八景)의 하나로 동양화의 화제(畵題)가 되기도 함. 전자(前者)의 의미일 때는 용사비등(龍蛇飛騰)의 대(對)가 됨.

◉ **炮烙之刑(포락지형)**

구리기둥에 기름을 바르고 그 아래 숯불을 피워 그 위에 죄인들을 세워놓고 맨발로 걸어가게 하는 형벌을 뜻한다. 이 말은 잔인한 형벌을 내릴 때 쓰는 말이다.

◉ **飽食暖衣(포식난의)**

배불리 먹고 따뜻하게 입음. 곧, 의식(衣食)이 넉넉함을 말함.

◉ **暴虎馮河(포호빙하)**

범을 두드려 잡고 황하(黃河)를 맨발로 건넌다는 데서, 용기는 있지만 무모함을 말한다. 공자의 제자 안회는 32세의 젊은 나이로 죽을 때 까지 화를 내거나 실수한 적이 한 번도 없었다. 이런 안회를 시기하던 제자 자로가 공자에게 물었다. "선생님, 전쟁에 임할 때 누구와 함께 가시겠습니까?"자로는 무예가 뛰어난 자신일 것이라고 기대하였으나 공자의 대답은 달랐다. "맨손으로 범에게 덤비거나 황하를 걸어서 건너는 것(暴虎馮河)과 같이 헛된 죽음을 두려워하지 않는 자와는 같이 하지 않을 것이다."라고 말한 데서 유래되었다.

◉ **風磨雨洗(풍마우세)**

바람에 갈리고 비에 씻김. 비바람에 갈리고 씻김.

◉ **風聲鶴唳(풍성학려)**

바람소리나 학의 울음소리라는 뜻으로, 한번 겁을 먹은 사람은 사소한 일에도 놀란다는 것이다. 자라보고 놀랜 가슴 솥뚜껑 보고도 놀래는 격과 같다.

◉ **風樹之嘆(풍수지탄)**

부모가 돌아가신 뒤에 효도를 다하지 못한 것을 슬퍼함. 樹欲靜而風不止 子欲養而親不待(나무는 고요히 있으려 하지만 바람은 멎지 않고, 자식은 봉양하려 하지만 부모는 기다려 주지 않노라) 라는 시(詩)에서 유래한 말. 풍수지감(風樹之感). 풍수지비(風樹之悲). 풍목지비(風木之悲).

◉ **風餐露宿(풍찬노숙)**

바람 속에서 먹고 이슬을 맞으며 잔다는 데서, 바람과 이슬을 무릅쓰고 한데에서 먹고 자는 것을 말함.

◉ **河圖洛書(하도낙서)**

하도(河圖)는 복희가 황하에서 나온 용마의 등에서 얻은 그림으로 복희는 이것으로 주역의 팔괘를 만들었다고 하며, 낙서(洛書)는 낙수의 강에서 나온 거북의 등에서 얻은 글로 우왕은 이것으로 천하를 다스리는 홍범구주를 만들었다고 한다. 구하기 어려운 옛 책을 지칭할 때 쓰인다.

◉ **夏爐冬扇(하로동선)**

여름의 화로와 겨울의 부채라는 뜻으로, 일이 격에 맞지 않음을 가리킨다.

◉ **下石上臺(하석상대)**

아랫 돌 빼서 윗 돌 괴고, 윗 돌 빼서 아랫 돌 괴기. 곧, 임시변통(臨時變通)으로 이리저리 둘러 맞추는 것.

◉ **邯鄲之夢(한단지몽)**

사람의 일생(一生)과 부귀영화(富貴榮華)의 덧없음을 비유하는 말. 당(唐)나라의 노생(盧生)이 한단(邯鄲) 땅에서 도사(道士) 여옹(呂翁)의 베개를 빌어서 잠을 자다가 잠깐 사이에 부귀영화를 누리는 꿈을 꿈을 꾸었다는 고사에서 유래한 말. 한단몽(邯鄲夢). 한단침(邯鄲枕). 노생지몽(盧生之夢).

◉ **邯鄲之步(한단지보)**

자기의 본분(本分)을 잊고 함부로 남의 흉내를 내면 두 가지를 다 잃는다는 말. 조(趙)나라의 한단(邯鄲) 사람이 잘 걷는다고 하여 연(燕)나라의 한 소년이 그곳에 가서 걷는 방법을 배웠는데 익히지 못했을 뿐만 아니라 고국의 걸음걸이까지도 잊어버리고 기어 돌아 왔다는 장자(莊子)에 나오는 고사에서 유래한 말. 한단학보(邯鄲學步).

◉ **汗牛充棟(한우충동)**

책을 수레에 실으면 소가 땀을 흘리고, 방안에 쌓으면 마룻대까지 닿을 만큼 많다는 뜻. 아주 많은 장서(藏書)를 가리키는 말. 종이가 나오기 이전의 책이란 대나무 조각을 엮어서 만든 죽간이었다. 그래서 책 한권의 분량이 대단하였다. 공자가 '춘추'를 짓자 그에 따른 해설 책들이 많이 생겼다. 그 책들은 집에 두면 처마에 닿을 정도였고, 다른 곳으로 옮기려면 소가 땀을 흘릴 정도였다고 하는데서 유래되었다.

◉ **含沙射影(함사사영)**

함사(含沙)는 모래를 머금는다라는 뜻이고. 사영(射影)은 그림자를 쏜다는 의미이다. 이 말은 비밀리에 사람을 해친다는 뜻으로 떳떳치 못한 수단으로 남을 해치는 경우를 가리킨다.

◉ **含哺鼓腹(함포고복)**

잔뜩 먹어서 배를 두드리며 즐김.

◉ **咸興差使(함흥차사)**

함흥(咸興)에 파견(派遣)한 사신(使臣)이란, 한 번 가기만 하면 깜깜 소식이란 뜻으로, 심부름꾼이 가서 소식(消息)이 아주 없거나 회답(回答)이 더디게 올 때에 쓰는 말. 조선 태조(太祖)가 왕위를 물려주고 함흥(咸興)에 있을 때, 태종(太宗)이 보낸 사신(使臣)을 죽이거나 잡아 가두어 돌려보내지 않은 고사에서 유래.

◉ 偕老同穴(해로동혈)

살아서는 함께 늙고, 죽어서는 같은 무덤에 묻힌다는 뜻으로, 생사(生死)를 같이하자는 부부의 사랑의 맹세를 가리키는 말. 시경의 격고라는 시는 오랫동안 싸움터에 나가있던 병사가 고향에 두고 온 사랑하는 아내를 생각하며 슬픈 마음을 나타내고 있다. "죽으나 사나 만나나 헤어지나, 그대와 함께 하자 언약하였지. 그대의 손을 잡고, 그대와 함께 늙겠노라. 전선에 출정한 병사가 고향에 돌아갈 날이 언제일른지."

◉ 海翁好鷗(해옹호구)

바다노인이 갈매기를 좋아한다는 말로서, 갈매기와 같은 동물도 사람이 자기를 해치려는 마음이 있으면 그것을 알고 가까이 하지 않음을 가리키는 말이다. 바닷가에 사는 어떤 사람이 갈매기를 좋아했다. 그는 매일 아침 갈매기와 더불어 살았는데 어느날 그의 아버지가 말했다. "나는 갈매기들이 모두 너와 논다는 말을 들었다. 그 갈매기들을 잡아오도록 하여라." 그는 아버지 부탁에 따라 다음날 바닷가로 나갔지만 갈매기들은 그 위에 맴돌 뿐 내려오지 않았다는 고사에서 유래되었다.

◉ 解衣推食(해의추식)

남에게 옷과 밥을 주다라는 뜻으로서 다른 사람을 배려하여 은혜를 베풂을 비유한 말이다.

◉ 行不由徑(행불유경)

행불(行不)은 다니지 않는다는 뜻이고, 유경(由徑)은 지름길로 간다는 뜻이다. 그러므로 지름길이나 샛길로 가지 않고 떳떳하게 큰 길로 간다는 의미이다. 즉, 눈앞의 이익을 탐하지 아니하고 정정당당한 방법으로 일을 처리함을 가리키는 말이다.

◉ 玄裳縞衣(현상호의)

검은 치마와 흰 저고리라는 뜻으로, 학(鶴)의 모양을 말함. 소식(蘇軾)의 후적벽부(後赤壁賦)에 나오는 말.

◉ 懸頭刺股(현두자고)

머리를 매달고 다리를 찌를 정도로 학업에 열중함을 가리키는 말이다. 한나라의 손경(孫敬)은 공부를 열심히 했는데 졸음이 오면 머리를 천장 대들보에 끈으로 매달아 놓고 책을 읽었다. 그리고 전국시대의 소진(蘇秦)은 책을 읽다가 졸리면 송곳으로 자신의 넓적다리를 찔렀는데 그 피가 흘러 복사뼈까지 이를 정도였다고 한다. 자고현량(刺股懸梁)으로 쓰이기도 한다.

◉ 懸河之辯(현하지변)

거침 없이 잘 하는 말. 현하구변(懸河口辯). 현하웅변(懸河雄辯). 현하(懸河)는 경사가 급하여 쏜살같이 흐르는 강으로, 말을 유창하게 잘 하는 것을 비유함.

◉ 螢雪之功(형설지공)

애써 공부한 보람. 형설(螢雪)은 중국 진(晉)나라의 차윤(車胤)이 반딧불로 글을 읽고[車胤聚螢], 손강(孫康)이 눈빛으로 글을 읽었다[孫康映雪]는 고사에서 유래함. 차형손설(車螢孫雪).

◉ 蹊田奪牛(혜전탈우)

내 논을 밟고 지나간 남의 소를 빼앗는다는 뜻으로, 가벼운 죄에 대한 처벌이 혹독함을 가리키는 말이다.

◉ 虎溪三笑(호계삼소)

호계(虎溪)란 중국 노산 동쪽에 있는 계곡을 말하고, 삼소(三笑)란 세 사람이 웃는다는 뜻이다. 이것은 동양화의 제목중 하나이다.

동진 시대의 승려 해원법사는 손님을 전송할 때 호계를 경계로 하여 더 이상 배웅하지 않았으나, 육수정(陸修靜)과 도연명(陶淵明) 두 사람을 배웅할 때는 이야기에 정신이 팔려 호계를 지나치고 세 사람이 크게 웃었다는 데서 생긴 말이다.

◉ **浩然之氣(호연지기)**

천지간(天地間)에 충만한 광대한 원기(元氣). 도의(道義)에 근거를 두고 공명정대(公明正大)하여 조금도 부끄러울 것이 없는 도덕적 용기. 사물에서 해방되어 자유스럽고 유쾌한 마음. 호기(浩氣).

◉ **胡蝶之夢(호접지몽)**

장자(莊子)가 꿈에 나비가 되어 즐겁게 놀았다는 고사에서, 꿈을 말함. 호접몽(胡蝶夢). 인생의 덧없음을 이르는 말이기도 하다.

◉ **昊天罔極(호천망극)**

어버이의 은혜는 하늘과 같아서 다함이 없다는 말.

◉ **混水摸魚(혼수모어)**

물을 혼탁하게 만들어 고기를 잡는다. 손자병법의 36계략중 제20계략. 손자는 이를 내부의 혼란을 틈타 적의 약점과 무질서에서 이점을 얻는다(乘其陰亂, 利其弱而無主)라고 설명하고 있다.

◉ **昏定晨省(혼정신성)**

혼정(昏定: 밤에 잘 때에 부모의 침소에 가서 밤새 안녕(安寧)하시기를 여쭙는 일)과 신성(晨省: 이른 아침에 부모의 침소에 가서 밤새의 안후(安候)를 살피는 일). 자식이 조석(朝夕)으로 부모의 안부를 물어서 살핌. 정성(定省).

◉ **紅爐點雪(홍로점설)**

빨갛게 달아오른 화로(火爐) 위에 눈을 뿌리면 순식간에 녹듯이, 사욕(私慾)이나 의혹(疑惑)이 일순간(一瞬間)에 꺼져 없어짐을 뜻하는 말임. 또는 큰 일을 하는데 있어서 힘이 비교할 수 없을 만큼 적어서 아무런 보람도 얻을 수 없는 것을 말함. 홍로상 일점설(紅爐上 一點雪)의 준말.

◉ **和光同塵(화광동진)**

화광(和光)이란 덕을 감추고 밖으로 드러내지 않음을 뜻하고, 동진(同塵)은 속세의 홍진과 같이함을 뜻한다. 그러므로 빛을 감추고 티끌 속에 섞여있다는 뜻으로, 자기의 뛰어난 지덕을 나타내지 않고 세속에 따름을 이르는 말이다.

◉ 畵龍點睛(화룡점정)

한 명화가(名畵家)가 용(龍)을 그린 뒤에 마지막으로 눈동자를 그려 넣었더니 그 용이 홀연히 구름을 타고 올라갔다는 수형기(水衡記)의 고사에서 유래한 말. 사물의 가장 요긴(要緊)한 곳, 또는 무슨 일을 함에 있어서 가장 중요한 부분을 끝내어 완성시키는 것을 말함.

◉ 畵蛇添足(화사첨족)

뱀을 그리면서 발을 보태어 넣는다는 데서, 쓸데없는 일을 하는 것을 말함. 사족(蛇足).

◉ 華胥之夢(화서지몽)

낮잠. 선몽(善夢). 옛날 중국의 황제(黃帝)가 낮잠을 자다가 꿈에 화서(華胥)라는 나라에 가서 그 나라의 선정(善政)을 보고 깨어서 깊이 깨달았다는 고사에서 유래함.

◉ 和氏之璧(화씨지벽)

화씨(和氏)란 사람의 이름이고, 벽(璧)이란 구슬을 뜻한다. 화씨의 구슬이란 의미로 천하의 귀중한 보배라는 말이다. 뛰어난 인재를 비유할 때도 쓰인다.

◉ 花朝月夕(화조월석)

꽃 피는 아침과 달 뜨는 저녁. 경치(景致)가 썩 좋은 때를 일컫는 말임.

◉ 換骨奪胎(환골탈태)

뼈대를 바꾸고 태를 바꾼다는 데서, 시(詩)를 지으면서 고인(古人)의 시구(詩句)를 바꾸고 전인(前人)의 시의(詩意)를 빌려 새롭게 탈바꿈하는 것을 말함. 탈태환골(奪胎換骨).

◉ **鰥寡孤獨(환과고독)**

홀아비[늙고 아내가 없는 사람]·寡婦[늙고 남편이 없는 사람]·孤兒[어리며 부모가 없는 사람]·獨[늙어서 자식이 없는 사람].

◉ **患難相恤(환난상휼)**

근심되고 어려울 때 서로 돕는다는 뜻으로 쓰인다. 북송 때 여대균은 상부상조의 규약을 정했는데 이것이 여씨향약이다. 우리나라 중종 때 널리 보급시켰는데 지금도 지방에 가면 아름다운 전통으로 이어지고 있다.

덕업상권(德業相勸): 좋은 일은 권장함
과실상규(過失相規): 나쁜 점은 경계함
예속상교(禮俗相交): 예법으로 서로 사귐
환난상휼(患難相恤): 어려울 때는 서로 도움

◉ **膾炙人口(회자인구)**

널리 사람들의 입에 오르내리는 것. 회자(膾炙)는 회와 구운 고기로, 널리 사람들의 입에 오르내리는 것을 말함.

◉ **會者定離(회자정리)**

만나는 자는 반드시 헤어지게 마련이라는 불교(佛教) 용어로, 이 세상의 무상(無常)함을 일컬음. ↔ 거자필반(去者必反).

・參考文獻・

◇ 漢字의 역사(阿辻哲次저, 金彦鍾외1공역, 학민사 1999)
◇ 漢文入門(曺斗鉉 編著, 일지사, 1976)
◇ 實用漢字敎本(이규철 편저, 신동아출판사, 1979)
◇ 한문가정교사(이순선 편저, 길음사,1980)
◇ 한문에게 말걸기(조경구 지음, 다락원, 2005)
◇ 破字이야기(홍순태 편저, 학민사, 1995)
◇ 四書三經 (양우당, 1978)
◇ 墨場寶鑑(중앙문화사 편집 편, 중앙문화사, 1978)
◇ 古文眞寶(노태준 역해, 홍신문화사,2000)
◇ 古今笑叢Ⅰ,Ⅱ,Ⅲ(車相步 撰註, 나남출판사, 1992, 1994)
◇ 韓國寓話文學硏究(李廷卓 저, 반도출판사, 1993)
◇ 古典文學集成(金俊榮외1 공편, 형설출판사, 1985)
◇ 내가 애송하는 禪偈(石鼎 엮음, 불일출판사, 1994)
◇ 장자(오강남 풀이, 현암사, 2011)
◇ 論語(金學主편저, 서울대출판부, 1995)
◇ 논어정록(부남철 역주, 푸른역사, 2010)
◇ 大學.中庸(金時俊역해, 혜원출판사, 1997)
◇ 알기 쉬운 한문해석법(심재동 저, 도서출판 인간사랑, 2010)
◇ 새로운 한문의 세계(강경구 저, 동방미디어 주식회사, 1997)
◇ 東洋 古典名言(청목문화사, 1986)
◇ 故事成語(동신문화사,1992)
◇ 最新國語大辭典(民衆書廊,1998)

[저자 소개]

김중양 金重養

▪ 약 력

- 국가공인 漢字1級(대한상공회의소)
- 공인訓長1급자격(한국서당훈장교육원)
- 전국한자교육추진총연합회 고문
- 서울대 법대 졸
- 행정고등고시 합격
- 총무처 인사국장
- 국가전문연수원장
- 소청심사위원장
- 대구지하철참사수습중앙지원단장
- 한국행정연구원장
- 영산대 법경대학장
- 현) 평안남도 도지사

▪ 저 서

- 한국인사행정론(법문사, 개정 6판, 2008)
- 정보공개법(법문사, 2000)
- 공무원 연금제도(법우사, 공저, 2004)
- 중국공무원제도(법우사, 공저, 2006)
- 공무원법(박영사, 공저, 2000)
- 참여정부인사개혁의 현황과 과제(나남출판사, 편저, 2005)
- The Korea Civil Service System(법우사, 2006)
- 명산에 오르면 세상이 보인다(한국문학세상, 2010)

웃으면서 익히는 한문교실

초판 1쇄 발행 2017년 5월 25일
초판 2쇄 발행 2017년 11월 15일

저 자 김 중 양

발행인 황 영 성

발행처 **법 우 사**
서울 관악구 봉천로 485 삼우빌딩 4층
전화: (02) 876-2261
팩스: (02) 875-2263

등 록 2001.4.30. 제301-10-1747호

정가 18,000원

ISBN 978-89-97060-50-4 03710